Culinária de Todas as Cores
200 Receitas
Rápidas e Saborosas

Culinária de Todas as Cores
200 Receitas
Rápidas e Saborosas

Jo McAuley

PubliFolha

Um livro da Hachette Livre UK Company
Título original: *All Colour Cookbook: 200 Easy Suppers*
Publicado originalmente na Grã-Bretanha em 2008 pela Hamlyn,
uma divisão do Octopus Publishing Group Ltd,
Endeavour House, 189 Shaftesbury Avenue, WC2H 8JY, Londres, Inglaterra.

Copyright © 2008 Octopus Publishing Group Ltd
Copyright © 2015 Publifolha Editora Ltda.

Todos os direitos reservados. Nenhuma parte desta obra pode ser
reproduzida, arquivada ou transmitida de nenhuma forma ou por nenhum
meio sem a permissão expressa e por escrito da Publifolha Editora Ltda.

Proibida a comercialização fora do território brasileiro.

COORDENAÇÃO DO PROJETO: PUBLIFOLHA
Coordenadora editorial: Camila Saraiva
Assistente editorial: Fabiane Ariello
Coordenadora de produção gráfica: Soraia Pauli Scarpa
Assistente de produção gráfica: Mariana Metidieri

PRODUÇÃO EDITORIAL: ESTÚDIO SABIÁ
Edição: Diego Rodrigues
Tradução: Dafne Melo
Preparação de texto: Célia Regina Rodrigues de Lima
Revisão: Ceci Meira, Hebe Lucas
Editoração eletrônica: Pólen Editorial

Dados Internacionais de Catalogação na Publicação (CIP)
(Câmara Brasileira do Livro, SP, Brasil)

McAuley, Jo

200 receitas rápidas e saborosas / Jo McAuley ;
[tradução Dafne Melo]. – São Paulo : Publifolha, 2015. –
(Coleção culinária de todas as cores)

Título original: All colour cookbook: 200 easy suppers
3ª reimpr. da 1ª ed. de 2009
ISBN 978-85-7914-048-8

1. Culinária I. Título.

09-02505   CDD-641.5

Índices para catálogo sistemático:
1. Receitas : Culinária : Economia doméstica   641.5

Este livro segue as regras do Acordo Ortográfico da Língua
Portuguesa (1990), em vigor desde 1º de janeiro de 2009.

Impresso na China.

PUBLIFOLHA

Divisão de Publicações do Grupo Folha
Al. Barão de Limeira, 401, 6º andar
CEP 01202-900, São Paulo, SP
Tel.: (11) 3224-2186/ 2187/ 2197
www.publifolha.com.br

NOTA DO EDITOR
Apesar de todos os cuidados tomados na elaboração das receitas deste livro,
a editora original não se responsabiliza por erros ou omissões decorrentes da
preparação dos pratos.
Pessoas com restrições alimentares, grávidas e lactantes devem consultar um
médico especialista sobre os ingredientes de cada receita antes de prepará-la.
As fotos podem conter acompanhamentos ou ingredientes meramente ilustrativos.
Observações, exceto se orientado de outra forma:
• Use sempre ingredientes frescos
• O forno deve ser preaquecido na temperatura indicada na receita
Equivalência de medidas:
• 1 colher (chá) = 5 ml
• 1 colher (sopa) = 15 ml
• 1 xícara (chá) = 250 ml

sumário

introdução	6
carnes	12
aves	54
peixes e frutos do mar	90
pratos vegetarianos	132
sobremesas	182
índice	234
créditos	240

introdução

introdução

Gostar de cozinhar e saborear refeições deliciosas não significa, necessariamente, passar horas em uma cozinha abafada, trabalhando arduamente junto ao fogão. Porém, mesmo quando gostamos de cozinhar, são tantas as atividades que nos absorvem durante o dia que o preparo da refeição muitas vezes fica em último lugar na lista de prioridades, em especial porque se pode comprar comida pronta no supermercado.

Para romper com esse círculo vicioso, este livro mostra que cozinhar pode ser uma tarefa fácil e rápida. Quase todas as receitas são feitas em 30 minutos, no máximo, e as que demoram um pouquinho mais não requerem sua atenção enquanto estão no fogo.

A relação de ingredientes é pequena, os métodos utilizados são simples e o tempo de cozimento é curto. O melhor de tudo é que o sabor dos pratos não perde em nada com essa praticidade, muito pelo contrário.

Experimente

A maioria dos pratos principais dá para quatro pessoas, mas boa parte das saladas, sopas e porções vegetarianas, que podem ser entradas, serve até oito pessoas. Corte pela metade os ingredientes se a refeição for apenas para duas pessoas. Quanto à sobremesa, escolha uma que possa ser feita com antecedência, como um sorbet.

Procure seguir as receitas, mas fique à vontade para alterar quantidades ou experimentar ingredientes similares. O ato de cozinhar deve ser divertido e prático, o que não quer dizer que não possa ser inventivo nem que não se deva testar novas formas de preparar um prato.

Alimentação saudável

Uma dieta saudável inclui alimentos variados. As receitas deste livro seguem essa filosofia, sem que isso dificulte o preparo dos pratos. Cozinhar com simplicidade não significa requentar comida, comprá-la pronta nem apelar para a *junk food*. A falta de tempo

não é desculpa para abrir mão dos nutrientes, vitaminas e minerais essenciais que se encontram em alimentos ricos e saborosos, como as leguminosas.

Prepare-se

Na hora de comprar os ingredientes, escolha sempre os de melhor qualidade. Para cozinhar de forma simples, rápida e saborosa, cada ingrediente é de extrema importância. Por exemplo: um azeite de boa qualidade e um filé fresco de salmão marcam a diferença entre um prato apenas aceitável e outro simplesmente delicioso.

A maioria das receitas deste livro tem um ou dois ingredientes mais fortes, que dão vida ao prato. É impressionante como raspas da casca de um limão ou o perfume de algumas folhas de sálvia podem fazer toda a diferença e transformar uma receita. Ervas frescas, ingredientes de boa qualidade e a combinação certa de sabores e texturas mostram que é possível cozinhar de forma rápida pratos de dar água na boca.

Entretanto, não se sinta culpado em aproveitar as facilidades da vida, tirando maior proveito de alguns produtos hoje disponíveis. Na hora de fazer as compras, não hesite em adquirir molhos caseiros, como o pesto, ou vegetais já lavados e cortados.

Invista também nas embalagens de alho, cebola e gengibre já picados, que facilitam bastante o preparo das refeições. Procure comprar peças de carne já cortadas, assim será necessário apenas temperar e cozinhar. As massas congeladas para tortas também são ótimas. Lembre-se apenas de tirá-las do congelador no tempo certo para o preparo.

Na despensa

Uma das formas de cozinhar com rapidez é ter sempre os ingredientes básicos no congelador e na despensa. Assim, na hora de preparar uma receita, será necessário comprar apenas os produtos frescos, como peixe, carne ou verduras.

Leguminosas

As leguminosas têm alto poder nutritivo: são ricas em proteína vegetal e fibras, além de conter vitaminas e minerais. Varie as refeições usando, a cada vez, uma leguminosa diferente. Numa semana, por exemplo, você pode cozinhar feijão-preto e lentilha; na outra, grão-de-bico e feijão-roxinho; depois, feijão-branco e ervilha e assim por diante.

Apenas entre os feijões, existem inúmeras variedades. Além do preto e do carioca, há o feijão-mulatinho, o roxinho, o manteiga, o fradinho, o feijão-de-corda etc. Cozidos na panela de pressão, com água, sal e louro, servidos como sopa ou em cozidos, acompanhados de arroz, são um ingrediente substancial em qualquer refeição.

Macarrão e cereais

O macarrão é um prato rápido de fazer, próprio para o jantar do dia-a-dia, quando se tem pouco tempo. O arroz, seja ele branco, integral ou selvagem, é um "curinga" que vai bem com tudo. Tanto o macarrão como o arroz podem ser preparados como salada ou usados em sopas e pratos quentes. O arroz integral e o selvagem requerem mais tempo de cozimento que o branco e são mais saudáveis. A quinua, um grão altamente nutritivo e rico em proteína, tem sabor leve e pode ser usada tanto em pratos principais e entradas como no preparo de bolos e sobremesas. O milho é outro cereal saboroso e saudável, de grande versatilidade na culinária. Com a farinha de milho são feitos bolos, pãezinhos, farofa e polenta. Use farinha de milho pré-cozida, para preparar polenta mais rapidamente.

Ervas e temperos

Tenha sempre em casa ervas e temperos variados. É simples plantar ervas – manjericão, hortelã, coentro, alecrim, salsa e cebolinha – em vasos e canteiros. É o jeito mais fácil de sempre ter à mão ervas frescas para dar sabor aos pratos e decorá-los. Manjericão e cebolinha dão facilmente em vasos de apartamentos; só precisam tomar sol. Mas, se não tiver ervas frescas, utilize-as secas.

Em supermercados e lojas especializadas, é possível comprar temperos exóticos de cozinhas de todo o mundo que podem dar um novo sabor a receitas tradicionais. O tempero das cinco especiarias chinesas combina quantidades iguais de anis, pimenta-chinesa, dill (endro), canela e cravo. Pode ser comprado pronto ou preparado em casa. O garam masala, extremamente popular na Índia, reúne diversos temperos e em geral é usado no fim do preparo do prato, pouco antes de servi-lo. O sumac é uma versão em pó de uma pequena fruta vermelha seca, comum no Mediterrâneo e muito usada nas culinárias turca e grega. Seu gosto é azedo e lembra o do limão. Pode ser substituído por casca de limão ralada.

Molhos e pastas

Se você é fã da culinária oriental, provavelmente costuma utilizar shoyu e molhos indianos e tailandeses. Algumas receitas deste livro levam molho teriyaki, disponível em supermercados e lojas especializadas. Se preferir, pode fazê-lo em casa, misturando shoyu, mirin (saquê para uso culinário), açúcar e kirin (saquê para beber). Leve a mistura para ferver em fogo baixo até engrossar.

Da cozinha árabe, as receitas empregam o tahine, uma pasta espessa feita de sementes de gergelim. É o ingrediente-chave do homus e pode ser encontrado em supermercados, casas de produtos sírios e lojas especializadas.

A harissa é um tempero do norte da África bastante apimentado. É largamente usada na culinária do Marrocos e da Tunísia, onde em geral acompanha peixes, carnes grelhadas e o cuscuz marroquino. Pode ser substituída por molho de pimenta-malagueta.

carnes

sopa de feijão-manteiga

4 porções
Preparo: **15 minutos**
Cozimento: **24 minutos**

2 colheres (sopa) de **azeite**
175 g de **toucinho** picado
25 g de **manteiga**
1 **cebola** picada
2 **dentes de alho** picados
2 **talos de salsão** picados
1 **alho-poró** picado
750 ml de **caldo de legumes**
2 ramos de **salsinha**
3 ramos de **tomilho**
2 **folhas de louro**
400 g de **feijão-manteiga** cozido
100 ml de **creme de leite** fresco
sal e **pimenta** a gosto

Aqueça 1 colher (sopa) de azeite em uma frigideira grande e frite os cubos de toucinho até que fiquem bem crocantes. Retire com uma escumadeira e escorra em um recipiente forrado com papel-toalha.

Derreta a manteiga e o azeite restante em uma panela, em fogo médio, e junte a cebola, o alho, o salsão e o alho-poró. Refogue, mexendo frequentemente, por 10 minutos ou até que todos os vegetais estejam macios.

Adicione o caldo de legumes, as ervas, o louro e o feijão. Após levantar fervura, abaixe o fogo e deixe reduzir por 10 minutos. Desligue o fogo, retire as ervas e as folhas de louro. Bata no liquidificador ou processador até obter uma mistura homogênea.

Junte o creme de leite fresco, tempere com sal e pimenta e sirva com os cubos de toucinho por cima.

Variação: sopa de feijão-rajado e linguiça.
Substitua o toucinho por 250 g de linguiça calabresa em cubinhos e cozinhe com 400 g de feijão-rajado. Não use o creme de leite.

salada de fígado

4 porções
Preparo: **10 minutos**
Cozimento: **8-12 minutos**

6 colheres (sopa) de **azeite**
375 g de **fígado de vitela**
  polvilhado com **farinha de trigo**
250 g de **batatas pequenas** cozidas e fatiadas
200 g de **bacon** em fatias
3 **cebolas pequenas** em rodelas
2 colheres (sopa) de **vinagre de maçã**
1 colher (sopa) de **mostarda com sementes**
1 maço de **alface frisée**
sal e **pimenta** a gosto

Aqueça 2 colheres (sopa) de azeite em uma frigideira e frite os fígados por 1-2 minutos de cada lado. Retire do fogo e escorra em um recipiente forrado com papel-toalha.

Coloque 1 colher (sopa) de azeite em uma panela e junte as batatas. Frite por 4-5 minutos ou até que fiquem douradas. Retire do fogo e reserve junto com o fígado.

Adicione 1 colher (sopa) de azeite na panela e frite as fatias de bacon por 2-3 minutos. Junte as cebolas e cozinhe até que fiquem macias.

Misture em uma tigela pequena o azeite restante, o vinagre e a mostarda. Mexa bem.

Corte os filés de fígado em fatias finas. Arrume as folhas de alface em quatro pratos e distribua igualmente as batatas, o bacon com as cebolas e o fígado. Regue com o molho e sirva.

Variação: salada de fígado de galinha, cogumelos e bacon. Frite as batatas como na receita principal. Ao acrescentar as cebolas ao bacon, junte também 100 g de cogumelos de sua preferência. Por último, frite 375 g de fígado de galinha, fatie e junte à salada.

salada thai

4 porções
Preparo: **20 minutos**
Cozimento: **6-8 minutos**

2 bifes de **contrafilé** em tiras (150 g cada um)
150 g de **milho baby**
1 **pepino** grande
1 **cebola roxa** bem picada
3 colheres (sopa) de **coentro** picado
4 colheres (sopa) de **vinagre de arroz**
4 colheres (sopa) de **molho de pimenta**
2 colheres (sopa) de **sementes de gergelim** torradas

Doure os bifes em uma grelha elétrica ou frigideira antiaderente por 3-4 minutos de cada lado. Deixe descansar por 10 minutos e corte em fatias bem finas.

Enquanto a carne descansa, cozinhe o milho em água fervente por 3-4 minutos, ou até que fique macio. Esfrie em água fria e escorra bem.

Divida o pepino ao meio, no sentido do comprimento, e retire as sementes. Corte em fatias finas.

Misture a carne, o milho, o pepino, a cebola e o coentro em uma tigela. Junte o vinagre e o molho de pimenta. Salpique com as sementes de gergelim e sirva.

Variação: salada de tofu. Substitua a carne da receita por 500 g de tofu cortado em cubos. Grelhe por 2-3 minutos de cada lado ou até que fiquem dourados. Misture com os ingredientes restantes, como na receita original.

trouxinhas de filé mignon

4 porções
Preparo: **10 minutos**
Cozimento: **20 minutos**

1 colher (sopa) de **azeite**
4 bifes de **filé mignon** (150 g cada um)
8 pedaços grandes de **massa folhada** pronta cortada em quadrados
150 g de **manteiga** derretida
125 g de **mussarela de búfala** cortada em quatro fatias
2 colheres (sopa) de **manjerona**
2 colheres (sopa) de **orégano**
4 **tomates secos** picados
2 colheres (sopa) de **queijo parmesão** ralado
sal e **pimenta** a gosto

Salada
150 g de **rúcula**
125 g **mussarela de búfala** cortada em cubos
½ **cebola roxa** fatiada (opcional)
2 **tomates** em fatias

Aqueça o azeite em uma frigideira e grelhe os bifes por 2 minutos de cada lado (eles terminarão de assar no forno). Reserve.

Passe manteiga na superfície de cada pedaço de massa folhada. Coloque um bife no centro, seguido de uma fatia de mussarela e ¼ da quantidade de ervas e de tomate seco. Tempere com sal e pimenta e vire as beiradas da massa para cima, torcendo delicadamente para que forme a trouxinha. Salpique com ¼ do queijo parmesão ralado. Repita o procedimento para fazer as outras três trouxinhas.

Coloque em uma fôrma e asse em forno preaquecido (220ºC) por 15 minutos ou até a massa dourar. Deixe descansar por 2-3 minutos antes de servir.

Misture os ingredientes da salada em uma tigela e sirva junto com as trouxinhas.

Variação: trouxinhas de frango. Substitua o filé mignon por filés de peito de frango. Frite por 5 minutos de cada lado. Para um sabor mais marcante, em vez da mussarela de búfala e do tomate seco, use 125 g de gorgonzola em fatias, 25 g de nozes picadas e 2 colheres (sopa) de cebolinha picada, ou ainda 125 g de queijo de cabra, 25 g de azeitonas pretas picadas e 2 colheres (sopa) de manjericão picado.

espetinhos com molho de amendoim

4 porções
Preparo: **10 minutos**
Cozimento: **15 minutos**

500 g de **contrafilé** em cubos
1 colher (sopa) de **óleo vegetal**

Marinada
½ colher (chá) de **cúrcuma**
1 colher (chá) de **cominho em pó**
½ colher (chá) de **sementes de erva-doce**
1 **folha de louro** bem picada
½ colher (chá) de **canela em pó**
75 ml de **creme (ou leite) de coco**

Arroz
250 g de **arroz jasmine**
200 ml de **leite de coco**
½ colher (chá) de **sal**

Molho de amendoim
2 colheres (sopa) de **manteiga de amendoim**
¼ de colher (chá) de **pimenta-de-caiena**
1 colher (sopa) de **shoyu** light
125 ml de **creme (ou leite) de coco**
¼ de colher (chá) de **açúcar mascavo**

Coloque todos os ingredientes da marinada em uma tigela não metálica. Junte a carne, mexa bem e, em seguida, retire-a e disponha-a em espetinhos. Reserve.

Despeje o arroz, o sal, 250 ml de água e o leite de coco em uma panela com tampa e cozinhe em fogo baixo por 15 minutos ou até o arroz estar cozido e todo o líquido ter sido absorvido.

Enquanto o arroz cozinha, coloque todos os ingredientes do molho de amendoim em uma panela pequena. Junte 3 colheres (sopa) de água e esquente a mistura, mexendo delicadamente.

Aqueça o óleo em uma frigideira grande o suficiente para caber os espetinhos. Frite-os por 5 minutos, virando para que assem de maneira uniforme. Sirva bem quente com o arroz e o molho de amendoim.

Acompanhamento: salada de broto de feijão.
Rale 4 cenouras e acrescente 2 colheres (sopa) de cebolinha picada e 200 g de broto de feijão.

costeletas de cordeiro com cuscuz

4 porções
Preparo: **25 minutos**, mais o tempo da marinada
Cozimento: **10-12 minutos**

6 **filés de alici** em conserva de azeite picados
2 colheres (sopa) de **patê de azeitonas pretas**
2-3 ramos (sem o caule) de **tomilho** picados
1 ramo (sem o caule) de **alecrim** picado
2 **folhas de louro**
2-3 **dentes de alho** bem picados
raspas de 1 **limão-siciliano**
4 colheres (sopa) de **vinho branco**
125 ml de **azeite**
4 pedaços de **costeleta de cordeiro** (150 g cada um)
300 g de **cuscuz marroquino**
2 colheres (sopa) de **alcaparras** drenadas
100 g de **azeitonas verdes** picadas
75 g de **rúcula**, mais um pouco para servir
4 colheres (sopa) de **suco de limão-siciliano**, mais um pouco para servir
sal e **pimenta** a gosto

Amasse os filés de alici com um garfo e misture com o patê em uma tigela. Adicione as ervas, o louro, o alho, as raspas de limão, o vinho e 4 colheres (sopa) de azeite. Mexa bem e, em seguida, passe a mistura nas costeletas. Cubra a tigela e deixe descansar em temperatura ambiente por 1 hora.

Coloque o cuscuz em uma tigela refratária, cubra com 2 colheres (sopa) de azeite, tempere com sal e pimenta e misture bem. Junte 400 ml de água fervente e deixe descansar por 5-8 minutos, ou até que o cuscuz fique macio.

Tempere as costeletas com pimenta e doure por 2 minutos em uma grelha elétrica ou frigideira antiaderente. Adicione sal e cozinhe por mais 2 minutos, virando a carne. Retire do fogo, embrulhe em papel-alumínio e deixe descansar por 5 minutos.

Junte as alcaparras, as azeitonas e a rúcula ao cuscuz, misturando delicadamente. Adicione o suco de limão e divida o cuscuz em pratos. Disponha as costeletas por cima, enfeite com mais rúcula e tempere com o azeite restante, sal e limão. Sirva com limão cortado em gomos.

Variação: cordeiro frito. Aqueça 1 ½ colher (sopa) de azeite em uma frigideira grande e grelhe por alguns minutos 250 g de filé de cordeiro em fatias finas. Junte 1 colher (sopa) de molho de ostra (opcional), 1 colher (sopa) de molho de peixe tailandês, 1 alho amassado, 1 colher (sopa) de pimenta vermelha bem picada e cozinhe por mais 2 minutos. Decore com folhas de hortelã.

curry de cordeiro

4 porções
Preparo: **10 minutos**
Cozimento: **28-33 minutos**

500 g de **carne de cordeiro** em cubos
2 **batatas** em cubos
4 colheres (sopa) de **azeite**
400 g de **tomate** picado
sal e **pimenta** a gosto

Pasta de temperos
1 **cebola** ralada
1 colher (sopa) de **gengibre** bem picado
1 colher (sopa) de **alho** picado
½ colher (sopa) de **cúrcuma**
1 colher (sopa) de **coentro** em pó
½ colher (sopa) de **cominho** em pó
½ colher (sopa) de sementes de **erva-doce**
½ colher (sopa) de sementes de **cominho**
3 bagas de **cardamomo** amassadas
2 **pimentas verdes** bem picadas
um pedaço de 5 cm de **canela em pau**
2 talos de **capim-limão** bem picados

Junte todos os ingredientes da pasta de temperos em uma tigela. Se preferir a receita menos picante, tire todas as sementes da pimenta verde. Adicione a carne e as batatas e mexa bem.

Aqueça o azeite em uma caçarola de fundo grosso e junte a carne e as batatas. Com uma colher de pau, mexa por 6-8 minutos. Adicione os tomates e 150 ml de água. Deixe ferver e tempere com sal e pimenta. Abaixe o fogo e cozinhe por 20-25 minutos ou até as batatas ficarem macias e a carne, cozida.

Sirva com pão indiano tipo naan e com coalhada seca, se desejar.

Variação: curry de carne. Use 500 g de carne bovina no lugar do cordeiro. Prepare da mesma forma que a receita original e sirva com uma generosa porção de coentro picado por cima.

cordeiro ao alecrim

4 porções
Preparo: **10 minutos**
Cozimento: **10-20 minutos**

750 g de **lombo de cordeiro** sem gordura
ramos de **alecrim**
4 **dentes de alho** em fatias finas
2 **cebolas roxas** cortadas em quatro
50 ml de **azeite**
1 colher (sopa) de **alecrim** picado
sal e **pimenta** a gosto

Faça pequenas incisões no lombo de cordeiro e insira nos buracos os ramos de alecrim e as fatias de alho.

Doure a carne em uma grelha elétrica ou frigideira antiaderente por 10 minutos (para malpassada) a 20 minutos (bem-passada), virando ocasionalmente para cozinhar por igual.

Junte as cebolas durante o cozimento do lombo e deixe-as dourar. Desligue o fogo e espere a carne descansar por 5 minutos.

Enquanto isso, ponha o azeite e o alecrim picado em um pilão e soque bem até formar uma pasta. Tempere com sal e pimenta.

Coloque a pasta de alecrim sobre as fatias de lombo de cordeiro e sirva com as cebolas.

Sirva com macarrão ao alho e óleo, acompanhado de lascas de parmesão.

Variação: cordeiro com alho e ervas. Corte 4 dentes de alho e insira-os em incisões feitas na superfície de 8 pedaços de lombo de cordeiro. Coloque cada um sobre um quadrado de papel-alumínio e divida igualmente entre os oito pedaços 50 g de manteiga, 3 colheres (sopa) de limão, 1 colher (sopa) de orégano e 1 colher (sopa) de hortelã. Tempere com sal e pimenta, embrulhe em papel-alumínio e leve para assar (180°C) por 1h30-2h.

espetinho de cordeiro com queijo feta

4 porções
Preparo: **8 minutos**
Cozimento: **6-8 minutos**

500 g de **pernil de cordeiro** em cubos

Marinada
2 colheres (sopa) de **orégano**
1 colher (sopa) de **alecrim**
raspas de 1 **limão**
2 colheres (sopa) de **azeite**
sal e **pimenta** a gosto

Salada de queijo
200 g de **queijo feta (ou branco)** em fatias
1 colher (sopa) de **orégano**
2 colheres (sopa) de **salsinha** picada
suco e raspas de 1 **limão**
½ **cebola roxa** em fatias finas
3 colheres (sopa) de **azeite**

Junte todos os ingredientes da marinada em uma tigela não metálica e adicione os cubos de cordeiro. Misture bem e distribua os cubos em quatro espetinhos.

Arrume as fatias de queijo em uma travessa e salpique as ervas, as raspas de limão e a cebola. Tempere com o suco do limão, o azeite, sal e pimenta.

Asse os espetinhos em uma grelha elétrica ou frigideira antiaderente por 6-8 minutos, virando sempre para cozinhar por igual. Retire e deixe descansar por 1-2 minutos antes de servir.

Sirva os espetinhos com a salada, regando com o líquido que ficar na frigideira. Se desejar, sirva com pão.

Variação: espetinhos de porco e repolho. Substitua o cordeiro pela mesma quantidade de carne de porco. Faça a marinada e cozinhe o porco como na receita original. Em lugar do queijo, use repolho roxo em tiras. Retire o orégano e troque o limão por laranja. Misture os ingredientes da salada e deixe descansar por 5 minutos antes de servir.

cordeiro marinado

4 porções
Preparo: **5 minutos**, mais o tempo da marinada
Cozimento: **15 minutos**

12 **costeletas de cordeiro**
4 **batatas-doces** cozidas com casca
sal e **pimenta** a gosto
folhas de **rúcula** para servir

Marinada
raspas de ½ **limão**
2 colheres (sopa) de suco de **limão**
2 **dentes de alho** amassados
2 colheres (sopa) de **azeite**, mais um pouco para temperar
4 ramos de **alecrim** bem picados
4 filés de **alici** em conserva bem picados

Junte todos os ingredientes da marinada em uma tigela não metálica e adicione as costeletas. Tempere com sal e pimenta e deixe descansar por 15 minutos.

Asse a carne em uma grelha por 3-5 minutos de cada lado. Reserve em local aquecido.

Corte as batatas-doces em quatro, retire um pouco do miolo e passe azeite na casca. Tempere com sal e pimenta e leve para grelhar até que fiquem douradas. Sirva com as costeletas de cordeiro e folhas de rúcula.

Variação: bolinhos de carne de porco. Misture 500 g de carne de porco moída com os ingredientes da marinada, exceto o alici. Molde pequenos bolinhos achatados com a carne e grelhe por 5-6 minutos de cada lado ou até que dourem e cozinhem por completo. Sirva com batata-doce e folhas de rúcula, como na receita original.

lombo de porco com cogumelos

4 porções
Preparo: **15 minutos**
Cozimento: **15-17 minutos**

4 colheres (sopa) de **azeite**
500 g de **lombo de porco** em fatias
300 g de **cogumelos** variados cortados em pedaços
1 **limão-siciliano**
300 ml de **creme de leite fresco**
folhas de 2 ramos de **estragão**
sal e **pimenta** a gosto

Aqueça 2 colheres (sopa) de azeite em uma frigideira grande em fogo médio-alto. Frite as fatias de lombo por 3-4 minutos, virando uma vez para que assem por igual. Retire e reserve.

Junte o restante do azeite na frigideira, acrescente os cogumelos e cozinhe por 3-4 minutos, mexendo ocasionalmente, até que fiquem dourados.

Corte metade do limão em fatias finas e passe na frigideira para que doure. Retire e reserve.

Coloque a carne de porco novamente na frigideira e junte o creme de leite, o estragão e o suco do limão restante. Tempere bem, deixe ferver, reduza o fogo e cozinhe por 5 minutos.

Junte as fatias de limão e os cogumelos e mexa bem. Sirva o lombo com arroz branco ou batatas assadas.

Acompanhamento: cuscuz com ervilha. Deixe 250 g de cuscuz marroquino de molho em 400 ml de água fervente ou caldo de vegetais por 5-8 minutos ou até amolecer. Ferva 150 g de ervilhas frescas por 3 minutos ou até que fiquem macias, escoe e junte ao cuscuz. Antes de servir, salpique com cebolinha, um pouco de manteiga derretida, sal e pimenta a gosto. Misture bem.

macarrão com carne de porco

4 porções
Preparo: **8 minutos**
Cozimento: **20 minutos**

- 15 g de **cogumelos silvestres secos**
- 3 colheres (sopa) de **azeite**
- 400 g de **carne de porco** cortada em bifes
- 150 g de **bacon** em fatias
- 8 **cebolas** pequenas cortadas ao meio
- 300 ml de **vinho branco seco**
- 125 ml de **vinagre de maçã**
- 2 ramos de **tomilho**
- 1 **folha de louro**
- 400 g de **macarrão pappardelle**
- 200 ml de **creme de leite fresco**
- **sal** e **pimenta** a gosto

Deixe os cogumelos de molho em 6 colheres (sopa) de água quente por 5-10 minutos.

Aqueça o azeite em uma panela e frite os bifes de porco e o bacon por 3 minutos ou até que fiquem dourados. Junte as cebolas e deixe por mais 2-3 minutos, até que comecem a dourar.

Acrescente à panela o vinho, o vinagre e os cogumelos com a água e mexa bem. Junte o tomilho e o louro e continue mexendo. Tempere com sal e pimenta e espere ferver. Abaixe o fogo e deixe por mais 10-12 minutos.

Enquanto isso, cozinhe o macarrão em água fervente com sal por 3 minutos ou de acordo com as instruções da embalagem. Escorra e distribua nos pratos.

Junte o creme de leite à panela da carne e aumente o fogo. Retire a carne de porco e coloque junto do macarrão, cobrindo com o molho antes de servir.

Variação: macarrão com carne ao vinho tinto.
Substitua a carne de porco por 4 filés de carne de boi cortados em tiras e troque o vinho branco por tinto. Elimine o vinagre de maçã. Prepare como na receita original.

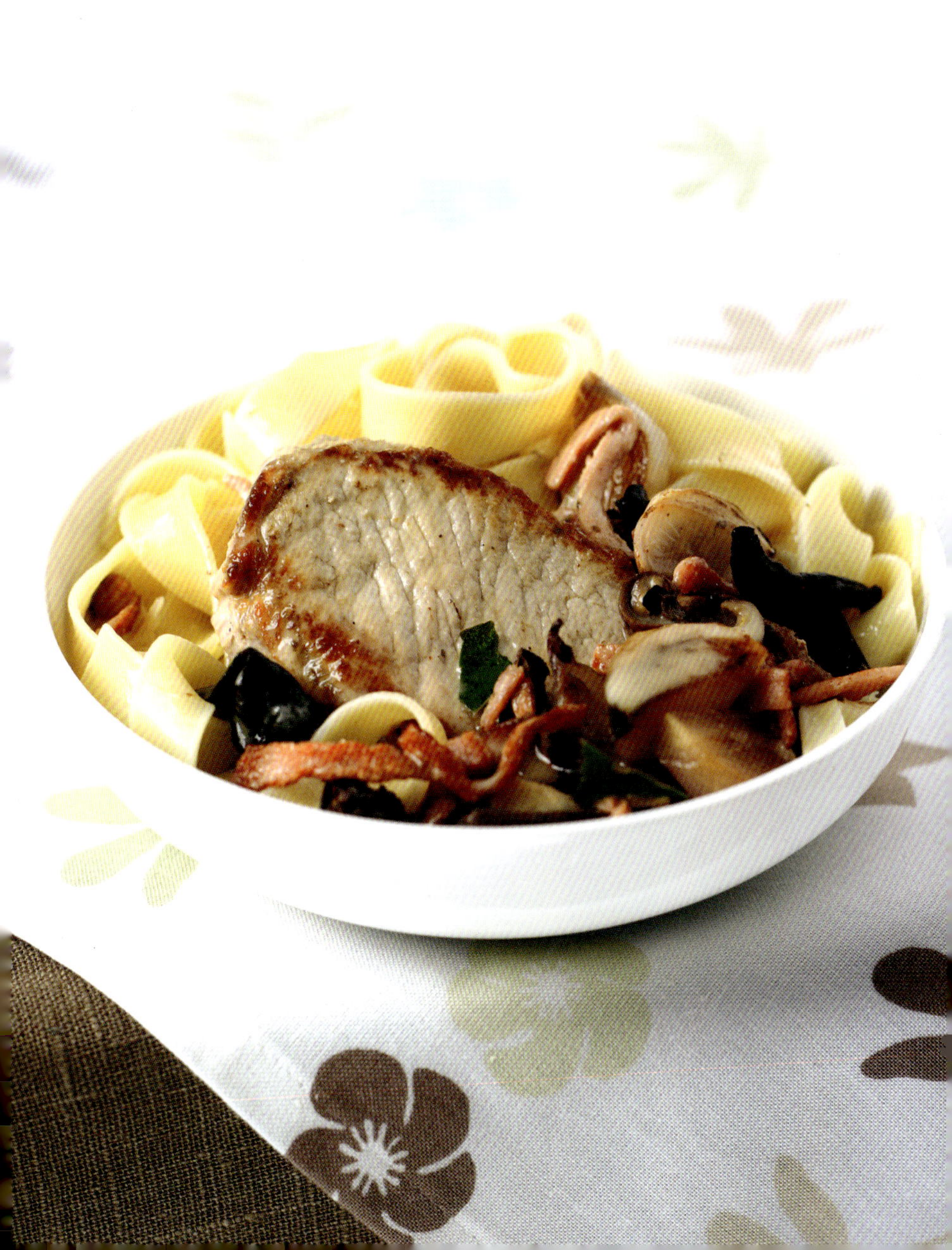

enroladinhos de presunto cru

4 porções
Preparo: **10 minutos**
Cozimento: **4 minutos**

8 fatias de **presunto cru**
100 g de **gorgonzola** em pedaços
1 colher (chá) de folhas de **tomilho**
1 **pera** sem casca nem sementes em cubos
25 g de **nozes** picadas

Para servir
agrião temperado com **azeite** e **vinagre balsâmico**
1 **pera** sem casca nem sementes em fatias

Disponha duas fatias de presunto uma em cima da outra, formando uma cruz.

Arrume ¼ do queijo, do tomilho, da pera e das nozes sobre o centro da cruz de presunto e depois puxe as pontas, formando uma espécie de envelope.

Coloque os enroladinhos em uma grelha forrada com papel-alumínio e asse por 2 minutos de cada lado ou até que o presunto fique bem crocante.

Sirva os enroladinhos bem quentes, com o agrião temperado e a pera.

Variação: enroladinhos de presunto com figo.
Corte 8 figos frescos em quatro pedaços, mas deixe-os presos à parte de baixo da fruta. Junte 1 colher (sopa) de mostarda de Dijon com 125 g de ricota, tempere a gosto e coloque uma colher dessa mistura sobre cada figo aberto. Feche os figos, embrulhe-os nas fatias de presunto como na receita original e regue com 2 colheres (sopa) de vinagre balsâmico.

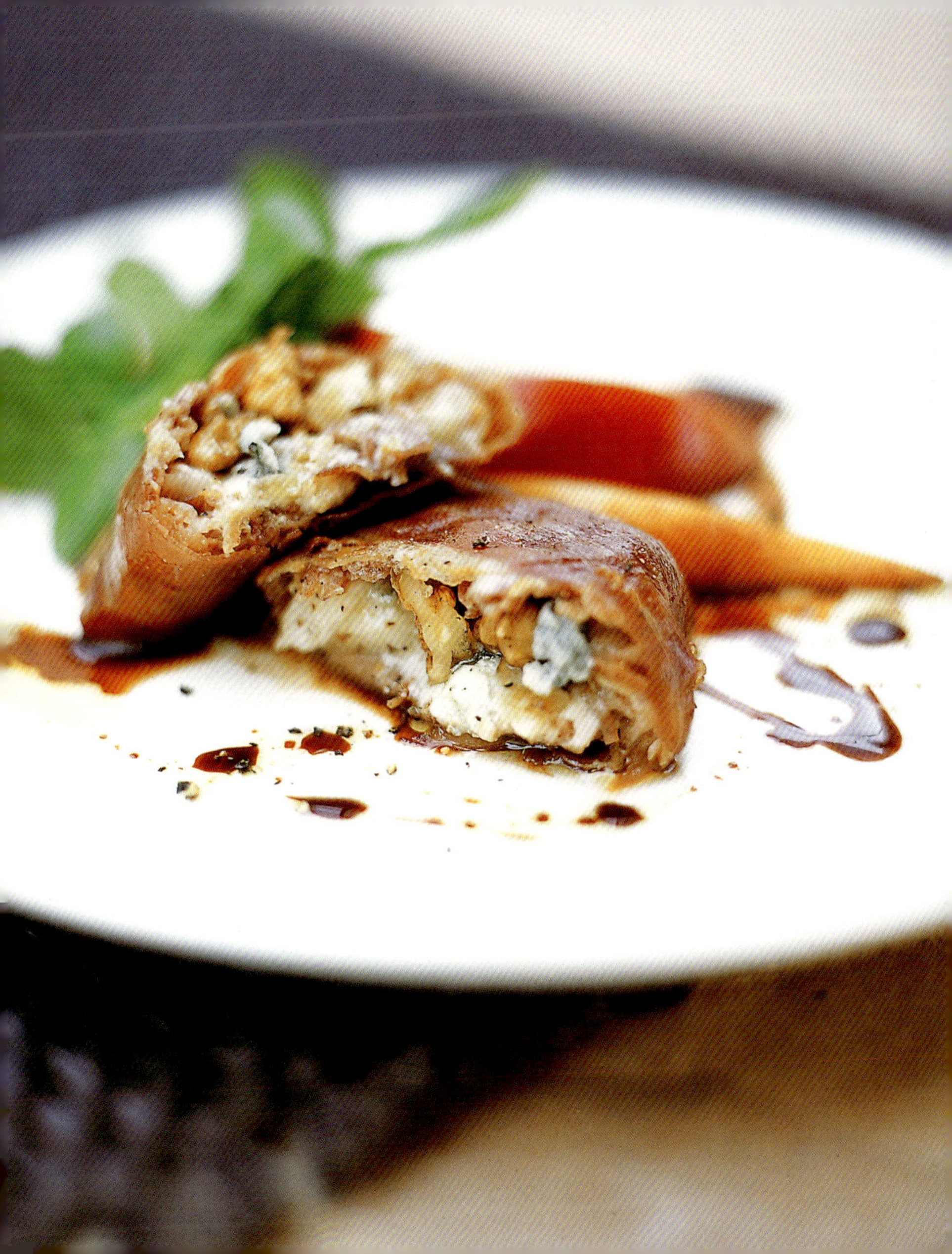

bisteca de porco com purê de batata

4 porções
Preparo: **20 minutos**
Cozimento: **28-30 minutos**

raspas de 1 **limão**
1 colher (sopa) de **tomilho** picado
2 colheres (sopa) de **azeite**
2 **dentes de alho** amassados
4 **bistecas de porco** (200 g cada uma)
1 kg de **batatas** cortadas em quatro partes
200 ml de **creme de leite fresco**
50 g de **manteiga**
sal e **pimenta** a gosto
folhas ou flores de **tomilho** para decorar

Junte as raspas de limão, o tomilho, o azeite, o alho e a pimenta. Passe a mistura nas bistecas e reserve.

Cozinhe as batatas em água fervente por 20 minutos ou até que fiquem bem macias. Escorra, coloque de novo na panela, amasse bem e mexa, até formar um purê. Acrescente o creme de leite e a manteiga e tempere com sal e pimenta. Mexa até ficar bem homogêneo.

Aqueça uma frigideira antiaderente e frite as bistecas em fogo médio-alto por 4-5 minutos de cada lado, dependendo da espessura, ou até que estejam completamente cozidas e douradas por fora.

Retire as bistecas do fogo e deixe descansar por 1-2 minutos. Sirva com o purê e decore com flores ou folhas de tomilho.

Variação: purê de batata com espinafre. Cozinhe, escorra e pique 500 g de espinafre. Junte com as batatas amassadas, acrescente leite (em vez de creme de leite), manteiga e finalize com 50 g de queijo parmesão ralado. Sirva com as bistecas, como na receita original.

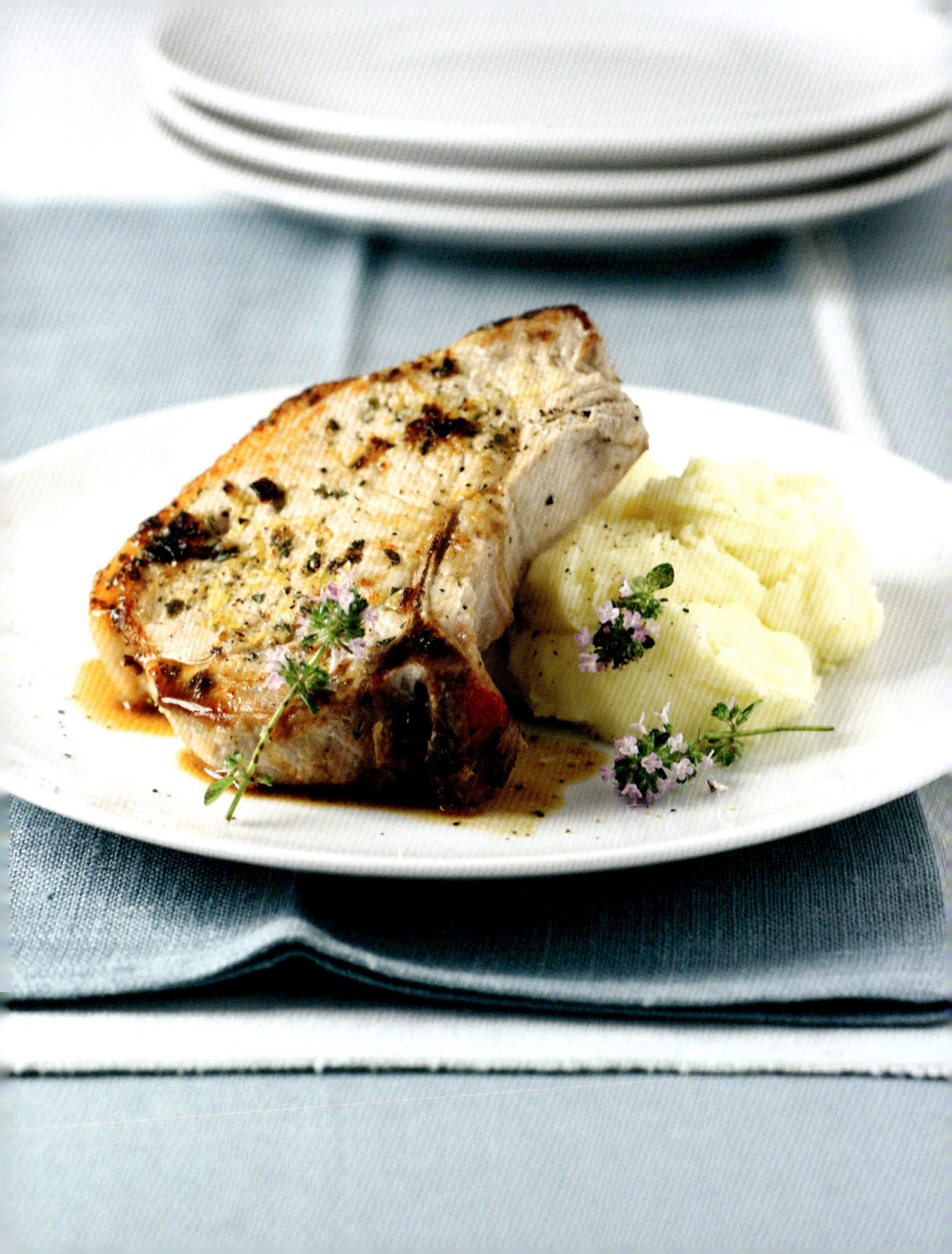

carne de porco oriental com macarrão

4 porções
Preparo: **15 minutos**
Cozimento: **15 minutos**

500 g de **carne de porco** moída
250 g de **talharim**
3 colheres (sopa) de **óleo vegetal**
1 **berinjela** grande cortada em fatias finas
2 colheres (sopa) de **coentro**, mais um pouco para decorar

Marinada
4 colheres (sopa) de **shoyu**, mais um pouco para servir
1 colher (sopa) de **farinha de milho**
1 colher (chá) de **mel**
1 colher (sopa) de **molho de pimenta**
2 colheres (chá) de **alho** bem picado
1 colher (sopa) de **gengibre** bem picado

Junte todos os ingredientes da marinada em uma tigela grande não metálica e acrescente a carne de porco. Misture até que os temperos estejam bem distribuídos na carne.

Cozinhe o macarrão em água fervente de acordo com as instruções da embalagem. Escorra e reserve.

Aqueça o óleo numa panela grande e frite as fatias de berinjela até que fiquem bem douradas. Escorra em papel absorvente.

Acrescente mais óleo à panela, se necessário, e cozinhe a carne moída. Junte 75 ml de água e espere ferver. Adicione a berinjela e o coentro, mexa bem e desligue o fogo.

Sirva a carne com o macarrão ao lado e salpique com mais coentro e shoyu, se desejar.

Variação: carne moída com quiabo e arroz. Cozinhe 250 g de arroz em vez de macarrão. Substitua a carne de porco por carne bovina moída e a berinjela por 200 g de quiabo picado em rodelinhas. Cozinhe por 5 minutos. Sirva como na receita original.

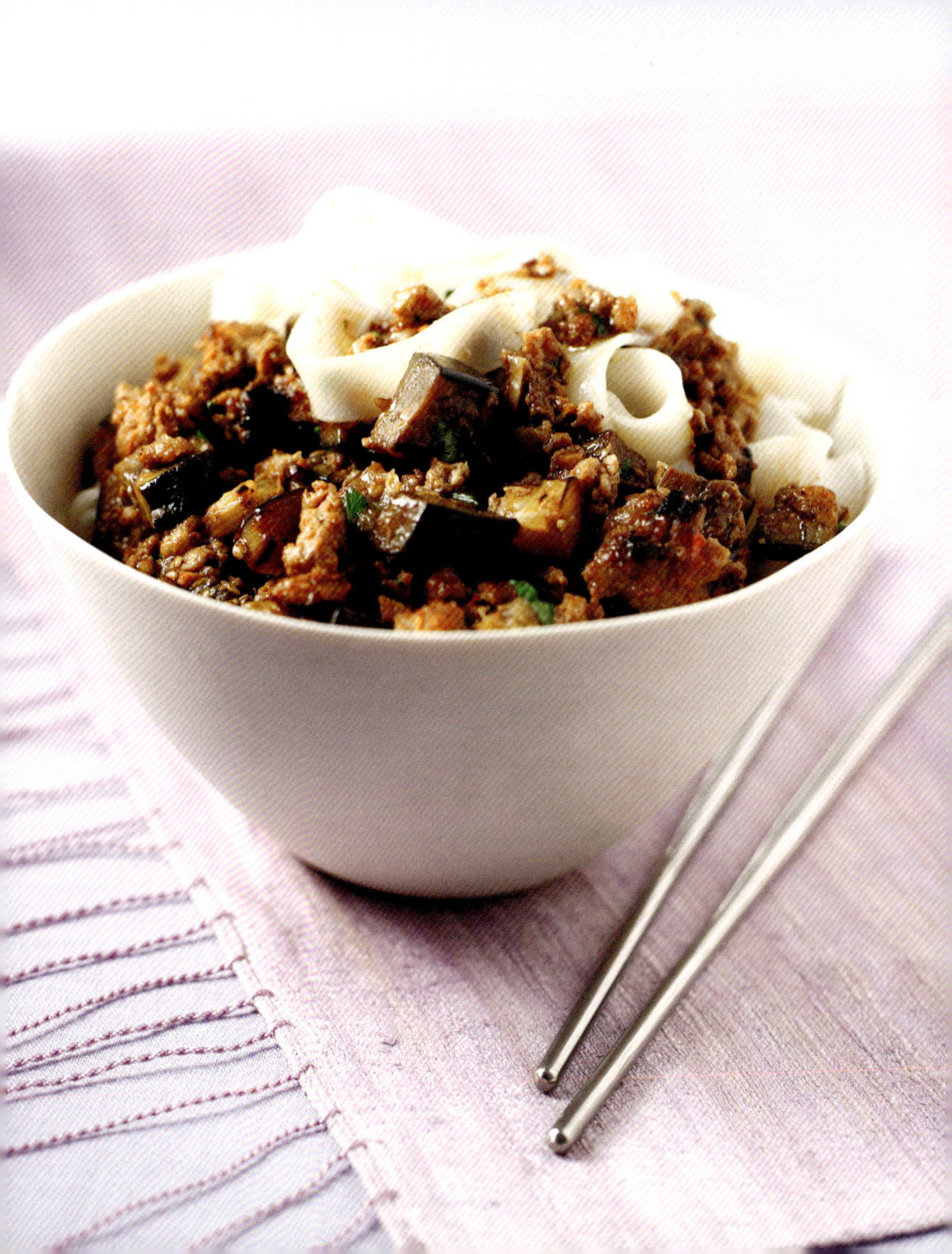

estrogonofe de carne

4 porções
Preparo: **10 minutos**
Cozimento: **15 minutos**

2 colheres (sopa) de **páprica**
1 colher (sopa) de **farinha de trigo**
450 g de **contrafilé** em tiras
300 g de **arroz**
25 g de **manteiga**
4 colheres (sopa) de **óleo vegetal**
1 **cebola** grande bem picada
250 g de **cogumelo fresco**
300 ml de **creme de leite fresco**
sal e **pimenta** a gosto
1 colher (sopa) de **salsinha** picada para decorar

Misture a páprica e a farinha em uma tigela grande, junte a carne e mexa bem até que toda a superfície da carne esteja coberta.

Cozinhe o arroz em água fervente por 13 minutos ou até que esteja cozido mas firme. Reserve em local aquecido.

Derreta a manteiga e 2 colheres (sopa) de óleo em uma panela, em fogo médio, e doure a cebola por cerca de 6 minutos ou até que fique macia. Acrescente os cogumelos e cozinhe por mais 5 minutos ou até estarem tenros. Remova tudo com uma colher e reserve.

Junte à panela o óleo restante, aumente o fogo e frite a carne. Quando estiver cozida, abaixe o fogo, junte a mistura de cebola e cogumelos e adicione o creme de leite. Espere ferver, cozinhe por mais 1-2 minutos e tempere com sal e pimenta.

Sirva imediatamente com o arroz e salpique com salsinha.

Variação: estrogonofe vegetariano. Elimine a carne, aumente a quantidade de cogumelos para 500 g e junte 2 pimentões vermelhos em fatias. Cozinhe os cogumelos com as cebolas até que fiquem macios. Retire a mistura da panela, cozinhe os pimentões até estarem tenros e siga a receita original. Salpique com pinholes antes de servir.

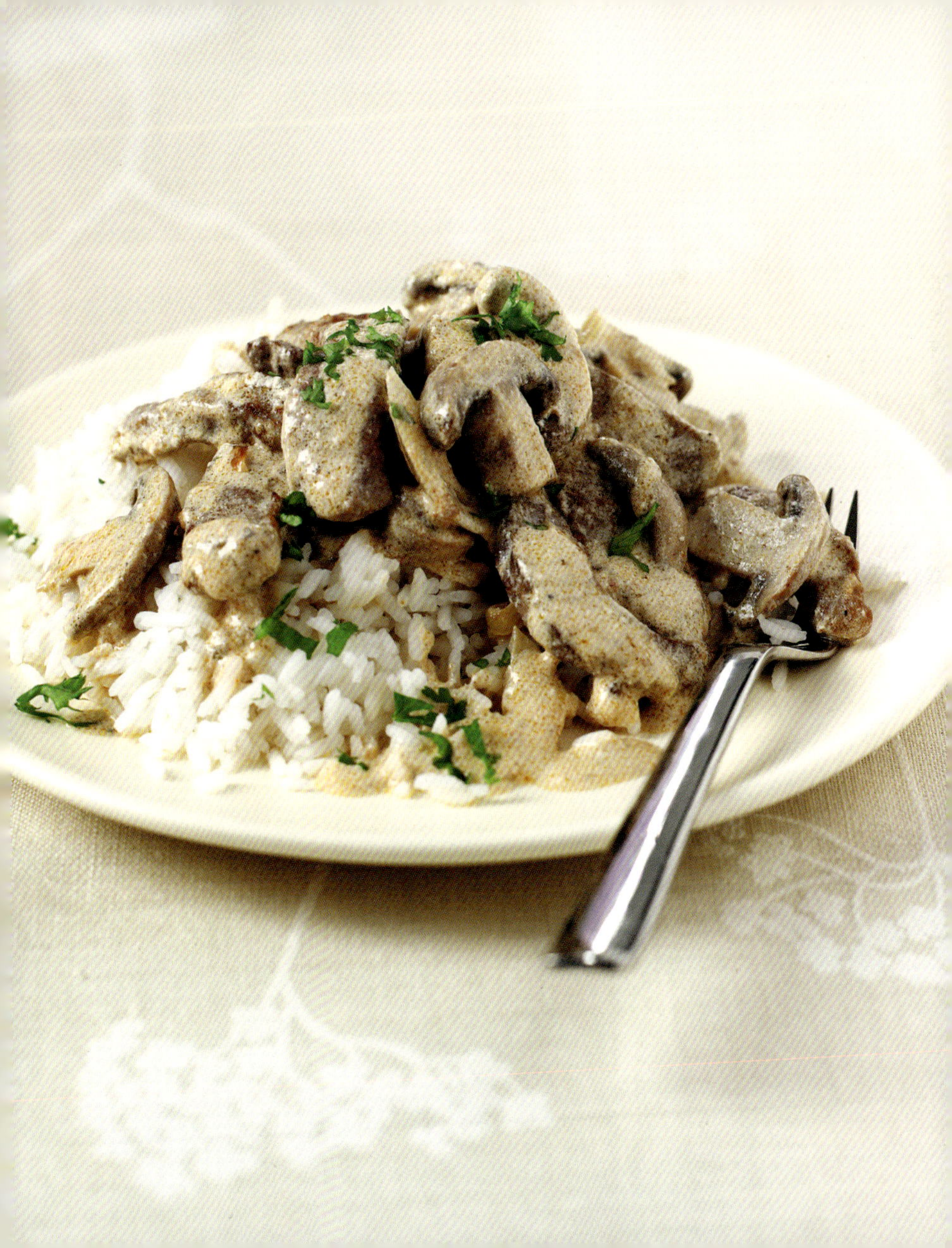

macarrão com carne de porco e uvas-passas

4 porções
Preparo: **10 minutos**
Cozimento: **20 minutos**

350 g de macarrão **tagliatelle verde**
2 colheres (sopa) de **azeite**
500 g de **lombo de porco** em fatias
1 **cebola** bem picada
1 **dente de alho** picado
2 colheres (sopa) de **conhaque**
75 ml de **vinho branco**
2 colheres (sopa) de **uvas- -passas** embebidas em 50 ml de **suco de maçã**
1 colher (chá) de **alecrim** picado
1 ½ colher (sopa) de grãos de **pimenta verde** em conserva picados
3 **zimbros** (opcional)
250 ml de **creme de leite fresco**
sal e **pimenta** a gosto

Cozinhe o macarrão conforme as instruções da embalagem.

Aqueça o azeite numa frigideira grande e frite o lombo, virando uma vez. Retire da panela e reserve. Junte a cebola e refogue por 5 minutos. Acrescente o alho e refogue por mais 1 minuto.

Adicione o conhaque, o vinho, as uvas-passas com o suco de maçã, o alecrim, a pimenta verde e os zimbros. Espere levantar fervura e deixe cozinhar por 1-2 minutos. Reduza o fogo, junte o creme de leite e ferva por mais 5 minutos.

Coloque a carne de porco novamente na panela e cozinhe por 3-5 minutos, mexendo sempre. Retire do fogo, disponha a carne e o molho sobre o macarrão e sirva.

Variação: macarrão com carne de porco e tomate seco. Use tomate seco picado em vez de uva-passa. Não é necessário embeber os tomates em suco de maçã; coloque o suco junto com os tomates.

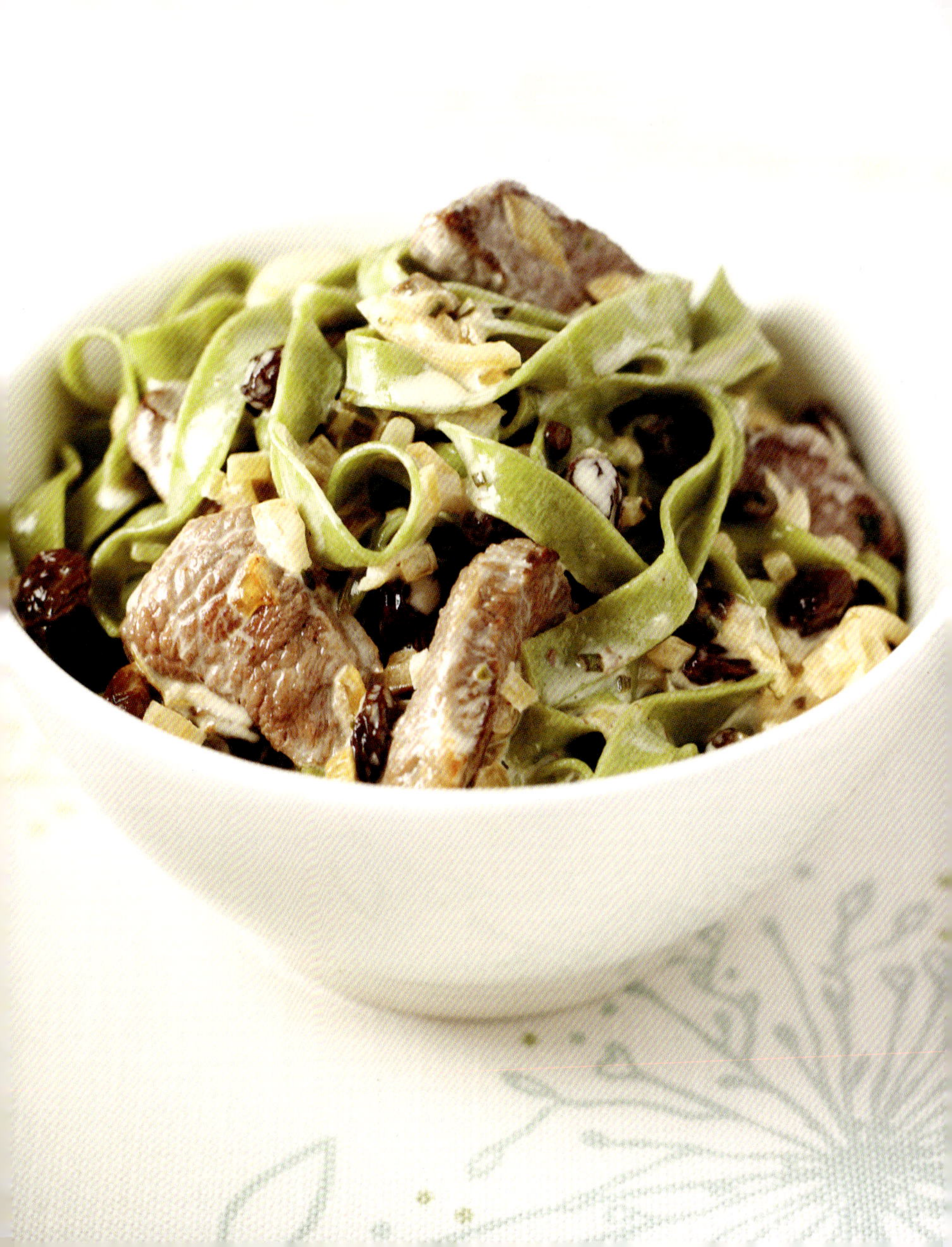

filés de carne com crosta de pimenta

4 porções
Preparo: **10 minutos**
Cozimento: **45 minutos**

4 filés altos de **carne**
 (150 g cada um)
75 g de grãos quebrados de
 pimentas variadas
2 colheres (sopa) de **zimbro**
1 **clara** levemente batida
sal a gosto
azeite para fritar

Para servir:
150 g de **ervilha-torta**
75 g de **geleia de morango**
100 g de **batata chip**

Você vai precisar de uma panela em que caibam os quatro filés.

Junte as pimentas, o zimbro e o sal em um prato raso. Passe a carne na clara e depois nesse tempero, cobrindo toda a sua superfície, de modo a formar uma crosta.

Frite a carne em uma frigideira com azeite por 4 minutos de cada lado, virando delicadamente para que as pimentas continuem grudadas. Transfira para uma fôrma e asse no forno (200ºC) por 15 (malpassado) a 30 minutos (bem-passado).

Deixe a carne descansar. Fatie bem fino e sirva com ervilha-torta, geleia de morango e batata chip.

Variação: filés de carne à chinesa. Elimine as pimentas e o zimbro. Faça uma marinada com 3 colheres (sopa) de shoyu, 1 colher (sopa) de gengibre bem picado, 1 colher (sopa) de molho de ostra (opcional), 1 colher (sopa) de saquê, 2 dentes de alho amassados e 2 colheres (sopa) de óleo de amendoim (ou azeite). Deixe a carne marinar por 1 hora ou mais e depois grelhe por 3-4 minutos de cada lado. Sirva com macarrão e acelga.

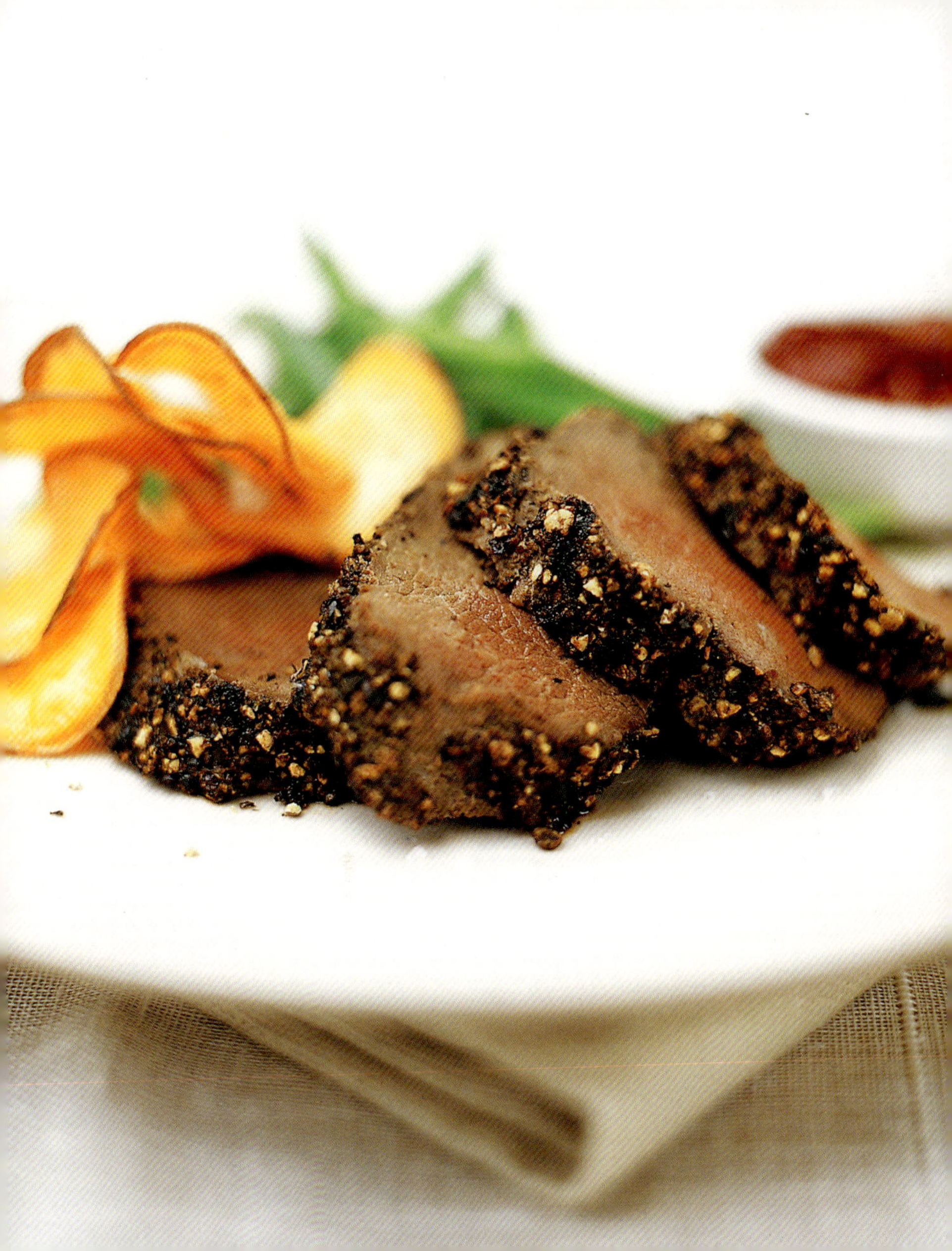

penne com linguiça

4 porções
Preparo: **15 minutos**
Cozimento: **26 minutos**

1 colher (sopa) de **azeite**
200 g de **linguiça** em rodelas
1 **cebola** picada
2 **dentes de alho** picados
1 colher (sopa) de **páprica picante**
1 colher (sopa) de **alcaparras**
1 colher (chá) de **orégano**
1 colher (chá) de **raspas de limão**
uma pitada de **açúcar mascavo**
Uma pitada de **pimenta vermelha** seca picada
800 g de **tomate** picado
350 g de **penne** seco
sal e **pimenta** a gosto

Para servir
óleo de pimenta (opcional)
4 colheres (sopa) de **queijo parmesão** ralado

Aqueça o azeite em uma frigideira e frite as linguiças por 2 minutos ou até que dourem. Junte a cebola e o alho e cozinhe por mais 5 minutos.

Acrescente a páprica e cozinhe por mais um minuto; adicione então as alcaparras, o orégano, as raspas de limão, o açúcar, a pimenta vermelha e os tomates. Deixe ferver, reduza o fogo e cozinhe por 15 minutos.

Cozinhe o macarrão de acordo com as instruções da embalagem. Escorra a massa.

Junte o penne à mistura de linguiça e mexa bem. Sirva imediatamente com um fio de óleo de pimenta e parmesão ralado.

Acompanhamento: pão de alho com queijo parmesão. Abra um pão ciabatta e corte-o ao meio. Misture 2 colheres (sopa) de azeite, 1 colher (sopa) de orégano e 1 dente de alho amassado. Passe na superfície dos pães e cubra com queijo parmesão. Coloque numa grelha quente ou no forno e asse por 3-4 minutos ou até que dourem.

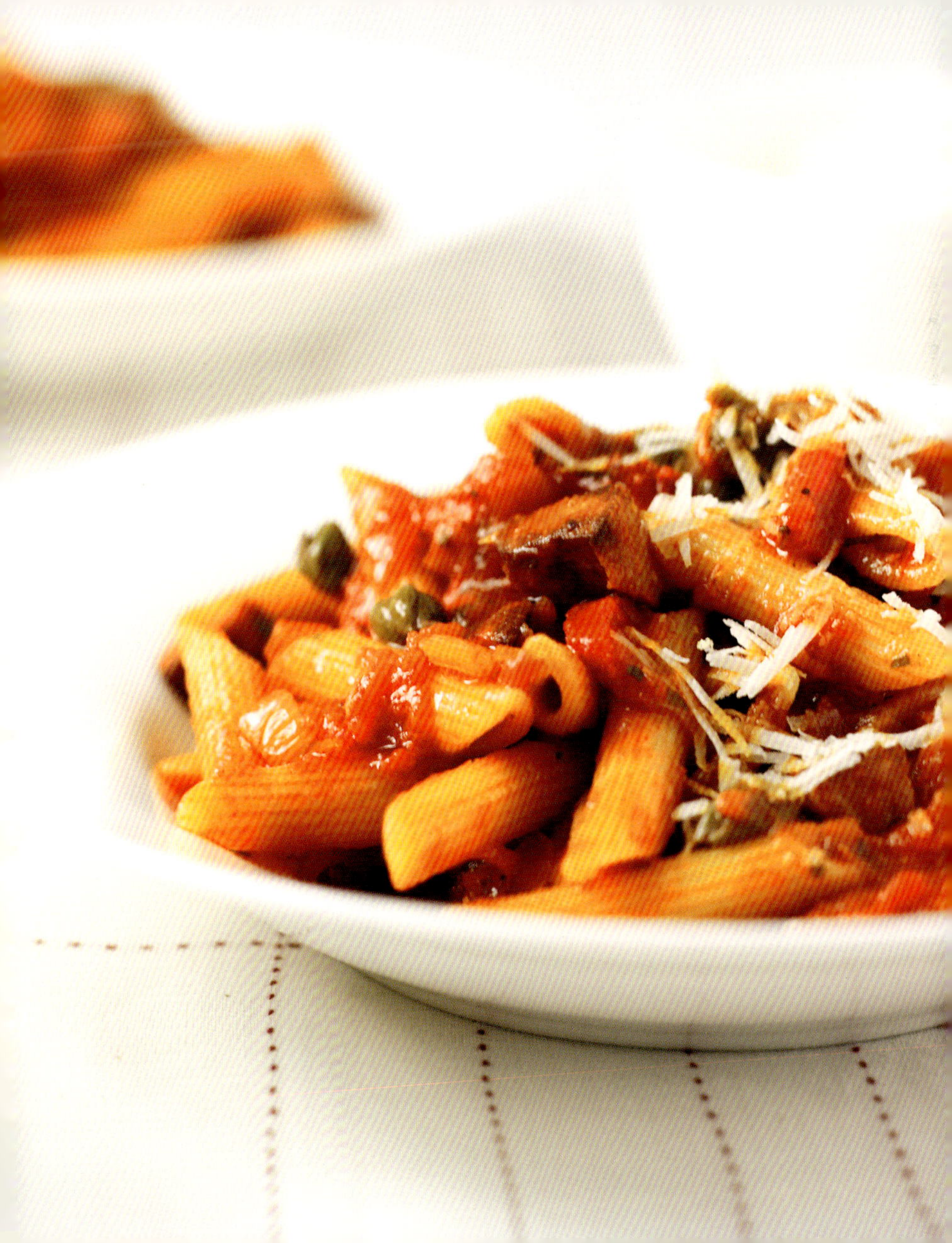

pizza de brie e bacon

4 porções
Preparo: **20 minutos**
Cozimento: **23-25 minutos**

290 g de **massa pronta** para pizza
25 g de **manteiga**
1 colher (sopa) de **azeite**
200 g de **bacon defumado** em lascas
2 **cebolas** em fatias
1 **dente de alho** picado
200 ml de **creme de leite fresco**
250 g de **batata cozida** cortada em fatias finas
250 g de **queijo brie**

Divida a massa de pizza em quatro pedaços iguais e abra a massa, de modo que os pedaços fiquem em formato oval. Cubra com filme de PVC e deixe em local aquecido.

Derreta a manteiga e o azeite em uma frigideira grande e frite o bacon por 3-4 minutos ou até que doure. Junte as cebolas e o alho e frite por mais 5-6 minutos.

Espalhe 1 colher (sopa) de creme de leite sobre cada massa de pizza. Faça camadas, respectivamente, de batatas, bacon com cebola e alho e 2-3 fatias de queijo brie. Asse em forno preaquecido (220°C) por 15 minutos ou até que o queijo derreta.

Sirva imediatamente com uma dose extra de creme de leite por cima, se quiser.

Variação: pizza de alcachofra e gorgonzola.
Substitua as batatas por 475 g de fundos de alcachofra em conserva, cortados ao meio. Salpique com gorgonzola.

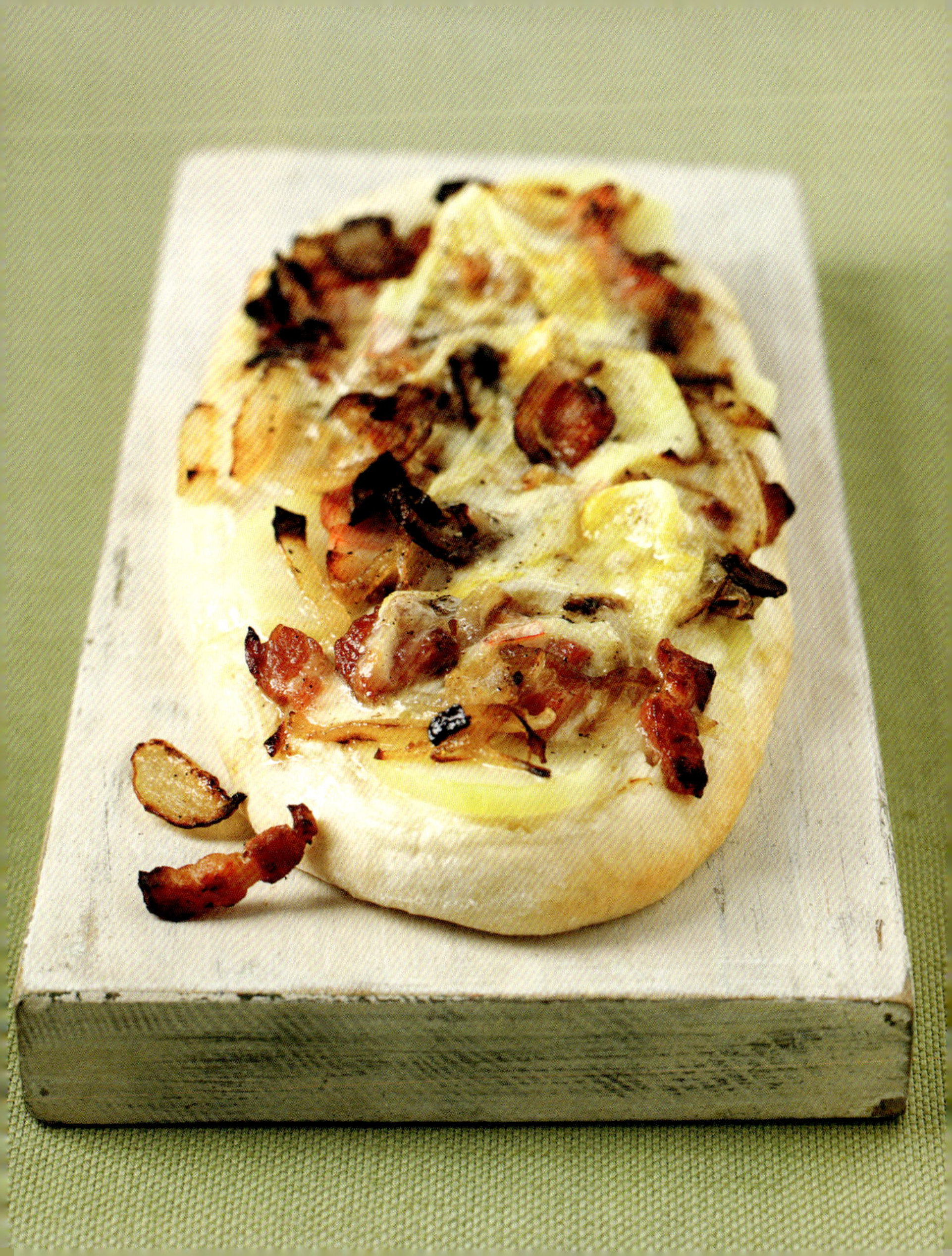

aves

coxas de frango ao gengibre

4 porções
Preparo: **5-10 minutos**
Cozimento: **50 minutos**

3 **limões**
um pedaço de 1 cm de **gengibre** picado
4 colheres (sopa) de **coentro** picado
2 colheres (sopa) de **óleo vegetal**
4 **coxas de frango**
300 g de **arroz jasmine**
sal a gosto

Raspe a casca de 2 limões e corte-os ao meio. Misture as raspas com o gengibre e o coentro em uma pequena tigela não metálica. Junte 1 colher (sopa) de óleo e mexa bem até obter uma pasta.

Levante gentilmente a pele do frango e espalhe a pasta de temperos por dentro. Depois, faça alguns cortes nas partes mais grossas da carne e besunte com o restante do óleo.

Coloque o frango em uma assadeira junto com os limões. Leve ao forno (220°C) por 45-50 minutos, virando as coxas ocasionalmente. Estarão prontas quando a carne descolar facilmente do osso e não tiver mais partes rosadas.

Enquanto a carne assa, coloque o arroz em uma panela com 400 ml de água fria, tampe e cozinhe em fogo médio por 10 minutos ou até que a água seja toda absorvida. Desligue o fogo e reserve em local aquecido.

Coloque o arroz em pequenos potinhos para moldá-lo e depois vire-o nos pratos. Disponha ao lado as coxas de frango, esprema os limões assados sobre elas e salpique com folhas de coentro. Sirva imediatamente com o limão restante cortado em gomos.

Variação: coxas de frango à mediterrânea.
Substitua a pasta de gengibre por outra feita com 6 tomates secos picados, 1 colher (sopa) de pinholes, ½ dente de alho picado, 1 colher (sopa) de manjericão picado, 1 colher (chá) de raspas de limão, 1 colher (sopa) de suco de limão, 3 colheres (sopa) de azeite e 1 colher de sopa de queijo parmesão ralado.

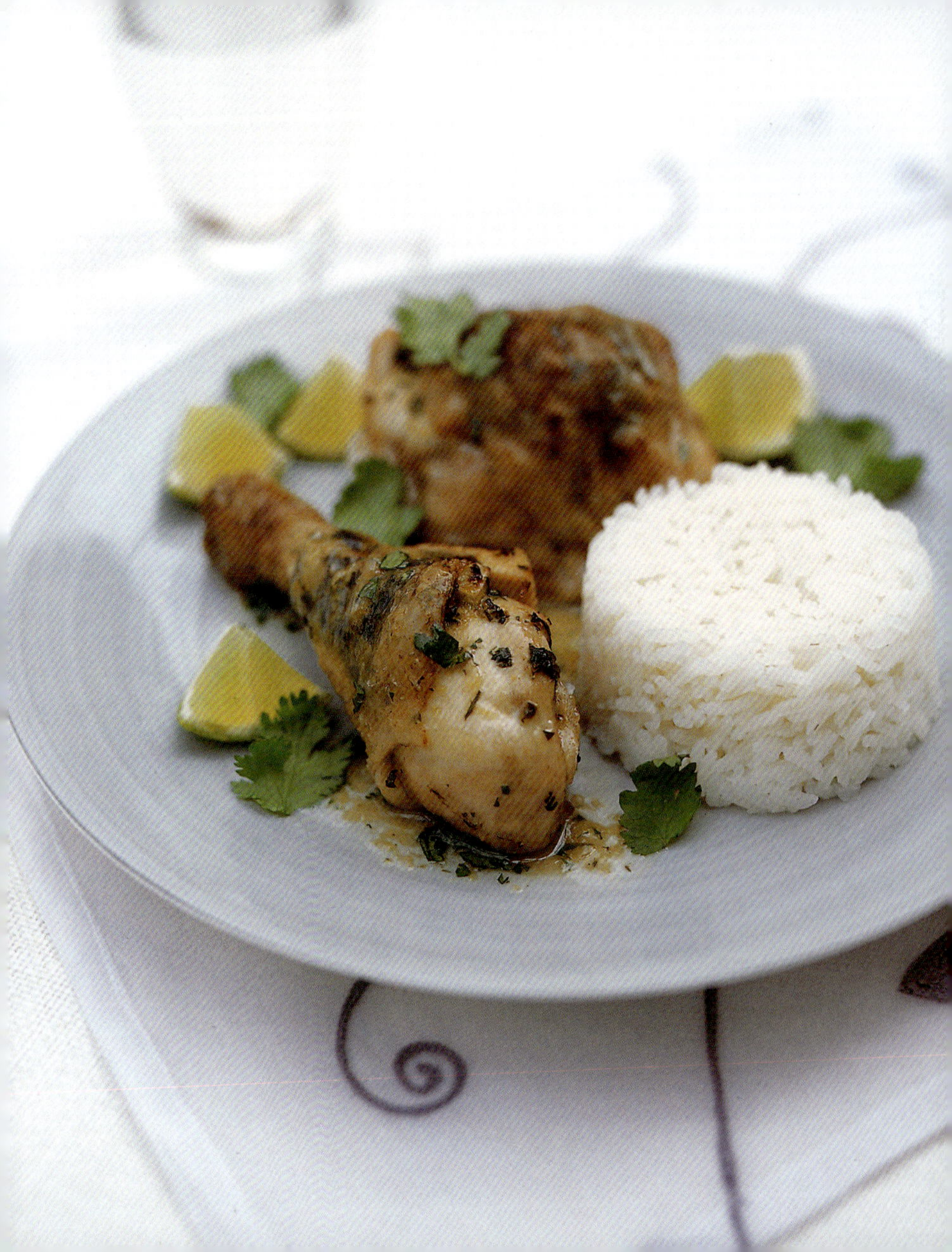

salada de frango asiática

4 porções
Preparo: **10 minutos**, mais o tempo de resfriamento
Cozimento: **8-10 minutos**

4 filés de **peito de frango**
½ **acelga** em tiras
1 **cenoura** grande ralada
200 g de **broto de feijão**
um punhado de **coentro** bem picado
um punhado de **hortelã** bem picada
1 **pimenta vermelha** bem picada (opcional)

Molho
125 ml de **óleo de girassol**
suco de 2 **limões**
1 ½ colher (sopa) de **molho de peixe tailandês**
3 colheres (sopa) de **shoyu**
1 colher (sopa) de **gengibre** picado

Cozinhe o frango no vapor, usando um escorredor de metal sobre uma panela com água fervente, por 8-10 minutos. Se não tiver o equipamento necessário, cozinhe-o em água por 8-10 minutos ou até que esteja macio.

Para fazer o molho, misture todos os ingredientes em uma tigela pequena.

Quando o frango tiver esfriado o suficiente, corte-o em fatias finas e espalhe o molho sobre ele. Deixe esfriar.

Misture todos os vegetais e ervas e distribua-os nos pratos. Disponha o frango por cima e regue com o molho na hora de servir.

Variação: salada de camarão asiática. Em vez do frango da receita original, use 450 g de camarão limpo e sem casca. Cozinhe no vapor por 2-3 minutos ou até que a carne esteja firme e opaca. Salpique com algumas colheres (sopa) de amendoim torrado e picado.

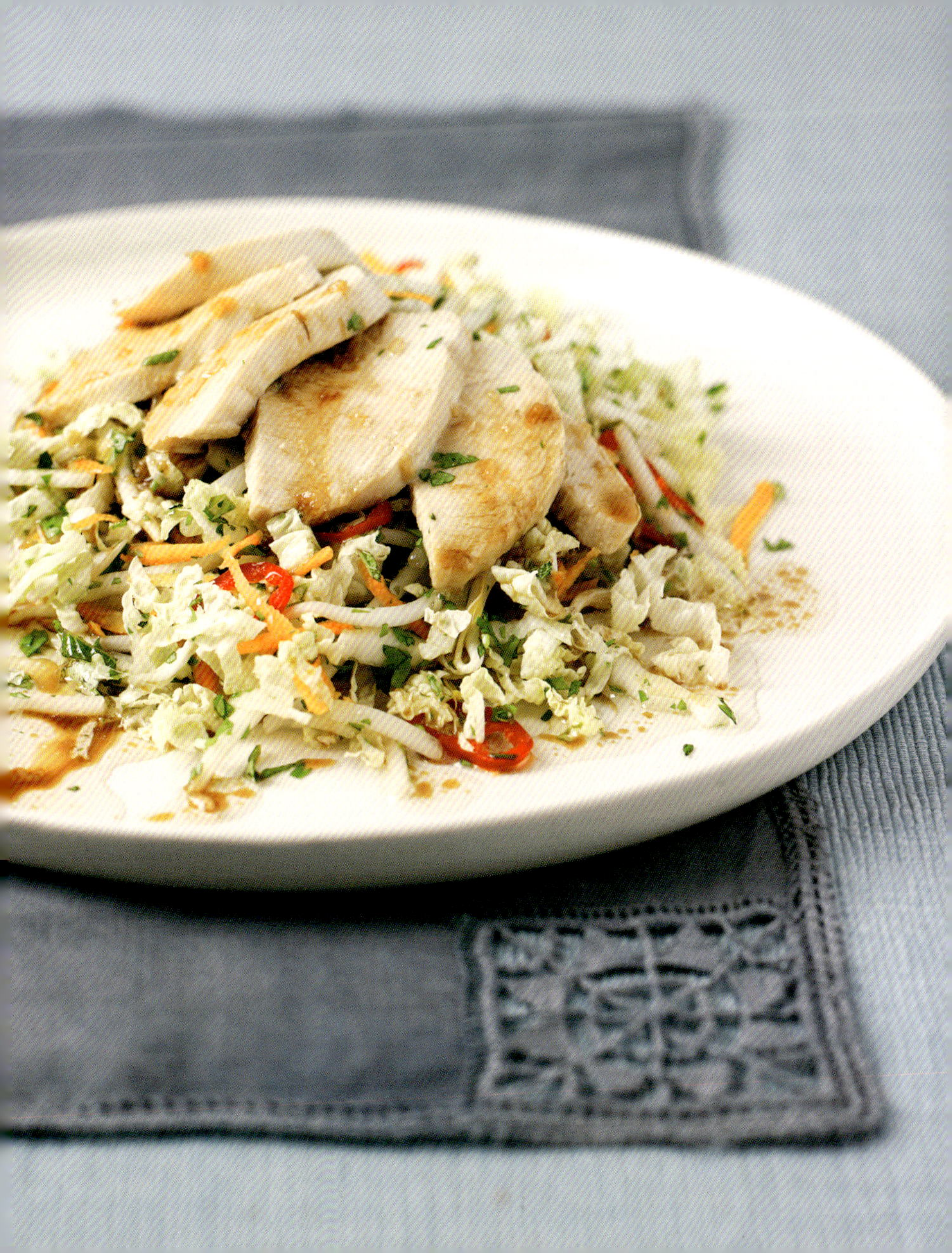

frango com legumes

4 porções
Preparo: **10 minutos**, mais o tempo de repouso
Cozimento: **1h15**

1 **frango** de 1,5 kg
1,5 litro de **caldo de galinha**
2 **cebolas** cortadas ao meio
1 **alho-poró** em rodelas
2 **dentes de alho**
2 ramos de **salsinha**
2 ramos de **manjerona**
2 ramos de **tomilho**
2 **cenouras** cortadas ao meio
200 g de **brócolis**
250 g de **aspargos** frescos
½ **couve** em tiras

Coloque o frango em uma panela grande e acrescente uma quantidade de caldo de galinha suficiente para cobrir a carne. Adicione as cebolas, o alho-poró, o alho, as ervas e as cenouras e cozinhe em fogo médio-alto. Espere ferver, abaixe o fogo e deixe o líquido reduzir por 1 hora ou até que a carne esteja se descolando do osso.

Junte os vegetais restantes e cozinhe por mais 6-8 minutos ou até todos os legumes estarem cozidos.

Desligue o fogo e deixe descansar por 5-10 minutos antes de levar à mesa. Tire a pele do frango, se desejar, e sirva com bastante pão.

Variação: sopa de frango à chinesa. Use a mesma quantidade de caldo de galinha, mas elimine da receita todos os vegetais e ervas. Utilize um pedaço de 8 cm de gengibre em fatias finas, 2 dentes de alho em fatias, 1 colher (chá) de cinco especiarias chinesas (ver p. 11), 4-5 anises-estrelados e 100 ml de shoyu. Acrescente milho baby e ervilha-torta e cozinhe como descrito acima.

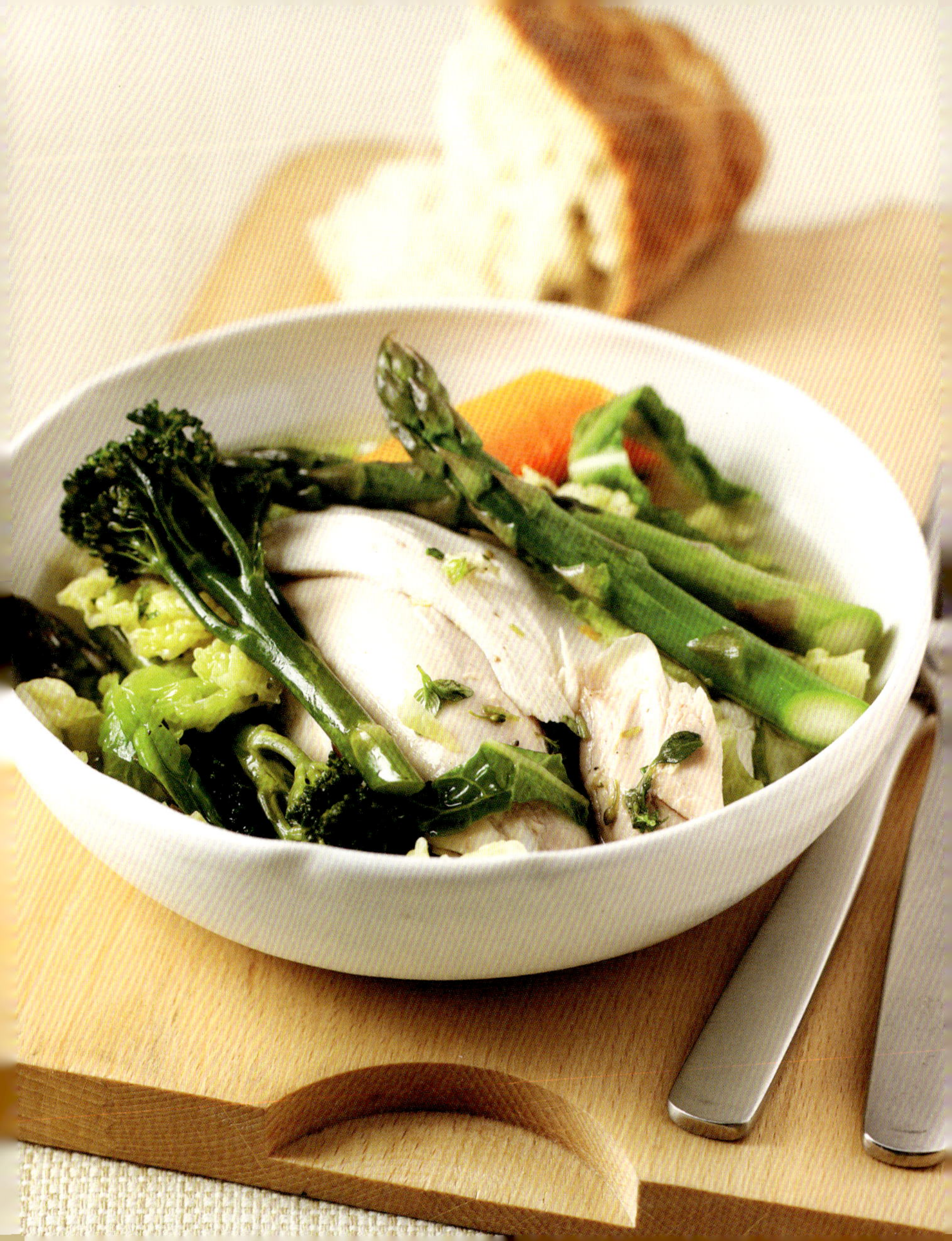

frango ao limão e pimenta

4 porções
Preparo: **25 minutos**, mais o tempo da marinada
Cozimento: **45 minutos**

- 1 **frango** de 1,75 kg cortado em pedaços
- 8 **dentes de alho**
- 4 **limões-sicilianos**
- 1 **pimenta vermelha** sem sementes picada
- 2 colheres (sopa) de **mel de laranjeira**
- 4 colheres (sopa) de **salsinha** picada
- **sal** e **pimenta** a gosto

Arrume os pedaços do frango em uma travessa refratária. Amasse 2 dentes de alho em uma tigela e junte o suco dos limões (reserve as cascas), a pimenta e o mel. Mexa bem e espalhe essa mistura sobre o frango. Coloque as cascas de limão ao redor dele, cubra e deixe marinar na geladeira por pelo menos 2 horas. Se puder, mantenha durante toda a noite, virando o frango uma ou duas vezes.

Coloque o frango na assadeira, deixando a parte com pele para cima. Distribua os dentes de alho restantes e as cascas de limão, mantendo a parte lisa para cima.

Asse em forno preaquecido (200°C) por 45 minutos ou até a carne ficar dourada e macia. Junte a salsinha, tempere com sal e pimenta e sirva com folhas de salsinha para decorar.

Acompanhamento: arroz com ervilhas. Ferva 250 g de ervilhas frescas até que fiquem macias. Escorra e junte 50 g de manteiga derretida, 2 talos de cebolinha picados, um punhado de coentro picado e mexa. Misture as ervilhas com arroz cozido e sirva.

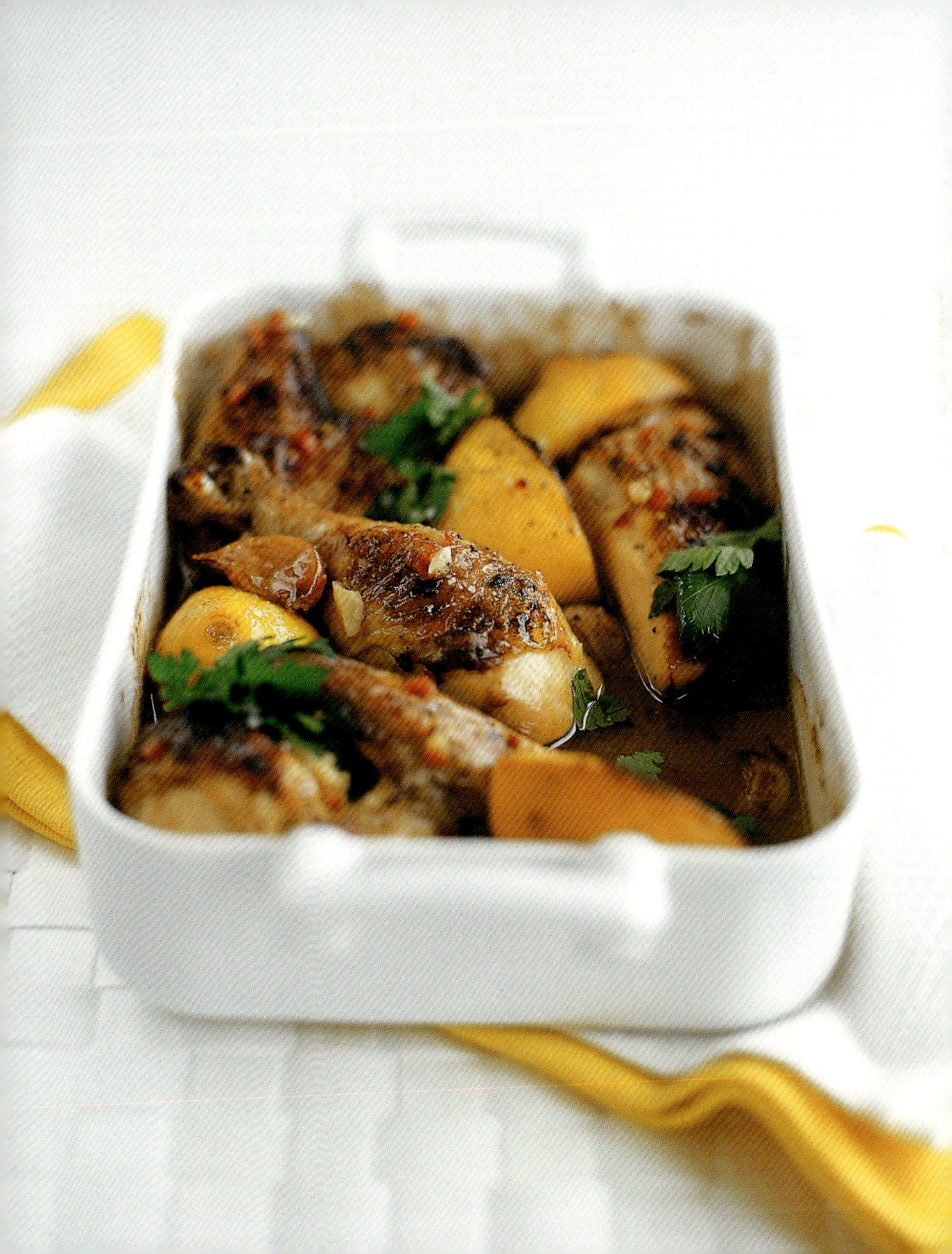

frango com arroz apimentado

4 porções
Preparo: **5 minutos**
Cozimento: **30-35 minutos**

4 **peitos de frango** sem osso (150 g cada um)
4 colheres (sopa) de **azeite**
1 **cebola** bem picada
2 **dentes de alho**
2 colheres (chá) de **canela**
¼ de colher (chá) de **pimenta-de-caiena**
1 colher (chá) de **sal**
¼ de colher (chá) de **cravo em pó**
½ colher (chá) de **noz-moscada em pó**
½ colher (chá) de **gengibre em pó**
½ colher (chá) de **pimenta preta em pó**
300 g de **arroz**
750 ml de **caldo de galinha**
2 colheres (sopa) de **salsinha** picada

Passe 1 colher (sopa) de azeite no frango e asse em uma grelha elétrica preaquecida ou frigideira antiaderente por 1 minuto de cada lado.

Aqueça o azeite restante em uma frigideira de fundo grosso e refogue a cebola por 5-6 minutos ou até que fique macia. Junte o alho e cozinhe por mais 1 minuto. Acrescente todos os temperos e deixe no fogo por mais 2 minutos, mexendo sempre.

Adicione o arroz à mistura de temperos e mexa bastante para que os condimentos fiquem bem espalhados. Junte o caldo de galinha e os pedaços de frango. Deixe levantar fervura e tampe a panela. Reduza o fogo e deixe cozinhar por 15-20 minutos ou até que o frango e o arroz estejam cozidos. Salpique com a salsinha e sirva.

Variação: frango assado com recheio de arroz.
Prepare o arroz conforme a receita acima, cozinhando por 10 minutos. Guarde o líquido que sobrar. Recheie um frango de 1,5 kg com o arroz. Coloque a carne em uma travessa, tempere, acrescente o líquido restante do arroz e 150 ml de vinho branco. Cubra com papel-alumínio e leve ao forno a 190°C por 1 hora e 15 minutos. Retire o papel, regue o frango com o caldo da travessa e asse por mais 30 minutos.

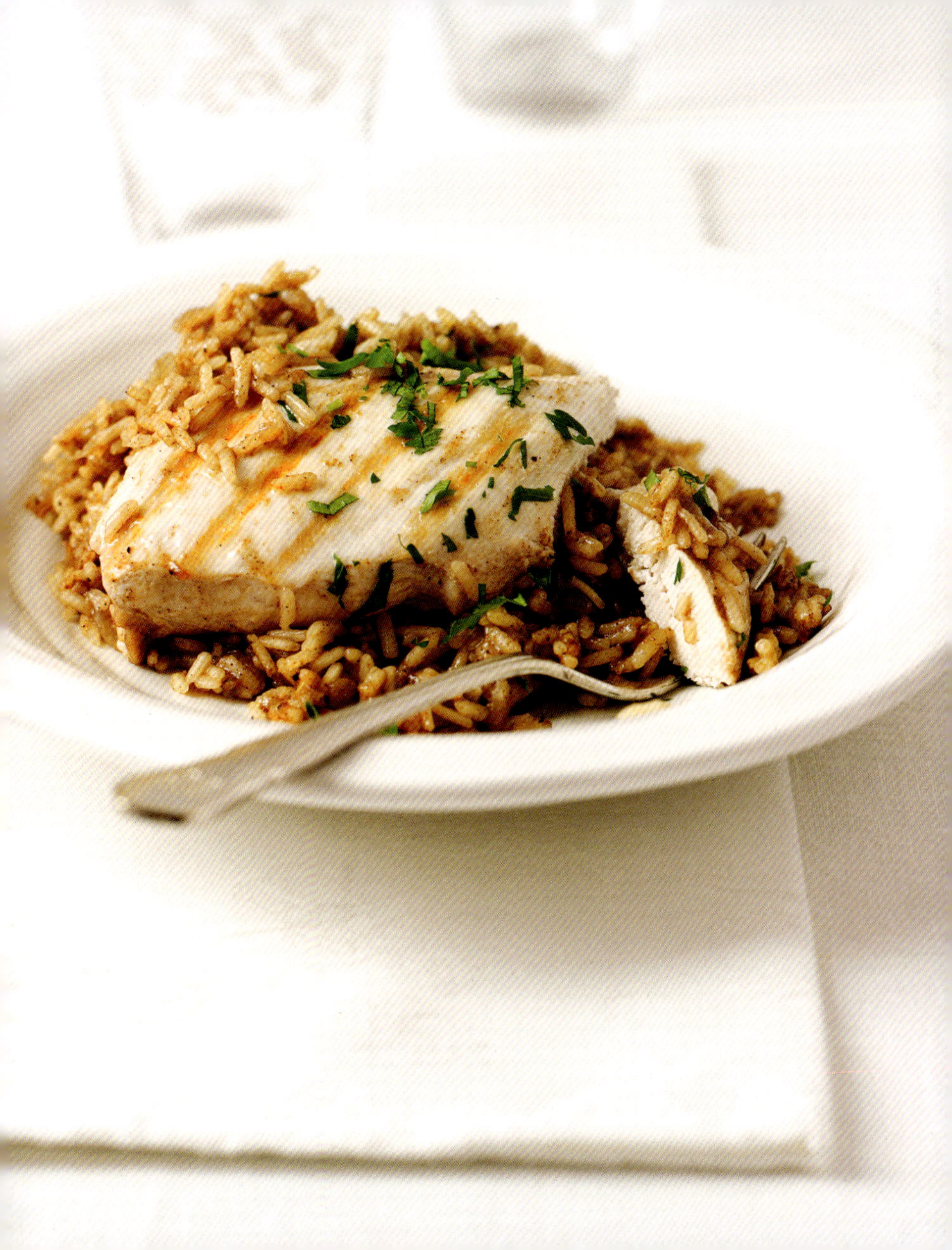

filé de frango à milanesa

4 porções
Preparo: **12 minutos**
Cozimento: **20 minutos**

1 kg de **batatas** sem casca e cortadas ao meio
4 **peitos de frango** sem osso (150 g cada um)
2 **ovos** batidos
3 colheres (sopa) de **azeite**
150 g de **manteiga**
4 **tomates** maduros
2 colheres (sopa) de **alcaparras**
4 colheres (sopa) de **vinho branco**
4 colheres (sopa) de **suco de limão**
100 g de **rúcula**
sal e **pimenta** a gosto

Para empanar
2 colheres (sopa) de **orégano seco**
100 g de **farinha de rosca**
½ colher (chá) de **alho em pó**
raspas de 1 **limão**
50 g de **queijo parmesão** ralado

Cozinhe as batatas em água fervente com sal por 20 minutos ou até que fiquem macias.

Enquanto isso, misture todos os ingredientes para empanar em um prato raso. Embrulhe os peitos de frango em filme de PVC ou papel-manteiga e soque-os para que a carne fique macia. Passe nos ovos batidos e em seguida na mistura de farinha, cobrindo bem.

Aqueça o azeite em uma frigideira e frite o frango por cerca de 3 minutos de cada lado. Reserve em local aquecido.

Coloque metade da manteiga em uma panela e acrescente os tomates, as alcaparras e o vinho. Tempere com sal e pimenta e deixe ferver por 2-3 minutos.

Escorra as batatas e junte o suco de limão, o restante da manteiga e tempere com sal e pimenta. Sirva o purê ao lado do frango à milanesa nos pratos dos convidados. Adicione a rúcula ao molho de tomate e mexa rapidamente. Coloque um pouco sobre cada filé e sirva imediatamente.

Acompanhamento: espinafre com uva-passa e pinholes. Coloque 1 cebola picada, 4 colheres (sopa) de uva-passa e 50 g de manteiga em uma frigideira grande. Adicione 1 kg de espinafre e 3 colheres (sopa) de água. Cubra e cozinhe por 3-5 minutos, mexendo de vez em quando até que o espinafre esteja todo cozido. Mexa bem e sirva.

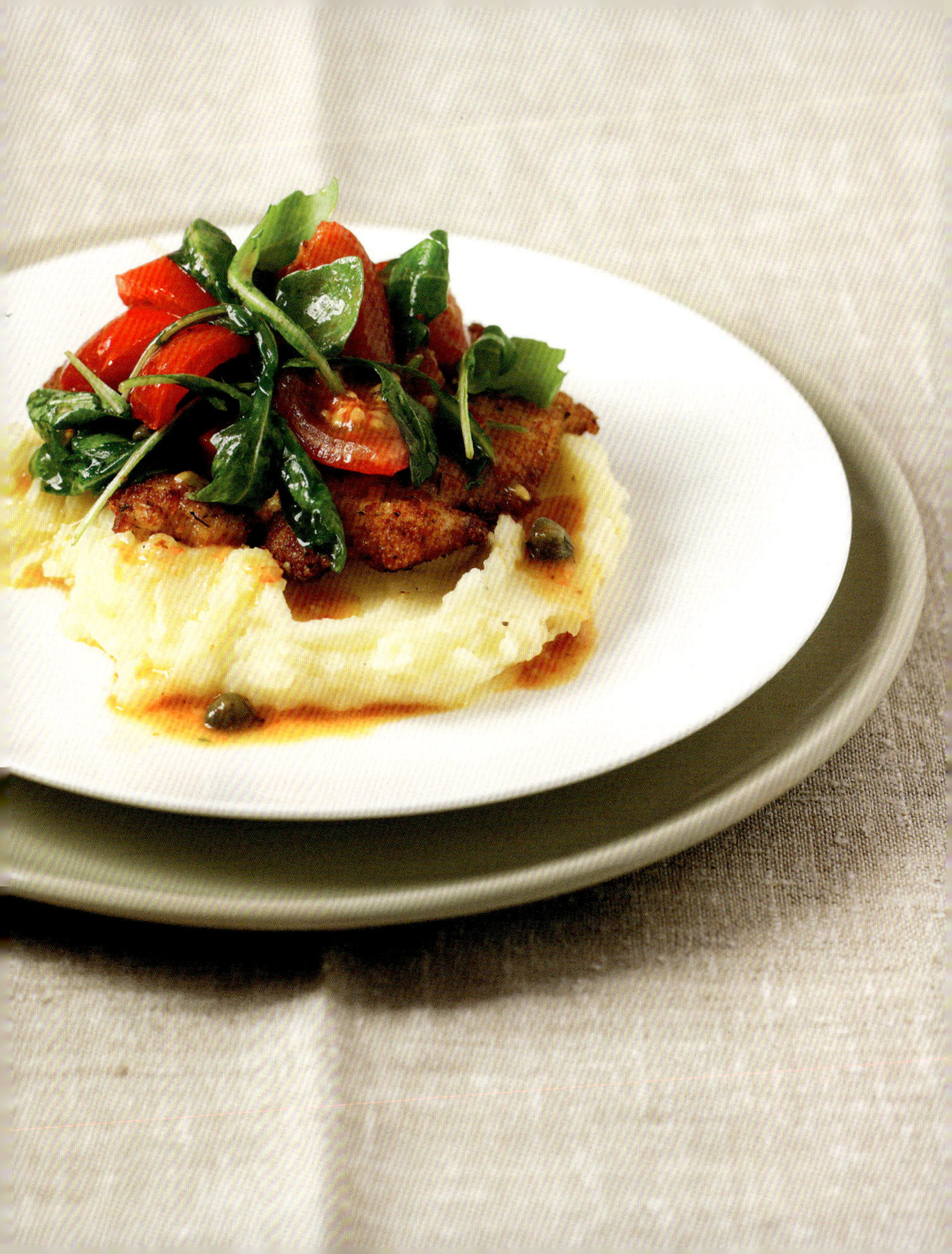

frango ao mel picante

4 porções
Preparo: **8 minutos**
Cozimento: **20-25 minutos**

4 **peitos de frango** sem osso e com pele (150 g cada um)

Mel picante
2 colheres (sopa) de **chutney de manga**
1 colher (sopa) de **mel**
2 colheres (chá) de **molho inglês**
1 colher (chá) de **alho em pó**
1 colher (chá) de **molho de pimenta-malagueta**
2 colheres (sopa) de **vinagre de vinho tinto**
2 colheres (chá) de **mostarda** com sementes
sal e **pimenta** a gosto

Faça alguns cortes nos peitos de frango e coloque-os em uma assadeira.

Misture bem todos os ingredientes do mel picante, disponha uma colher sobre cada pedaço de frango e distribua bem em toda a superfície.

Leve a assadeira ao forno preaquecido (220°C) por 20-25 minutos ou até que a carne esteja completamente cozida e a pele, crocante.

Deixe o frango descansar por alguns minutos. Sirva com batata frita, se desejar.

Variação: frango ao mel e ervas. Substitua o mel picante por 2 colheres (sopa) de mel, 2 colheres (sopa) de vinagre de maçã e 1 colher (sopa) de cada uma das seguintes ervas, todas bem picadas: tomilho, estragão e sálvia. Passe a mistura no frango e asse como descrito na receita original. Se desejar, sirva com batata-doce.

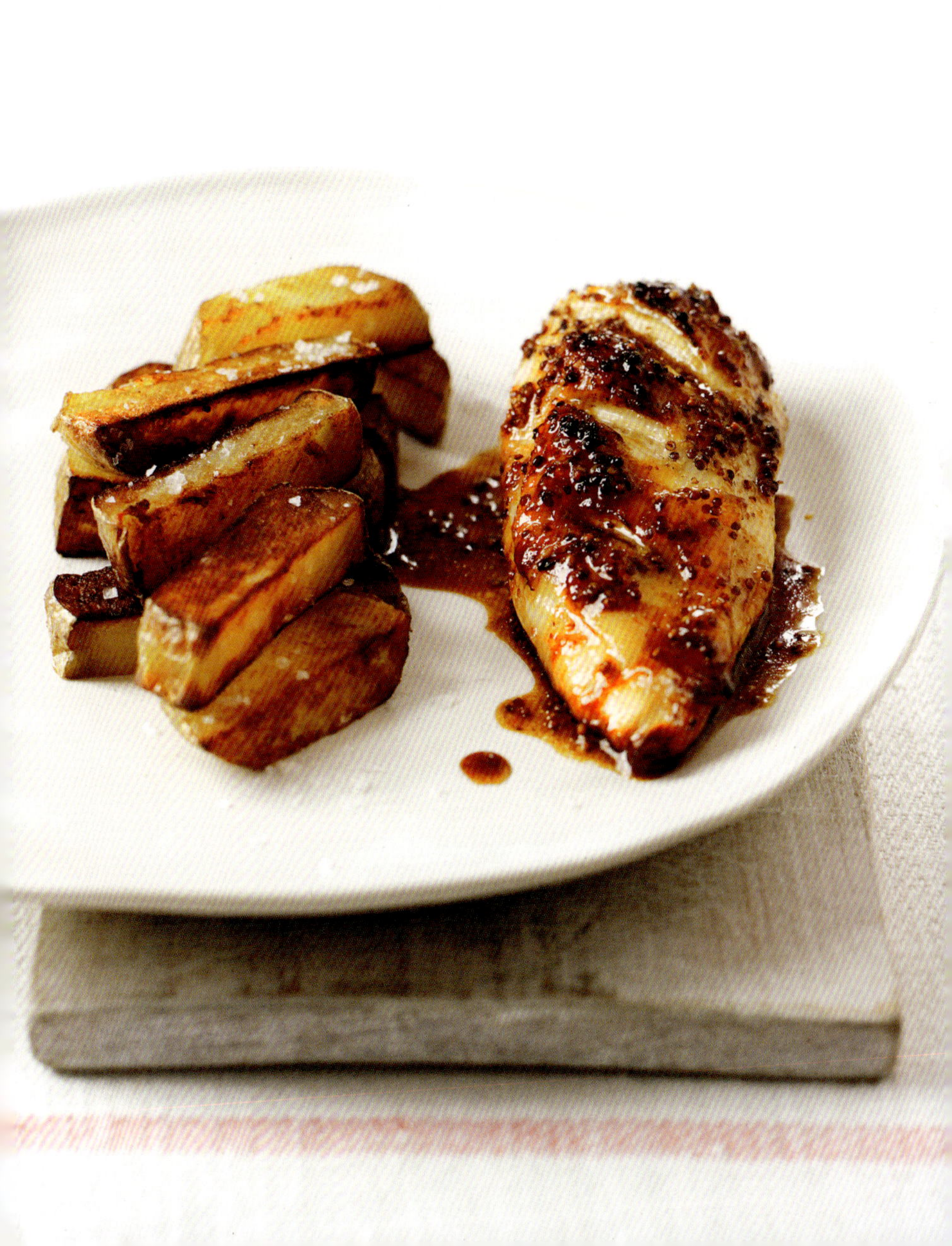

pato ao molho de laranja e gengibre

4 porções
Preparo: **10 minutos**
Cozimento: **24-26 minutos**

1 colher (chá) de **óleo vegetal**
4 **peitos de pato** com pele
350 g de **couve** em tiras
1 colher (sopa) de **vinagre balsâmico**
1 colher (sopa) de **gengibre em conserva** picado
50 ml de uma infusão de **chás de laranja e de canela**
½ colher (chá) de grãos de **pimenta** variados, quebrados
sal

Aqueça o óleo em uma frigideira antiaderente, em fogo médio. Frite os peitos de pato com a pele para baixo por 15 minutos ou até a pele ficar bem crocante. Elimine o excesso de gordura e vire a carne. Deixe fritar por mais 5 minutos. Retire do fogo e mantenha em local aquecido.

Cozinhe a couve no vapor ou em uma panela com água fervente por 2-3 minutos.

Adicione os ingredientes restantes na frigideira e tempere com sal. Mexa bem e deixe ferver por 2-3 minutos.

Sirva os peitos de pato com o molho por cima e a couve ao lado.

Variação: pato ao molho de cereja. Exclua da receita o vinagre, o gengibre e o chá. Faça um molho com 4 colheres (sopa) de cereja e 4 colheres (sopa) de geleia de limão. Salpique com um punhado de hortelã e sirva com a couve.

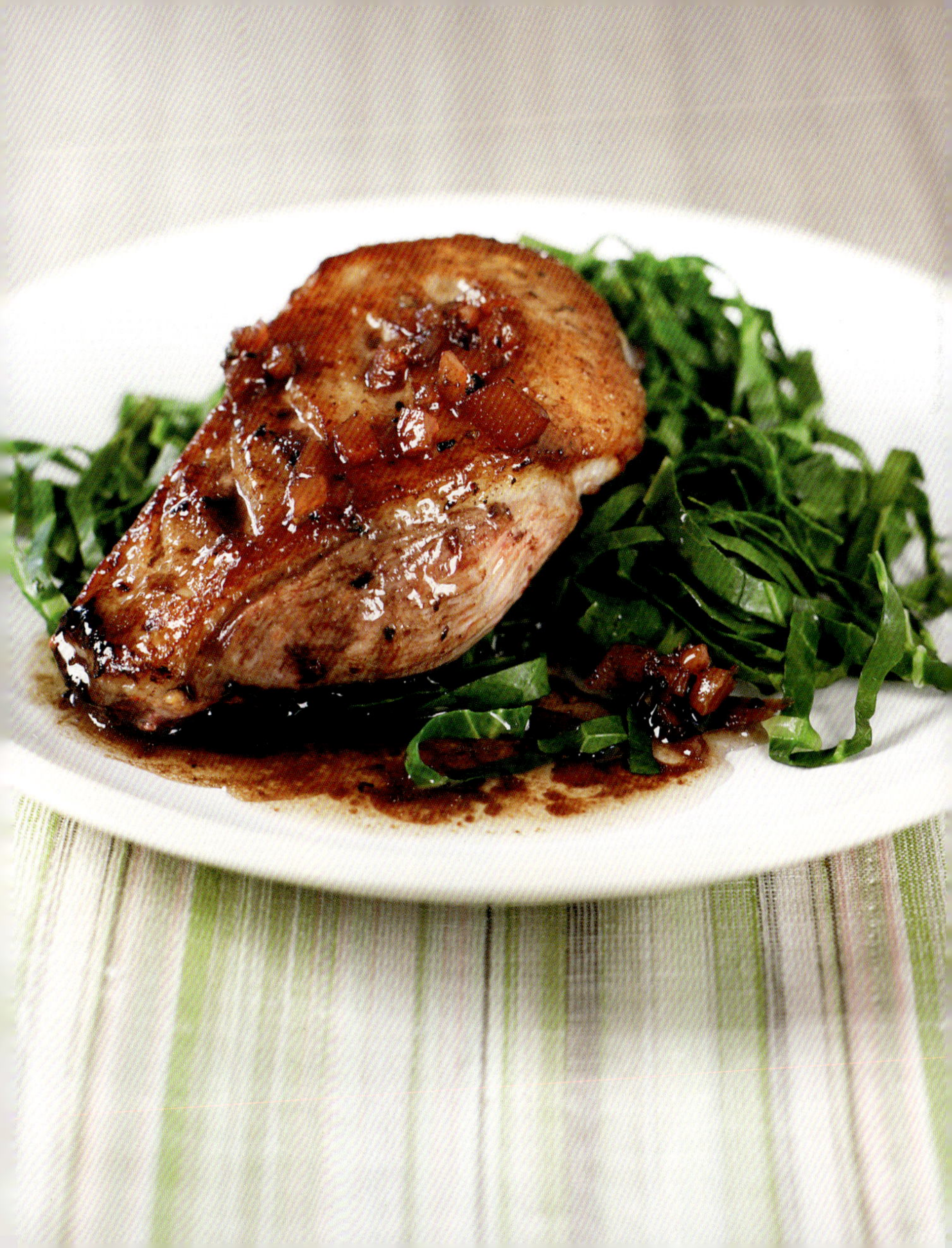

frango thai

4 porções
Preparo: **10 minutos**
Cozimento: **15 minutos**

1 colher (chá) de **óleo vegetal**
2 **peitos de frango** (150 g cada um) em tiras finas
1 colher (sopa) de **pasta de curry** tailandesa
400 ml de **leite de coco**
250 g de **arroz basmati**
3 colheres (sopa) de **coentro** fresco picado
4 folhas de **alface-americana**
3 talos de **cebolinha** cortados ao meio
2 **limões** cortados em gomos

Aqueça o óleo em uma frigideira antiaderente e frite o frango por 2 minutos.

Junte a pasta de curry e frite por mais 1 minuto. Adicione metade do leite de coco, espere ferver, abaixe o fogo e deixe cozinhar por mais 10 minutos.

Enquanto isso, coloque o arroz em uma panela com a outra metade do leite de coco e 100 ml de água e leve ao fogo alto. Espere ferver, abaixe o fogo, tampe a panela e deixe por 10-12 minutos ou até que todo o líquido seja absorvido. Se necessário, junte um pouco mais de água. Abaixe o fogo e adicione o coentro.

Disponha em cada folha de alface uma colher de arroz e as tiras de frango e de cebolinha. Esprema os limões sobre cada alface recheada e sirva.

Variação: frango à chinesa. Frite 300 g de tiras de frango por 1 minuto em 50 ml de óleo vegetal com 1 colher (sopa) de alho picado. Junte 150 g de pimentão verde em tiras e 5 pimentas verdes bem picadas e sem sementes. Cozinhe por 1 minuto e adicione 75 g de cebola em rodelas, 1 colher (sopa) de molho de ostra (opcional) e 1 colher (sopa) de shoyu. Frite, mexendo sempre, até que tudo esteja bem cozido, e sirva.

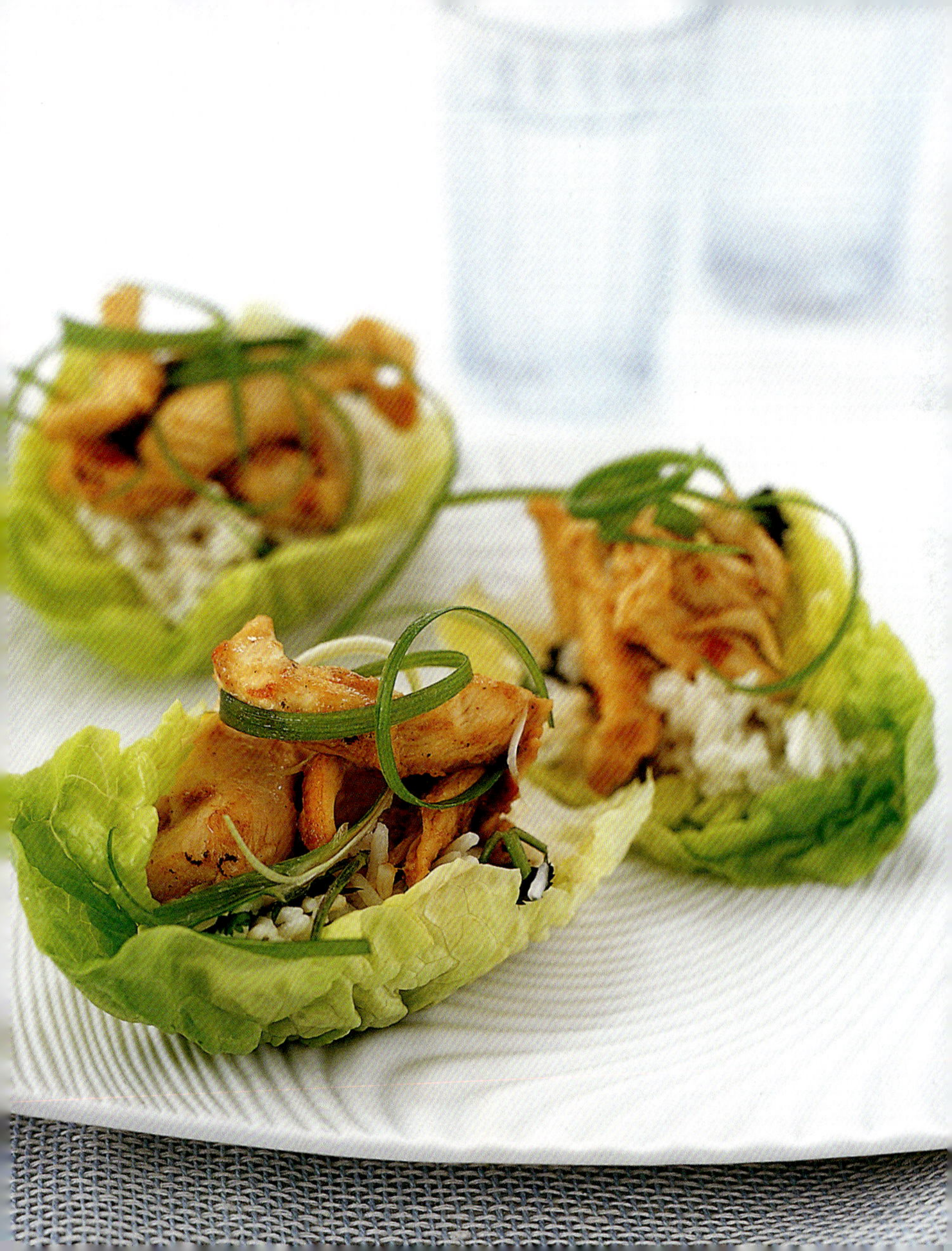

salada de pato defumado

4 porções
Preparo: **15 minutos**

150 g de **alface**
1 ½ **laranja** sem casca cortada em gomos
100 g de **peito de pato** defumado cortado em fatias bem finas
50 g de **pistache**
sementes de 1 **romã**

Molho
suco de ½ **laranja**
1 **cebola** pequena bem picada
1 colher (sopa) de **vinagre de vinho tinto**
1 colher (chá) de **mostarda com sementes**
4 colheres (sopa) de **azeite**

Arrume as folhas de alface em quatro pratos e coloque sobre elas as laranjas e a carne. Salpique com o pistache e as sementes de romã.

Misture todos os ingredientes do molho em um recipiente com tampa, feche e agite bem. Espalhe-o sobre as saladas nos pratos e sirva.

Variação: salada de pato com agrião e pecãs.
Substitua a alface por agrião e as sementes de romã e o pistache por 4 colheres (sopa) de mirtilo e 50 g de pecãs picadas.

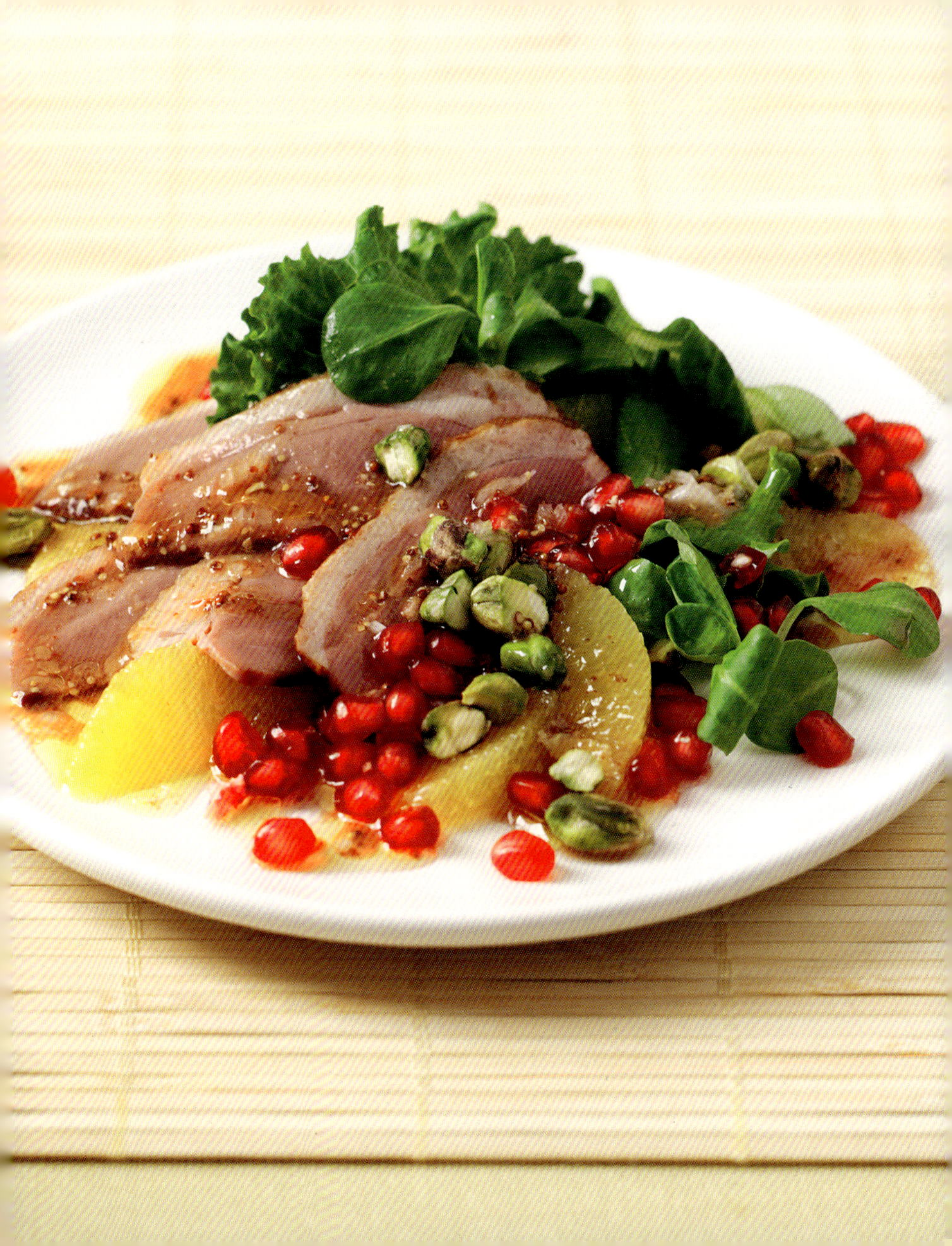

burritos de peru

4 porções
Preparo: **12 minutos**
Cozimento: **30-33 minutos**

4 colheres (sopa) de **óleo vegetal**
500 g de peito de **peru** cortado em tiras
1 **cebola** grande em rodelas
1 **pimentão vermelho** sem sementes em rodelas
1 **pimentão amarelo** sem sementes em rodelas
150 g de **feijão-roxinho** cozido
150 g de **arroz** cozido
suco de 1 **limão**
8 **tortilhas** de trigo branco
6 colheres (sopa) de **molho de tomate** picante (receita ao lado)
2 colheres (sopa) de **pimenta verde** picada (opcional)
250 g de **queijo cheddar** ralado
sal e **pimenta** a gosto

Para servir
guacamole
salada de alface

Aqueça 2 colheres (sopa) de óleo em uma frigideira grande e frite a carne de peru por 3-4 minutos ou até que comece a mudar de cor. Retire da panela e reserve. Adicione o óleo restante e frite a cebola e os pimentões por 5-6 minutos, mexendo ocasionalmente, sem deixar que amoleçam muito.

Reduza o fogo, junte novamente o peru e acrescente o feijão e o arroz cozidos. Tempere com sal e pimenta, despeje o suco de limão e retire do fogo. Coloque a mistura sobre as tortilhas e enrole. Disponha-as em um refratário.

Despeje o molho de tomate sobre as tortilhas e salpique com a pimenta verde e o cheddar. Leve ao forno (200°C) por 20 minutos ou até que o queijo derreta. Se quiser, sirva com alface em tiras.

Acompanhamento: molho de tomate picante.
Pique 500 g de tomate, 1 pimenta vermelha, 1 dente de alho e 1 cebola pequena. Junte 2 colheres (sopa) de purê de tomate, 2 colheres (sopa) de vinagre de vinho tinto e 2 colheres (sopa) de açúcar. Mexa bem. Se preferir, bata todos os ingredientes no liquidificador ou processador.

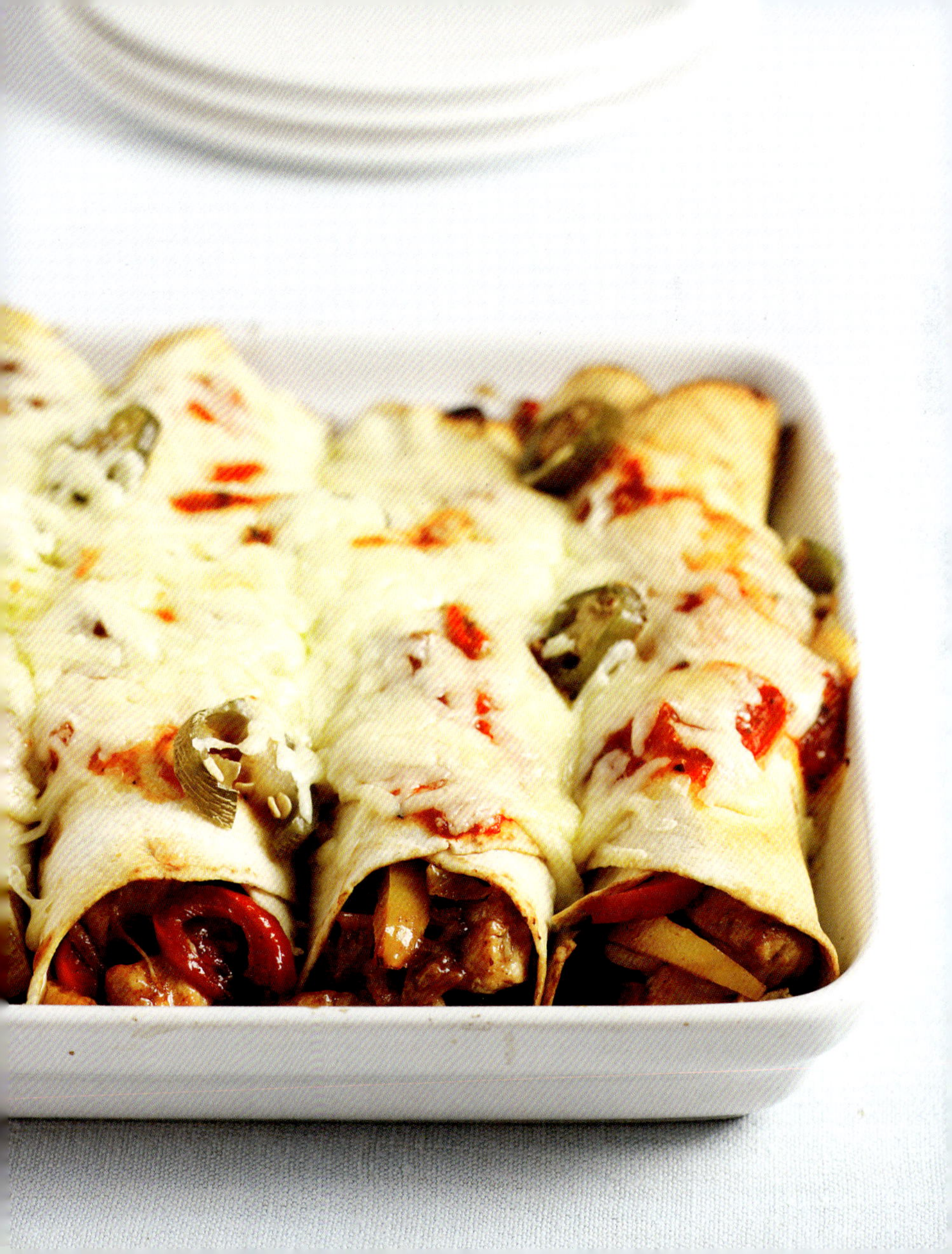

codorna assada

4 porções
Preparo: **10 minutos**, mais o tempo de descanso
Cozimento: **55 minutos**

50 g de **manteiga**
raspas de 1 **limão**
2 colheres (sopa) de **orégano**
1 **dente de alho** amassado
2 **codornas** (500 g cada uma)
150 g de **folhas verdes** variadas
sal e **pimenta** a gosto

Misture a manteiga, as raspas de limão, o orégano e o alho em uma tigela. Levante a pele das codornas e passe essa mistura por dentro, sem descartar a pele.

Coloque as aves em uma assadeira e leve para assar (220°C) por 55 minutos ou até que estejam bem cozidas e com a pele crocante. Retire do forno e deixe descansar por 5 minutos.

Ponha as codornas numa tábua de cortar e, com uma faca afiada, corte cada uma ao meio, no sentido do comprimento. Sirva imediatamente, com a salada de folhas verdes.

Acompanhamento: batatas gratinadas. Cozinhe rapidamente em água fervente, por 2 minutos, 750 g de batatas em rodelas. Coloque em uma travessa refratária. Tempere com sal e pimenta e espalhe 2 dentes de alho bem picados por cima. Disponha por cima 350 ml de creme de leite fresco e salpique com um pouco de noz-moscada em pó. Despeje 50 g de manteiga derretida e leve ao forno por 45 minutos.

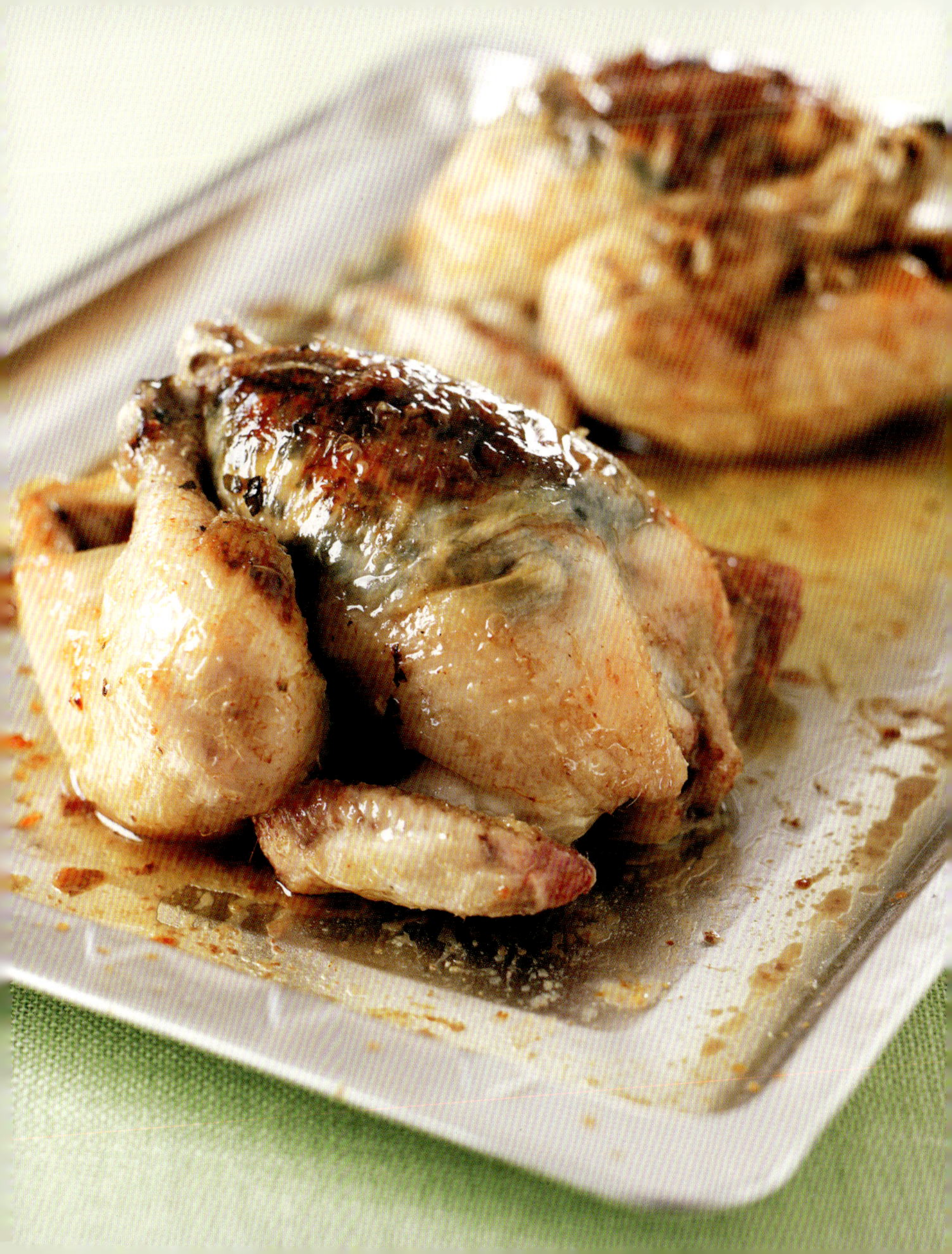

pato agridoce

4 porções
Preparo: **10 minutos**
Cozimento: **15 minutos**

4 **coxas de pato**
250 ml de **leite de coco**
200 ml de **caldo de galinha**
2 colheres (sopa) de **molho de peixe tailandês** (à venda em lojas de produtos orientais)
3 **anis-estrelados**
1 colher (sopa) de **pimenta vermelha seca** em flocos
25 g de **gengibre** picado
1 ramo pequeno de **coentro** picado
suco de 2 **limões**
250 g de **talharim**
4 colheres (sopa) de **coco em flocos** torrado
50 g de **castanhas-de-caju** torradas

Aqueça uma frigideira antiaderente e coloque as coxas de pato com a pele para baixo. Frite em fogo médio por 10 minutos ou até a pele ficar bem dourada e crocante. Vire e frite por mais 2-3 minutos. Deixe escorrer em papel-toalha, depois corte a carne em pedaços pequenos e descarte os ossos.

Enquanto isso, coloque o leite de coco em uma panela com o caldo de galinha, o molho de peixe, os anis-estrelados, a pimenta em flocos, o gengibre e o coentro picado. Deixe levantar fervura, abaixe o fogo e cozinhe por 10 minutos. Adicione o suco de limão e desligue o fogo.

Cozinhe o macarrão de acordo com as instruções da embalagem, escorra-o e distribua em cumbucas.

Adicione a cada cumbuca a carne de pato e o molho de leite de coco. Salpique com o coco em flocos e as castanhas-de-caju e sirva imediatamente.

Variação: camarão agridoce. Em vez do pato, tempere 400 g de camarões vermelhos com 25 g de gengibre fresco, 1 dente de alho amassado, 1 colher (sopa) de óleo vegetal e 1 pimenta vermelha picada. Aqueça uma frigideira, junte mais 1 colher de óleo e frite os camarões por 2-3 minutos. Sirva com o macarrão e o creme de leite de coco, finalizando com o coco em flocos e as castanhas.

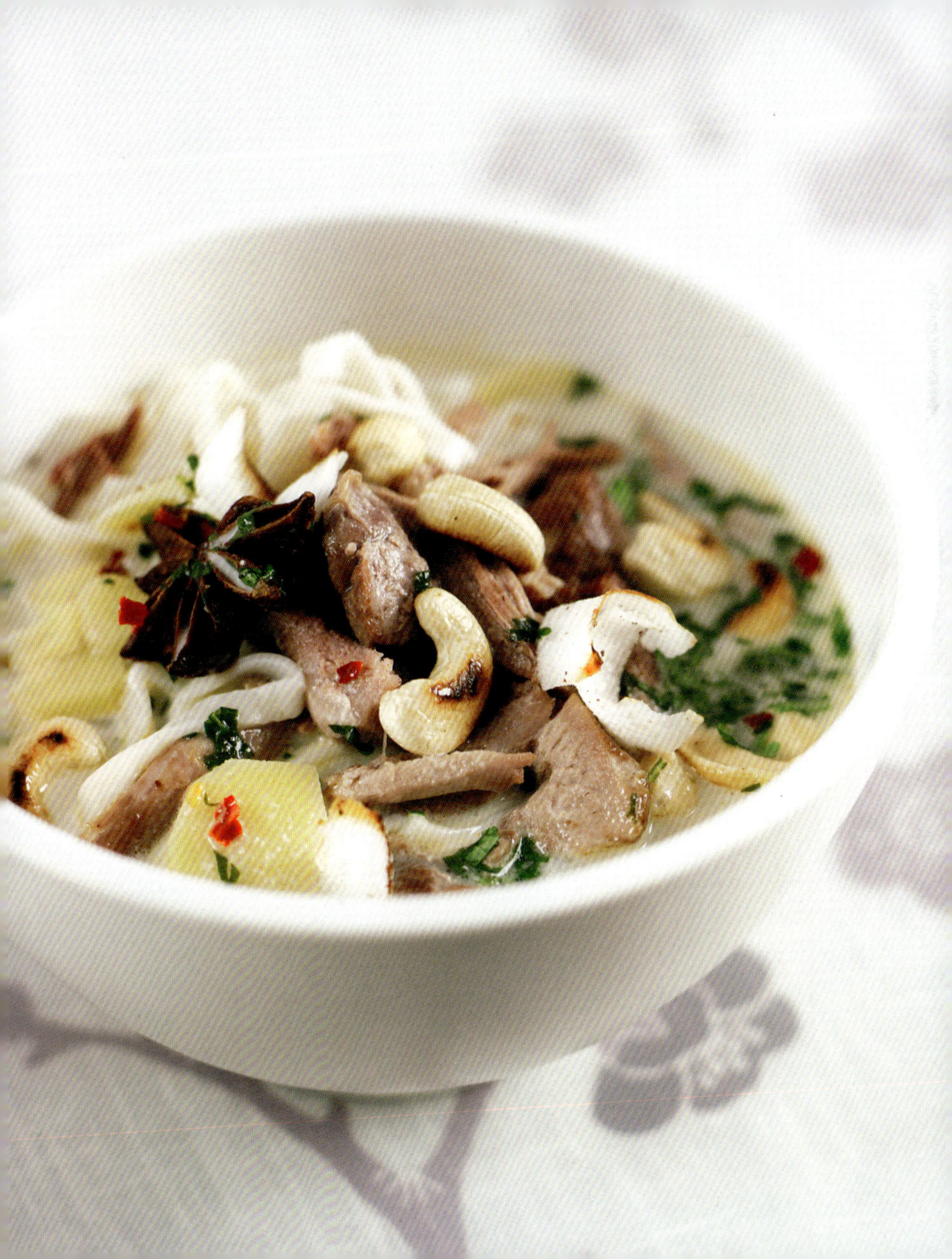

frango ao molho chermoula

4 porções
Preparo: **12 minutos**
Cozimento: **25 minutos**

4 **peitos de frango** (170 g cada um) cortados em cubos
2 colheres (sopa) de **azeite**
1 **cebola roxa** grande picada
400 g de **grão-de-bico** cozido
8 **damascos secos** em tiras
uma pitada de **açafrão**
200 g de **espinafre** sem os talos
½ **limão** em fatias finas (opcional)
1 ramo pequeno de **coentro** bem picado
1 ramo pequeno de **salsinha** picada

Chermoula
3 colheres (sopa) de **chermoula** (ver receita nesta página)
1 colher (chá) de **harissa** (tempero árabe à venda em lojas especializadas) ou **pimenta**
suco de 1 **limão**
10 ml de **azeite**

Coloque todos os ingredientes da chermoula em uma tigela e misture bem. Passe metade da pasta no frango e reserve o restante.

Aqueça o azeite em uma frigideira grande, em fogo médio, e frite a cebola por 8 minutos ou até que fique macia. Aumente o fogo, adicione o frango e frite por 12 minutos, mexendo sempre. Acrescente o grão-de-bico, os damascos, o açafrão e o restante do molho chermoula e cozinhe por mais 3-4 minutos.

Junte o espinafre e cozinhe até que fique macio. Adicione o limão e as ervas. Sirva com pão sírio.

Para fazer a chermoula. Junte 2 colheres (chá) de cominho em pó, 2 colheres (chá) de coentro em pó, 1 colher (chá) de cúrcuma, 1 colher (chá) de sal e 1 colher (chá) de pimenta preta em pó. Misture bem.

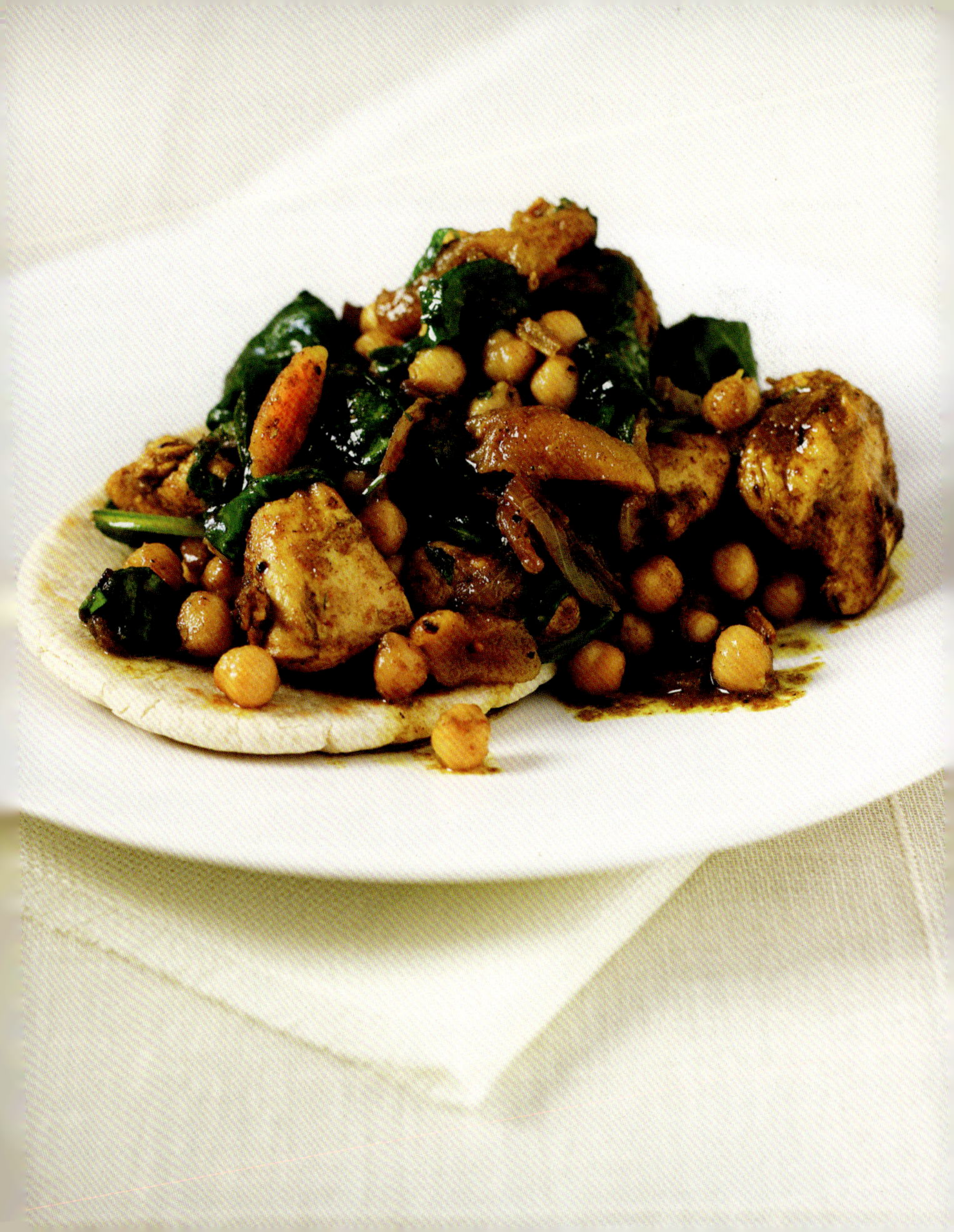

tacos de peru

4 porções
Preparo: **12 minutos**
Cozimento: **6 minutos**

3 colheres (sopa) de **óleo de girassol**
400 g de **carne de peru** moída
1 colher (sopa) de **pimenta verde** bem picada
200 g de **milho verde** em lata
2 **tomates** picados
1 **abacate** em tiras
1 **cebola roxa** pequena bem picada
um pouco de **coentro** picado
sal e **pimenta** a gosto

Molho
suco de 2 **limões**
1 colher (chá) de **mel**
4 colheres (sopa) de **óleo de semente de abóbora**

Para servir
4 **tacos**
½ **repolho roxo** em tiras
250 g de **mussarela de búfala**
3 colheres (sopa) de **sementes de abóbora** torradas

Misture todos os ingredientes do molho em uma tigela pequena. Tempere com sal e pimenta.

Aqueça o óleo em uma frigideira e frite a carne de peru por 5-6 minutos. Coloque em uma tigela, misture com metade do molho e reserve.

Acrescente ao restante do molho a pimenta verde, o milho, os tomates, o abacate, a cebola e o coentro e tempere com pimenta.

Quando a carne tiver esfriado, junte ao molho, mexa bem e recheie os tacos. Sirva com a salada de repolho e mussarela salpicada com sementes de abóbora.

Variação: tacos de peru com repolho branco.
Substitua o óleo de semente de abóbora por azeite e o repolho roxo por branco. Em vez de mussarela, use gruyère ou gouda bem picado, e no lugar das sementes de abóbora, utilize gergelim torrado. Sirva sem os tacos, apenas com a salada como base e a mistura de carne de peru por cima.

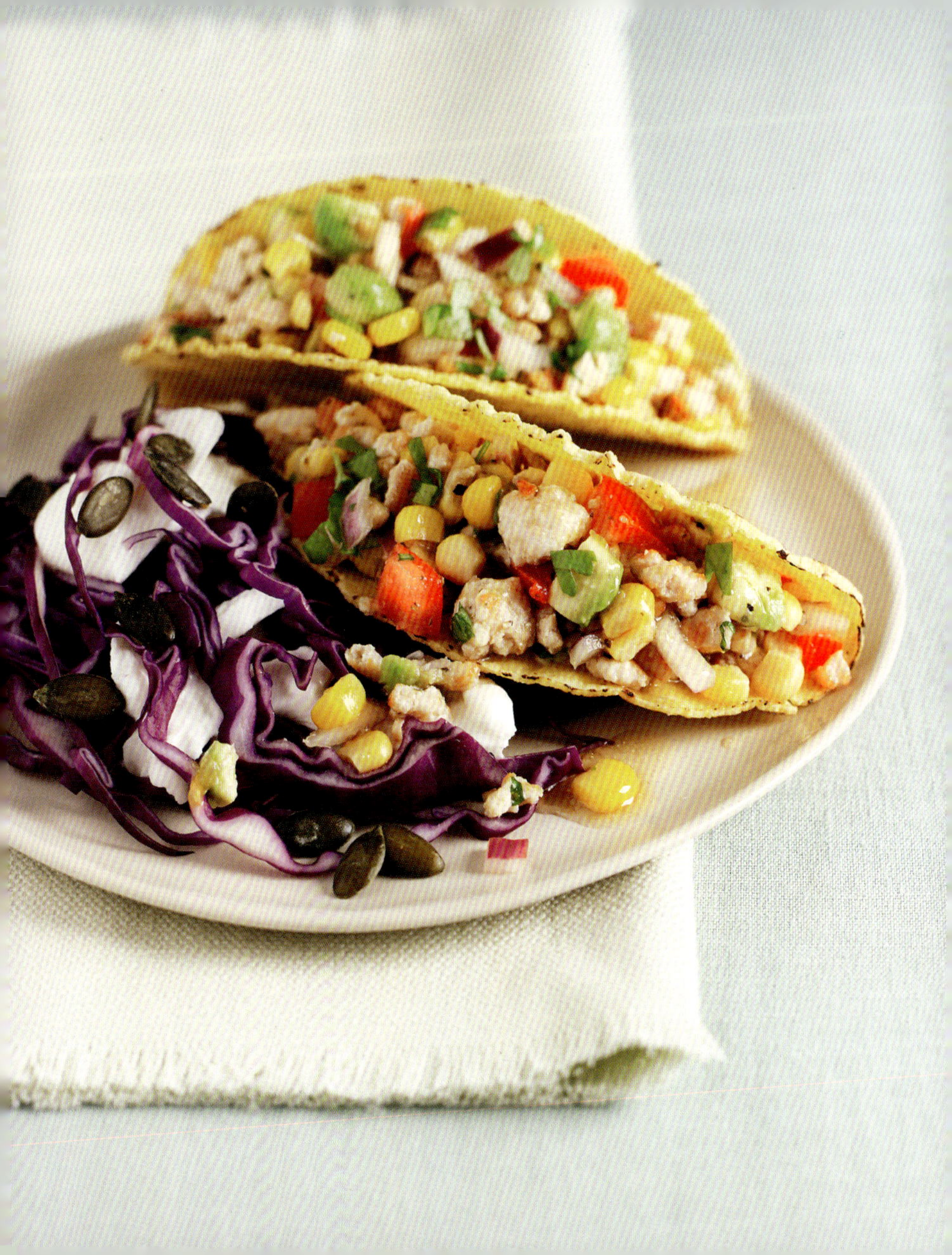

folhados de peru e cogumelos

4 porções
Preparo: **8 minutos**, mais o tempo de demolha
Cozimento: **29-32 minutos**

25 g de **cogumelos silvestres secos**
4 colheres (sopa) de **azeite**
450 g de **peito de peru** em tiras
100 g de **presunto cru** em pedaços
200 g de **cogumelos** em fatias
100 ml de **vinho tinto**
1 colher (chá) de **tomilho** picado
250 g de **queijo mascarpone**
500 g de **massa folhada** pronta
1 **ovo** batido
sal e **pimenta** a gosto
agrião para decorar

Deixe os cogumelos silvestres de molho em água fervente por 5-10 minutos. Aqueça o azeite em uma frigideira e frite o peito de peru por 2-3 minutos ou até que doure. Junte o presunto cru e cozinhe por 2 minutos. Acrescente os cogumelos e os cogumelos silvestres e cozinhe por mais 3-4 minutos ou até que fiquem macios.

Coloque o vinho na panela e junte o tomilho. Deixe ferver por 2-3 minutos. Retire do fogo, adicione o mascarpone e tempere com sal e pimenta.

Corte a massa em um grande retângulo e divida em quatro. Coloque uma colher da mistura no centro de cada pedaço, passe um pouco de ovo nas extremidades, feche a massa e pressione as bordas com os dedos.

Passe o restante do ovo em cima dos folhados, ajuste as extremidades com uma faca, se achar necessário, e asse em forno preaquecido (200°C) por 20 minutos ou até que dourem.

Variação: torta de peru e cogumelos. Aumente a quantidade de vinho para 300 ml e deixe ferver em fogo baixo por 5 minutos. Faça o recheio como acima e substitua a massa folhada por massa simples para torta. Abra a massa e forre com ela uma assadeira, deixando as partes laterais mais grossas. Distribua o recheio e cubra com o restante da massa. Passe ovo batido por cima e leve ao forno preaquecido (200°C) por 20 minutos; em seguida, abaixe a temperatura (180°C) e asse por mais 10-15 minutos.

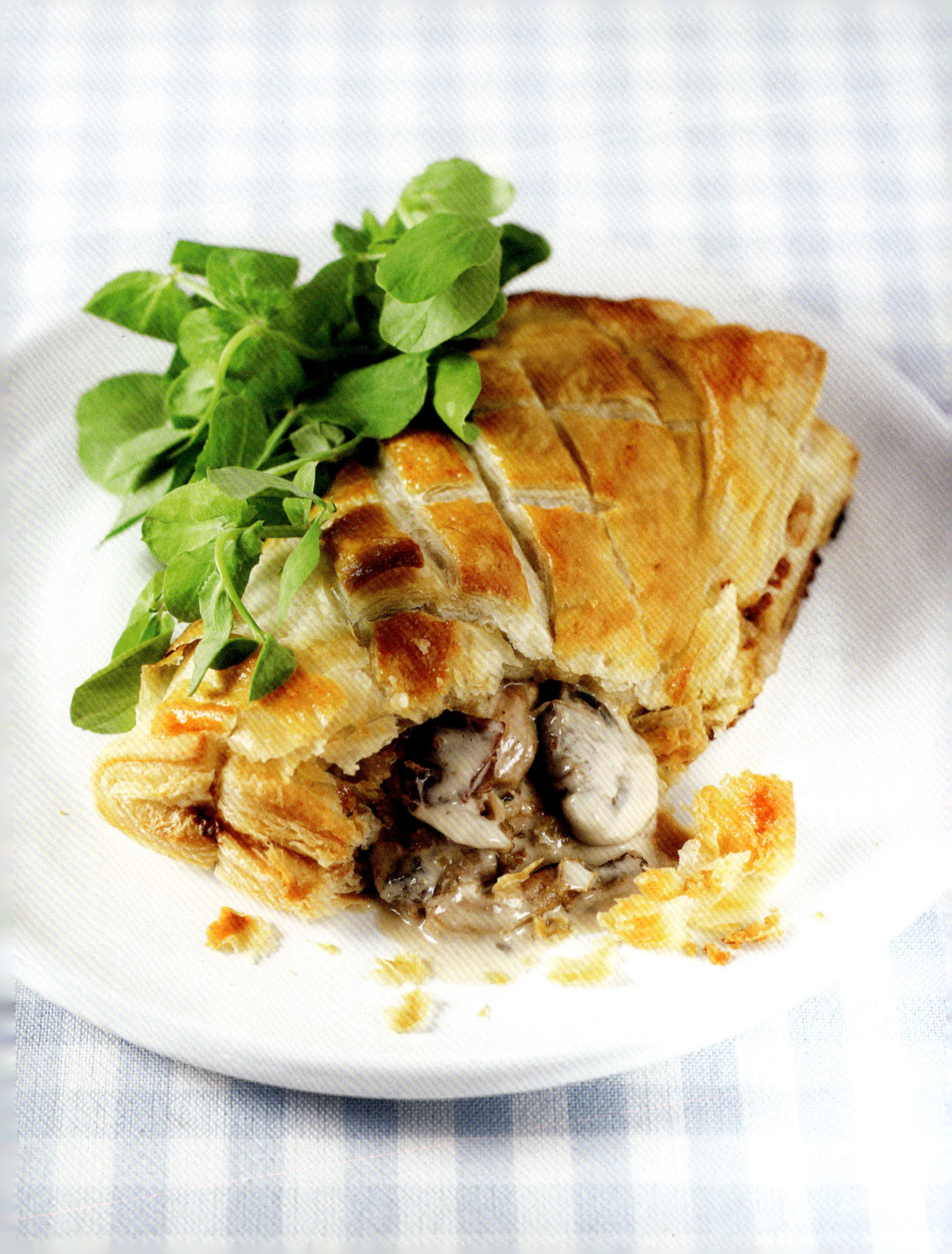

frango basco

4 porções
Preparo: **12 minutos**
Cozimento: **45-47 minutos**

1 kg de **coxa e sobrecoxa de frango**
1 colher (sopa) bem cheia de **farinha de trigo** com uma pitada de **sal**
3 colheres (sopa) de **azeite**
1 **cebola** em rodelas
1 **pimentão vermelho** sem sementes em fatias
1 **pimentão verde** sem sementes em fatias
2 **dentes de alho** amassados
1 colher (chá) de **páprica doce**
1 colher (chá) de **páprica picante**
100 g de **presunto cru** em pedaços
75 ml de **vinho marsala ou porto**
150 ml de **vinho branco**
400 g de **tomate picado**
1 colher (chá) de **tomilho**
sal e **pimenta** a gosto

Passe os pedaços de frango na farinha de trigo. Aqueça o azeite em uma panela, em fogo médio-alto, e frite o frango até ficar dourado. Retire da panela e reserve.

Reduza o fogo, junte a cebola e os pimentões e frite por 4-5 minutos, mexendo sempre. Acrescente o alho, as pápricas e o presunto cru. Frite por mais 1-2 minutos.

Coloque novamente o frango na panela e junte o marsala, o vinho branco, 100 ml de água e o tomate. Adicione o tomilho e tempere com sal e pimenta. Deixe ferver, abaixe o fogo e cozinhe por 30-35 minutos ou até o molho engrossar.

Sirva o frango em uma tigela com bastante molho.

Acompanhamento: polenta frita com azeitonas.

Corte 500 g de polenta pronta em tiras e frite em azeite. Então, junte 2 colheres (sopa) de azeitonas pretas picadas e 1 colher (sopa) de salsinha. Adicione 1 alho picado e frite por mais 1 minuto.

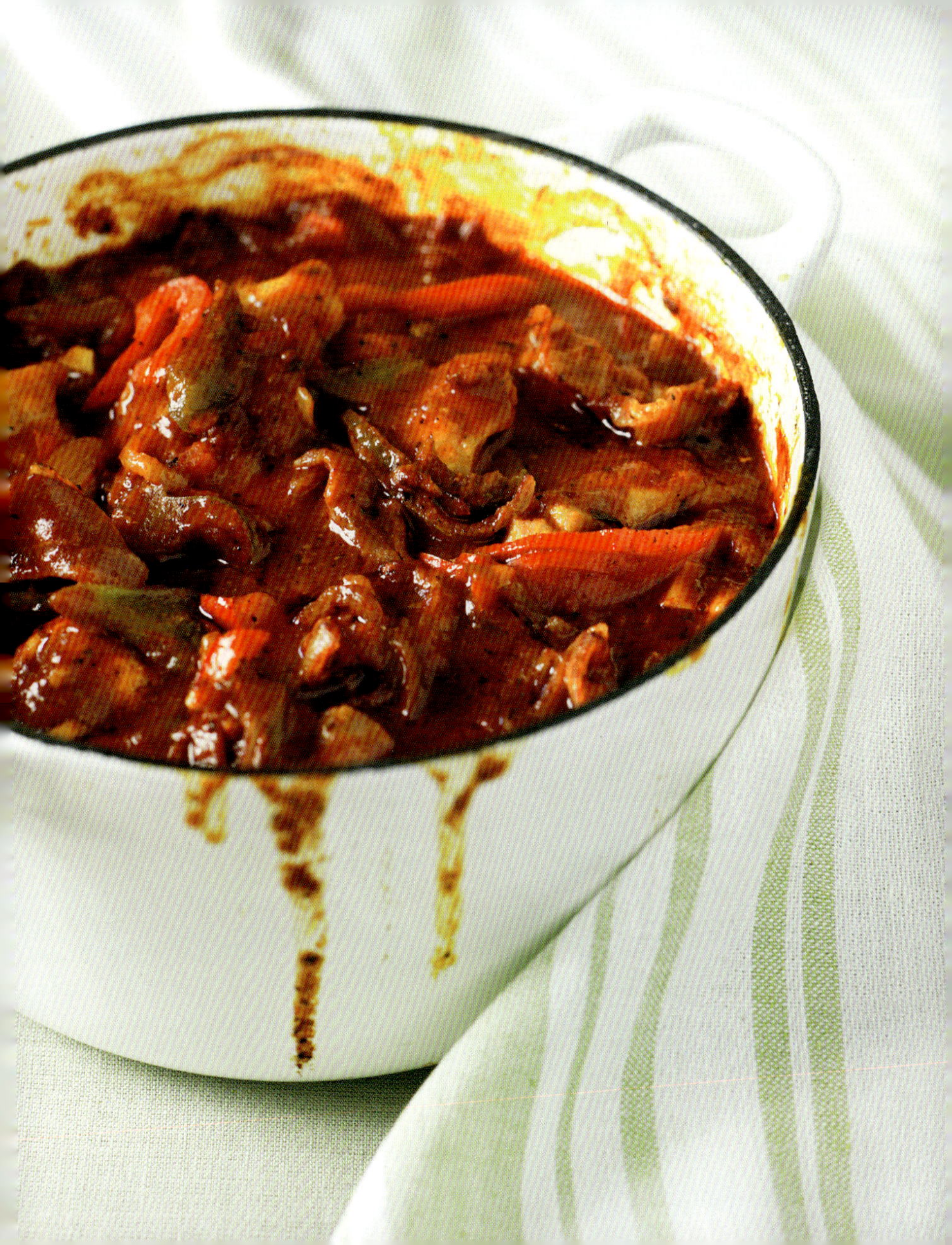

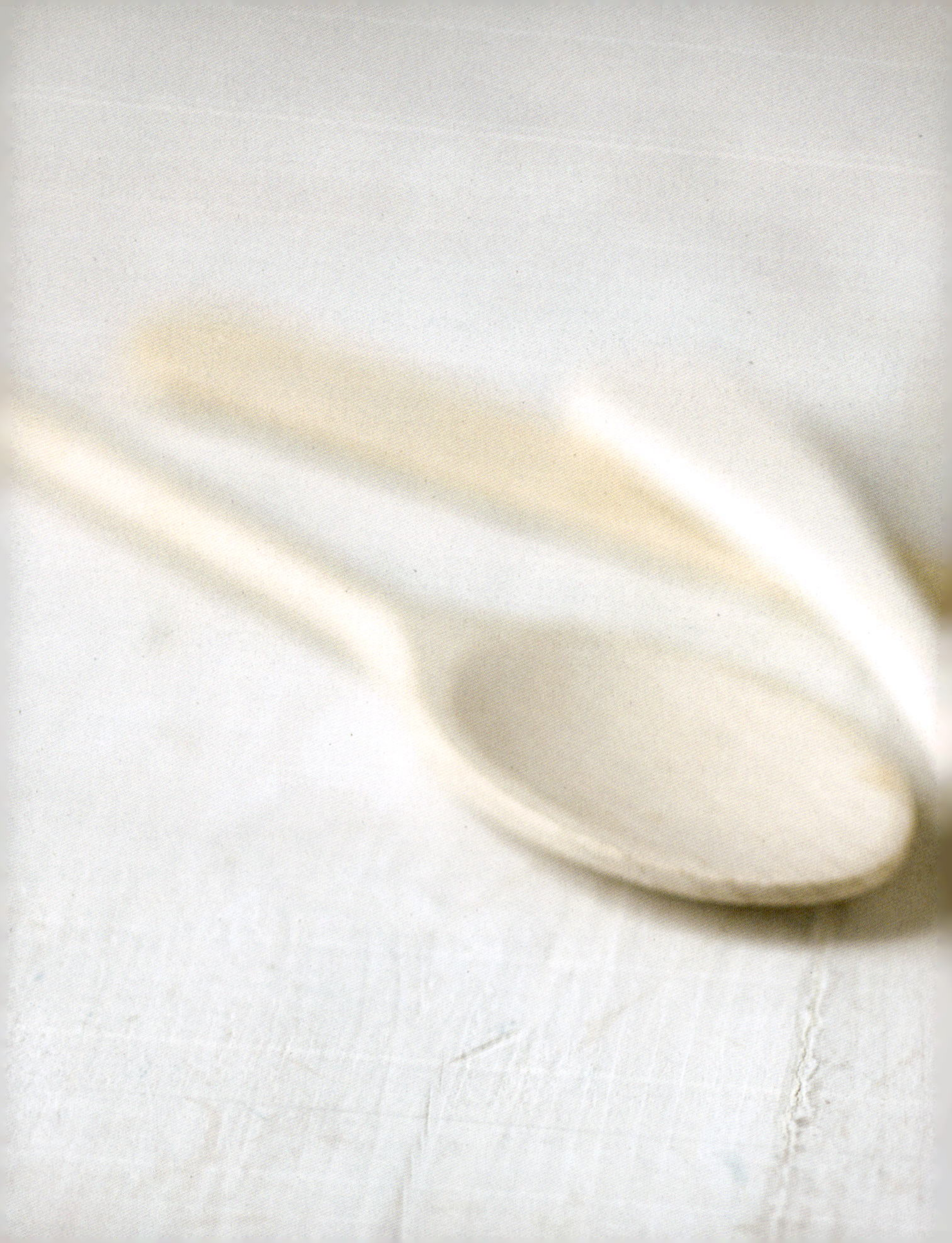

peixes e frutos do mar

filé de badejo grelhado

4 porções
Preparo: **15 minutos**
Cozimento: **20 minutos**

1 kg de **batatas descascadas**
150 g de **manteiga**
75 ml de **leite integral**
4 **filés de badejo** (150 g cada um) com pele
2 colheres (sopa) de **alcaparras**
4 colheres (sopa) de **suco de limão**
sal e **pimenta** a gosto

Cozinhe as batatas em água fervente e levemente salgada por 20 minutos. Escorra, amasse bem e junte 50 g de manteiga e o leite. Tempere com sal e pimenta.

Enquanto isso, derreta a manteiga restante em uma frigideira e frite os filés de peixe, com a pele para baixo, por 3 minutos ou até que a pele fique dourada e crocante. Vire os filés com cuidado, para não despedaçar, e frite por mais 1-2 minutos.

Retire os filés da panela e disponha nos pratos com o purê de batata.

Aumente o fogo, espere a manteiga ganhar uma coloração marrom e junte as alcaparras e o suco de limão. Deixe borbulhar por 1 minuto e regue o peixe com o molho. Sirva imediatamente.

Variação: truta com amêndoas. Use truta em vez de badejo e amêndoas torradas e picadas no lugar das alcaparras.

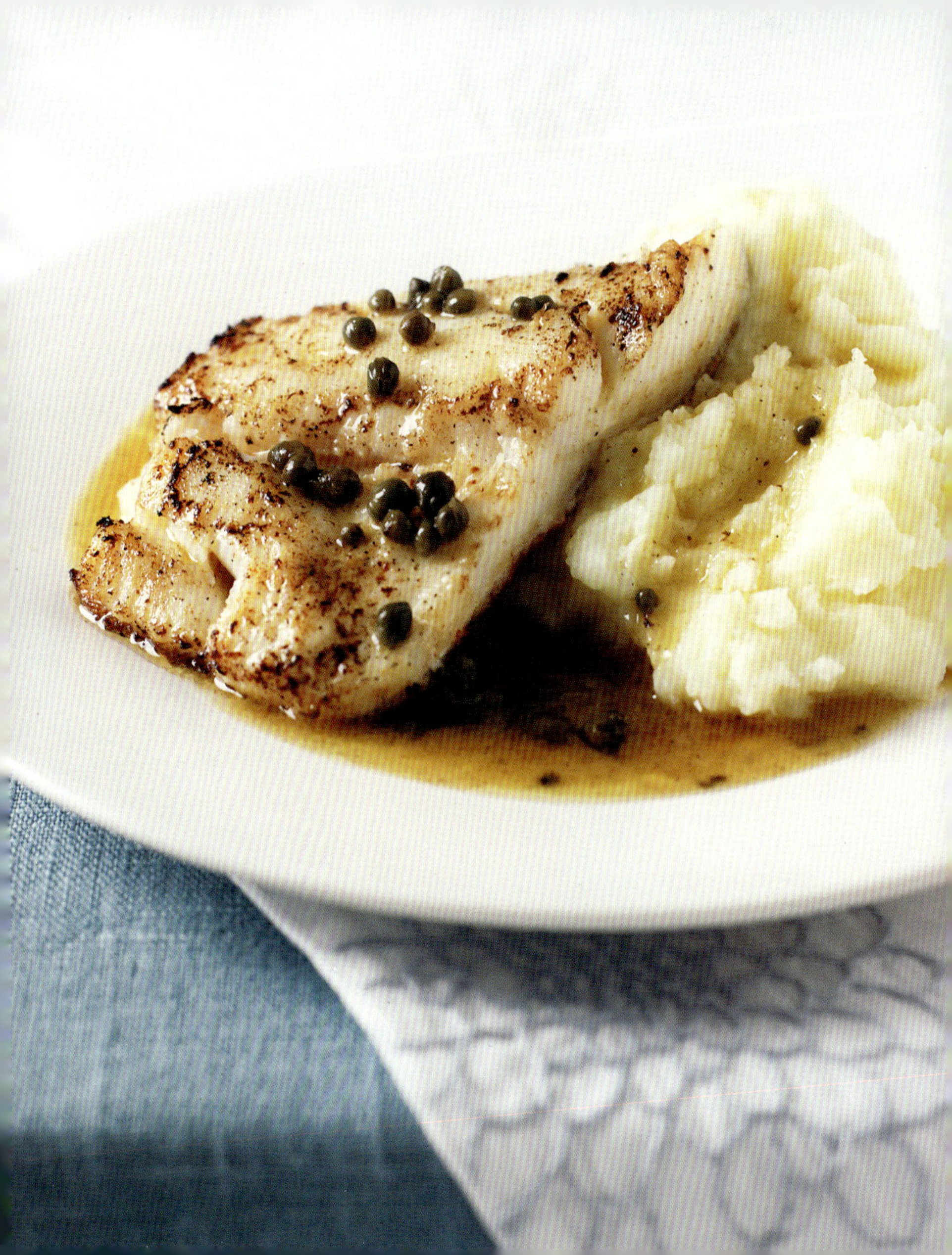

salada japonesa de camarão

4 porções
Preparo: **10 minutos**
Cozimento: **3 minutos**

400 g de **camarão**
200 g de **broto de feijão**
125 g de **ervilha-torta** em tiras
100 g de **castanha portuguesa** cozida e fatiada
1 **alface-americana** cortada em tirinhas
12 **rabanetes** fatiados
1 colher (sopa) de **sementes de gergelim**

Molho
2 colheres (sopa) de **vinagre de arroz**
125 ml de **óleo de girassol**
1 colher (chá) de **cinco especiarias chinesas** (opcional)
2 colheres (sopa) de **saquê culinário**

Cozinhe os camarões no vapor por 2-3 minutos. Reserve.

Misture todos os ingredientes do molho em uma tigela pequena e mexa bem.

Em uma tigela grande, ponha o broto de feijão, a ervilha-torta, a castanha, a alface e os rabanetes. Mexa bem. Acrescente os camarões e as sementes de gergelim, misture e regue com o molho.

Acompanhamento: molho de pimenta vermelha.
Misture 1 dente de alho bem picado, ½ colher (sopa) de gengibre picado, 2 colheres (sopa) de shoyu, 1 colher (sopa) de molho de pimenta vermelha e ½ colher (sopa) de ketchup. Mexa bem e sirva junto com os camarões.

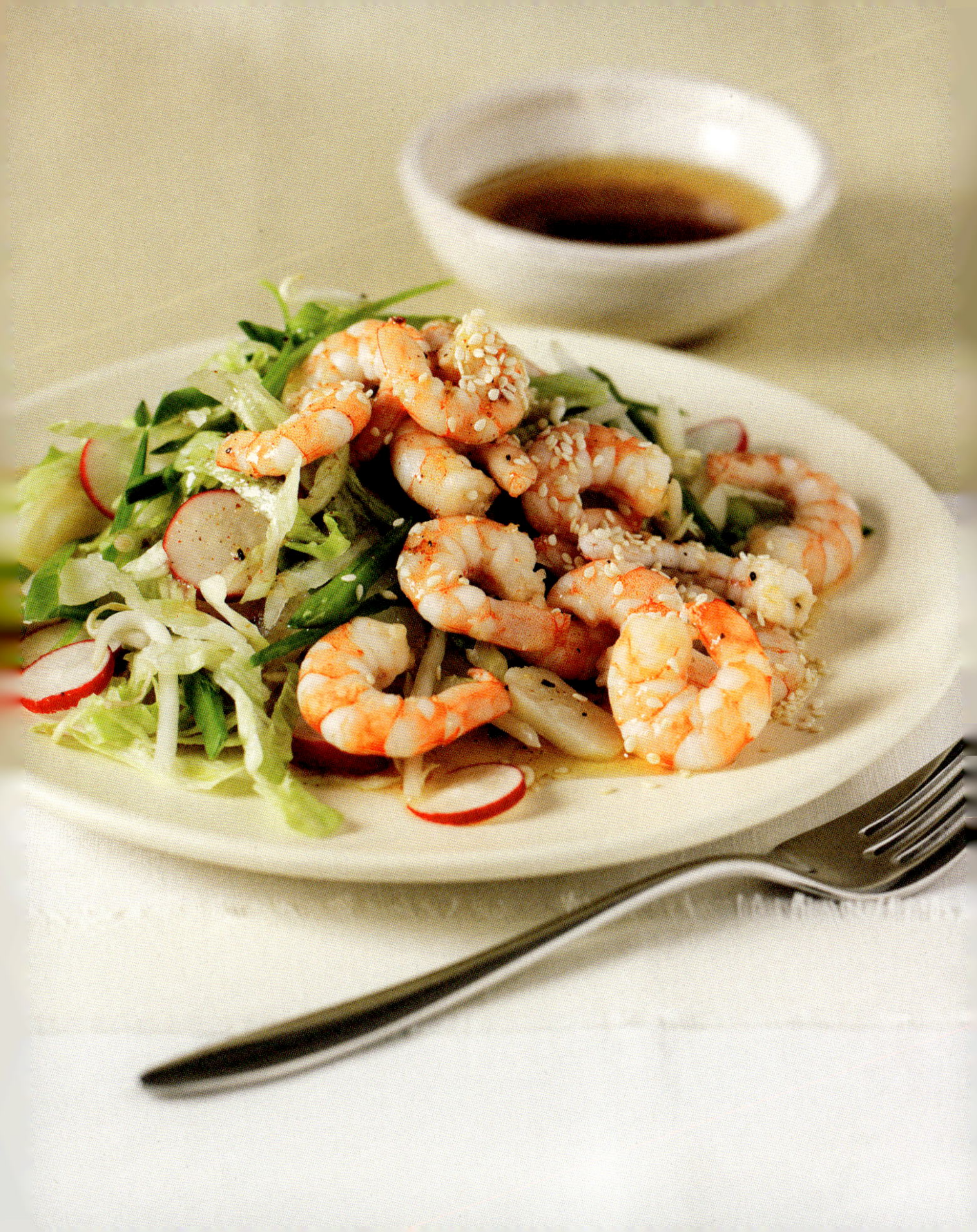

patê de feijão com alici

2-3 porções
Preparo: **5 minutos**

425 g de **feijão-branco** cozido
50 g de **filés de alici** em conserva
2 talos de **cebolinha** bem picados
2 colheres (sopa) de **suco de limão**
4 colheres (sopa) de **coentro fresco** picado
sal e **pimenta** a gosto

Para servir
limão cortado em gomos
4-6 fatias de **pão de centeio** torrado

Coloque todos os ingredientes, com exceção do coentro, em um processador e bata até que tudo esteja bem misturado, mas não completamente liso. Ou, se preferir, amasse os feijões com um garfo, pique o alici bem fino e misture com o restante dos ingredientes com as mãos.

Salpique com o coentro e tempere com sal e pimenta.

Variação: patê de feijão com cogumelos. Substitua o alici por 250 g de cogumelos fatiados. Frite em 2 colheres (sopa) de azeite com 1 dente de alho bem picado até que os cogumelos estejam macios e o líquido tenha evaporado. Deixe esfriar e faça um purê com os cogumelos, passando no processador. Junte aos feijões amassados com garfo e misture bem. Sirva como descrito acima.

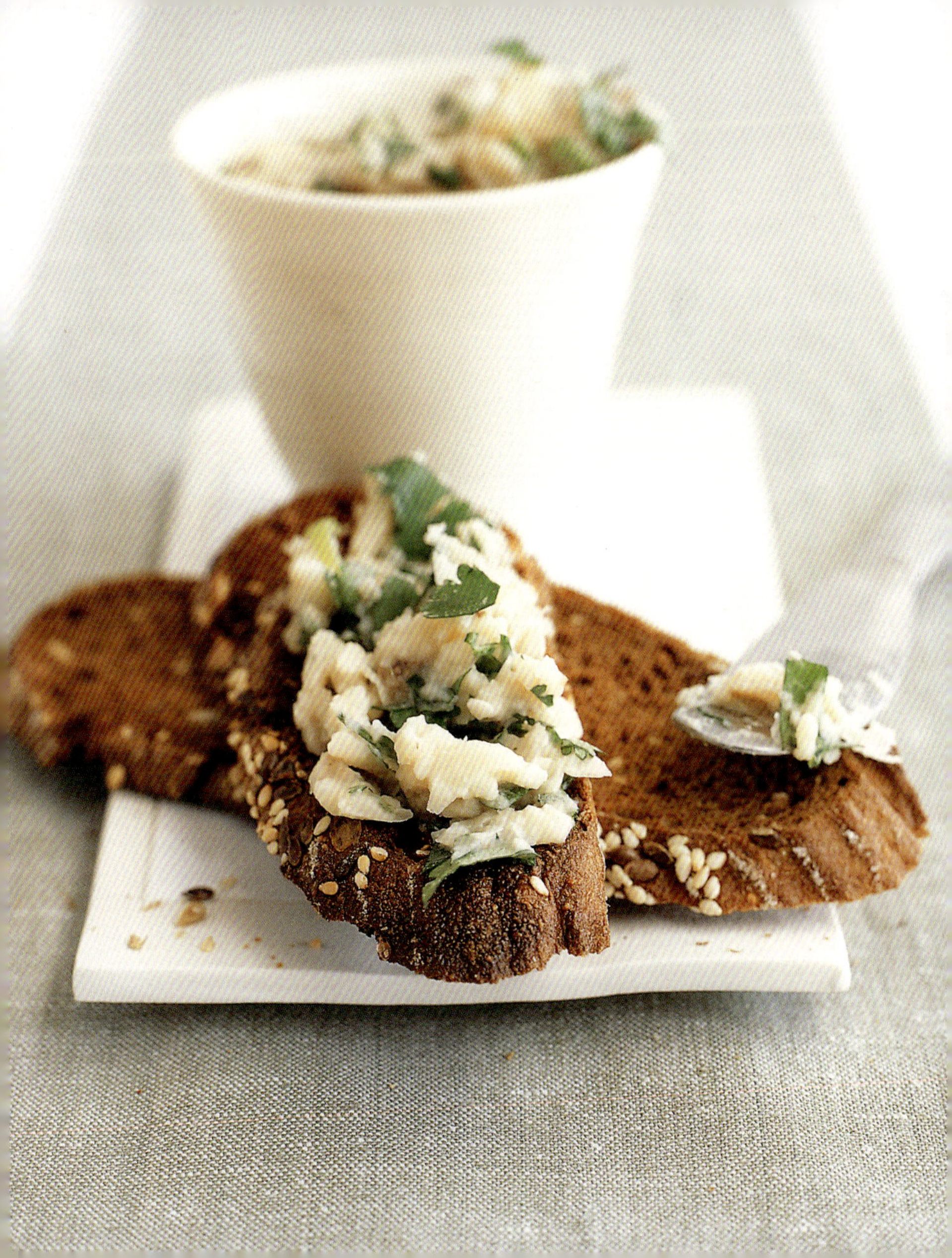

atum com molho verde

4 porções
Preparo: **14 minutos**, mais o tempo da marinada
Cozimento: **2-4 minutos**

2 colheres (sopa) de **azeite**
raspas de 1 **limão**
2 colheres (sopa) de **salsinha** bem picada
½ colher (chá) de **sementes de coentro**
4 **filés de atum fresco** (150 g cada um)
folhas de alface para servir
sal e **pimenta** a gosto

Molho
2 colheres (sopa) de **alcaparras** picadas
2 colheres (sopa) de **pepino em conserva** picado
1 colher (sopa) de **salsinha** picada
2 colheres (chá) de **cebolinha** picada
2 colheres (chá) de **cerefólio** picado
30 g de **azeitonas verdes** picadas
1 **cebola roxa** bem picada
2 colheres (sopa) de **suco de limão-siciliano**
2 colheres (sopa) de **azeite**

Misture o azeite, as raspas de limão, a salsinha, as sementes de coentro, o sal e bastante pimenta. Passe a mistura nos filés de peixe.

Misture os ingredientes do molho, mexa bem e reserve.

Aqueça uma frigideira antiaderente ou grelha elétrica e frite os filés por 1-2 minutos de cada lado. A carne deve ficar chamuscada do lado de fora, mas malpassada. Deixe descansar.

Sirva o peixe com uma colher de molho, a alface e pão.

Variação: molho de mostarda e pimentão. Misture 2 pimentões amarelos bem picados, 1 colher (sopa) de mostarda de Dijon e 2 colheres (sopa) de cada um dos seguintes temperos: cebolinha picada, salsinha picada e dill picado; junte também 1 colher (chá) de açúcar, 1 colher (sopa) de vinagre de maçã e 2 colheres (sopa) de azeite. Mexa bem e sirva.

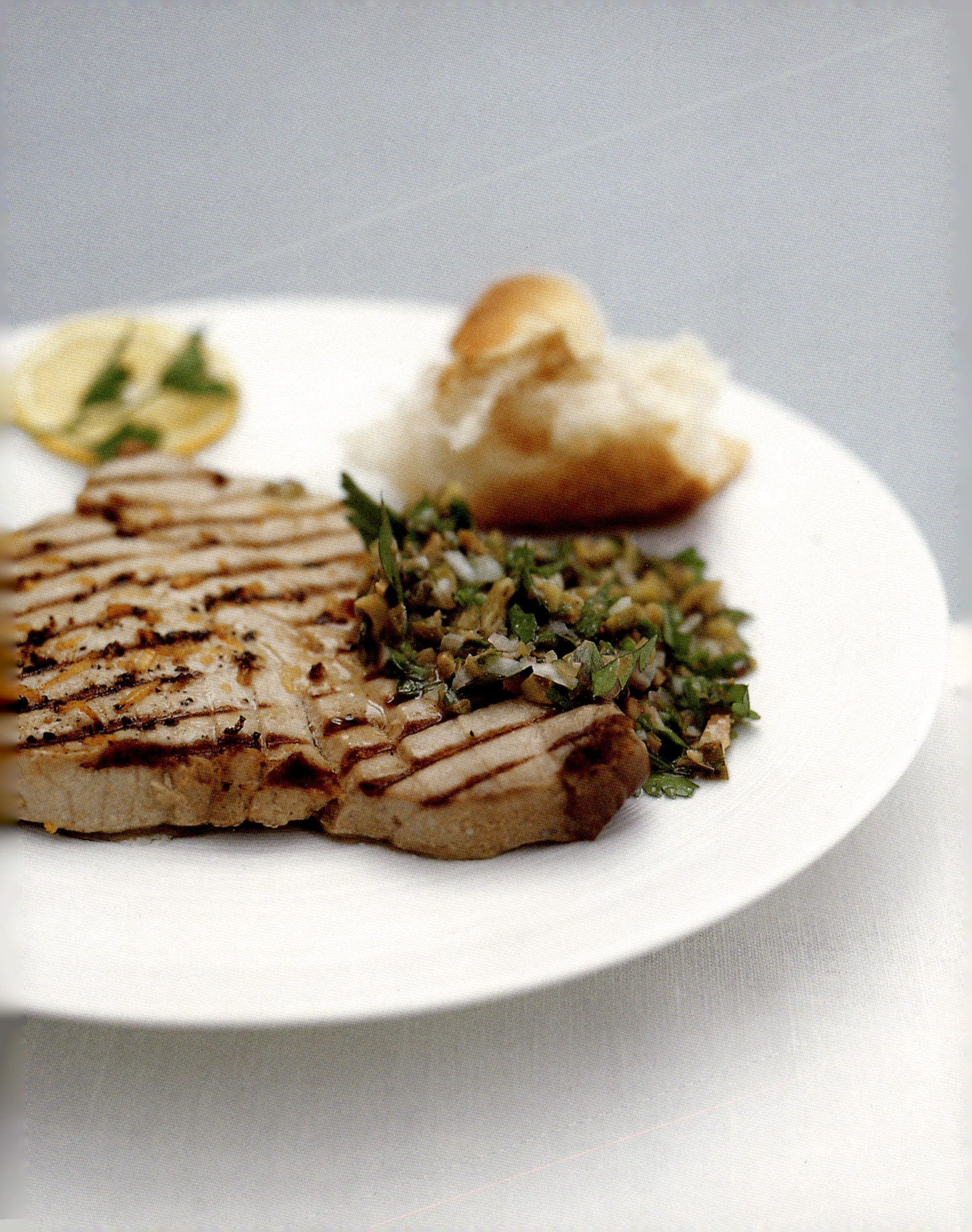

vieiras com bacon

4 porções
Preparo: **10 minutos**, mais o tempo de descanso
Cozimento: **15 minutos**

- 8 **tomates** pequenos cortados ao meio
- 2 **dentes de alho** bem picados
- 8 folhas de **manjericão**
- 2 colheres (sopa) de **azeite**
- 2 colheres (sopa) de **vinagre balsâmico**
- 8 fatias finas de **bacon**
- 16-20 **vieiras** sem as conchas
- 8 fundos de **alcachofra** em conserva
- 125 g de **agrião**
- **sal** e **pimenta** a gosto

Coloque os tomates em uma assadeira com o lado cortado para baixo. Salpique com o alho e o manjericão e regue com 1 colher (sopa) de azeite e 1 colher (sopa) de vinagre balsâmico. Tempere com sal e pimenta e asse em forno preaquecido (220°C) por 15 minutos.

Enquanto isso, frite o bacon em uma grelha preaquecida por 2 minutos, virando uma vez. Escorra em papel absorvente.

Passe as vieiras rapidamente na grelha, por 1 minuto de cada lado. Retire, reserve e deixe descansar por 2 minutos.

Grelhe os fundos de alcachofra por 2 minutos de cada lado ou até a superfície ficar chamuscada.

Misture o agrião com o restante do azeite e do vinagre e coloque em pratos. Distribua ao lado as alcachofras, os tomates, o bacon e as vieiras. Sirva imediatamente.

Variação: salada de salmão com bacon. Não use os tomates da receita e cozinhe o bacon como acima. No lugar das vieiras, use tiras de filé de salmão. Passe azeite nos filés antes de fritá-los por 2-3 minutos, virando uma vez. Cozinhe a alcachofra como acima e substitua o agrião por minialface. Arrume e tempere como acima.

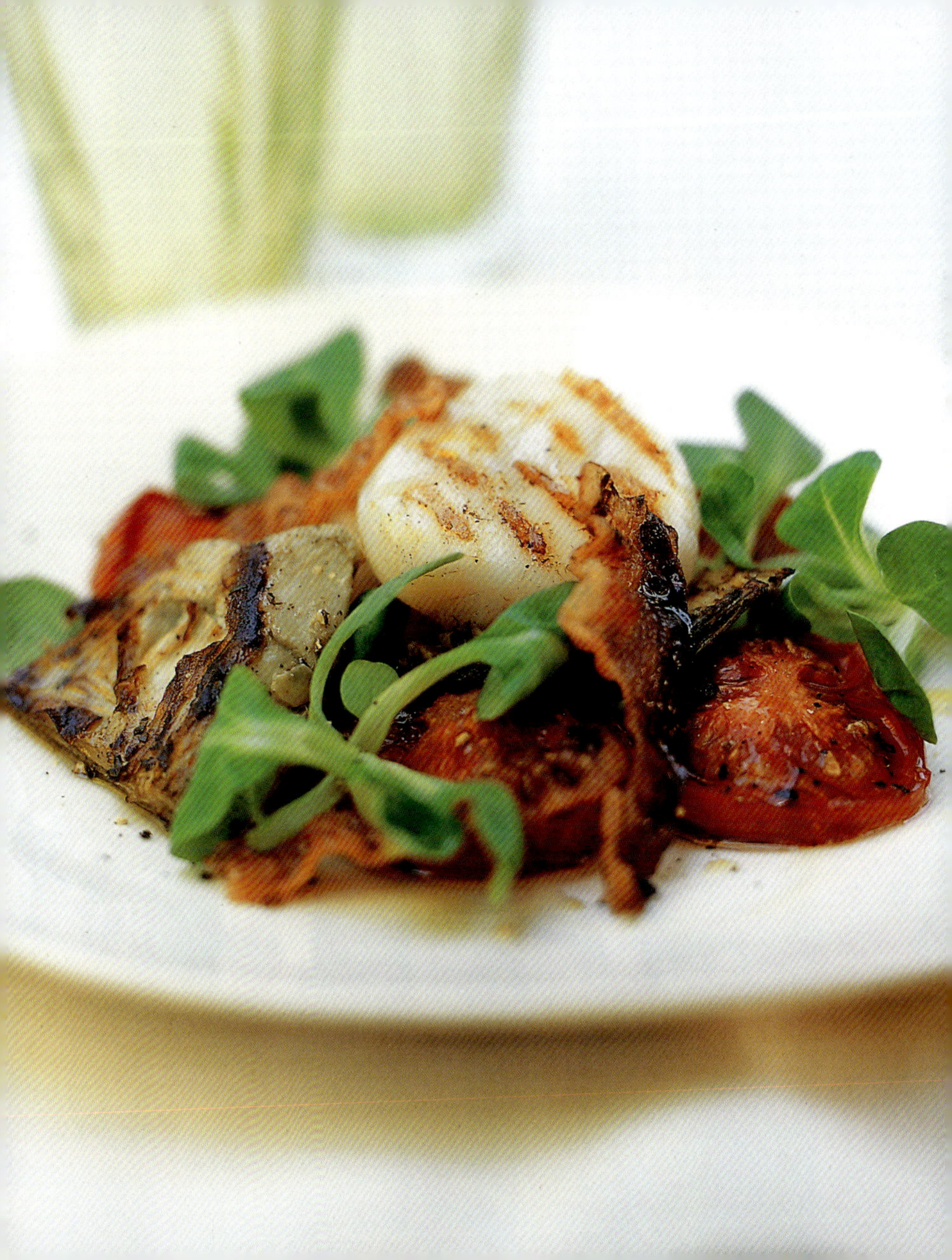

macarrão com camarão

4 porções
Preparo: **8 minutos**
Cozimento: **6 minutos**

250 g de **macarrão para yakisoba**
1 colher (sopa) de **óleo de gergelim**, mais um pouco para servir
1 colher (sopa) de **óleo vegetal**
1 **pimentão amarelo** em fatias
1 **pimentão vermelho** em fatias
75 g de **shitake** sem o talo e em fatias
1 **cenoura** grande em tiras
2 talos de **cebolinha** cortados ao meio no sentido do comprimento
1 **pimenta vermelha** bem picada
300 g de **camarões** sem casca cozidos
1 colher (sopa) de **sementes de gergelim** torradas

Cozinhe o macarrão conforme as instruções da embalagem.

Enquanto isso, aqueça uma frigideira grande. Junte os óleos e frite os pimentões por 1-2 minutos. Acrescente os cogumelos e cozinhe por 1 minuto; adicione as cenouras e frite por mais 1 minuto. Por fim, ponha as cebolinhas, a pimenta e os camarões e frite tudo por 2 minutos.

Escorra o macarrão e junte à frigideira. Misture tudo, decore com as sementes de gergelim e sirva.

Variação: yakisoba de camarão. Faça os legumes como acima, mas cozinhe os camarões separadamente, com 1 dente de alho picado e 4 colheres (sopa) de molho teriyaki. Sirva com o macarrão e salpique com coentro picado e sementes de gergelim.

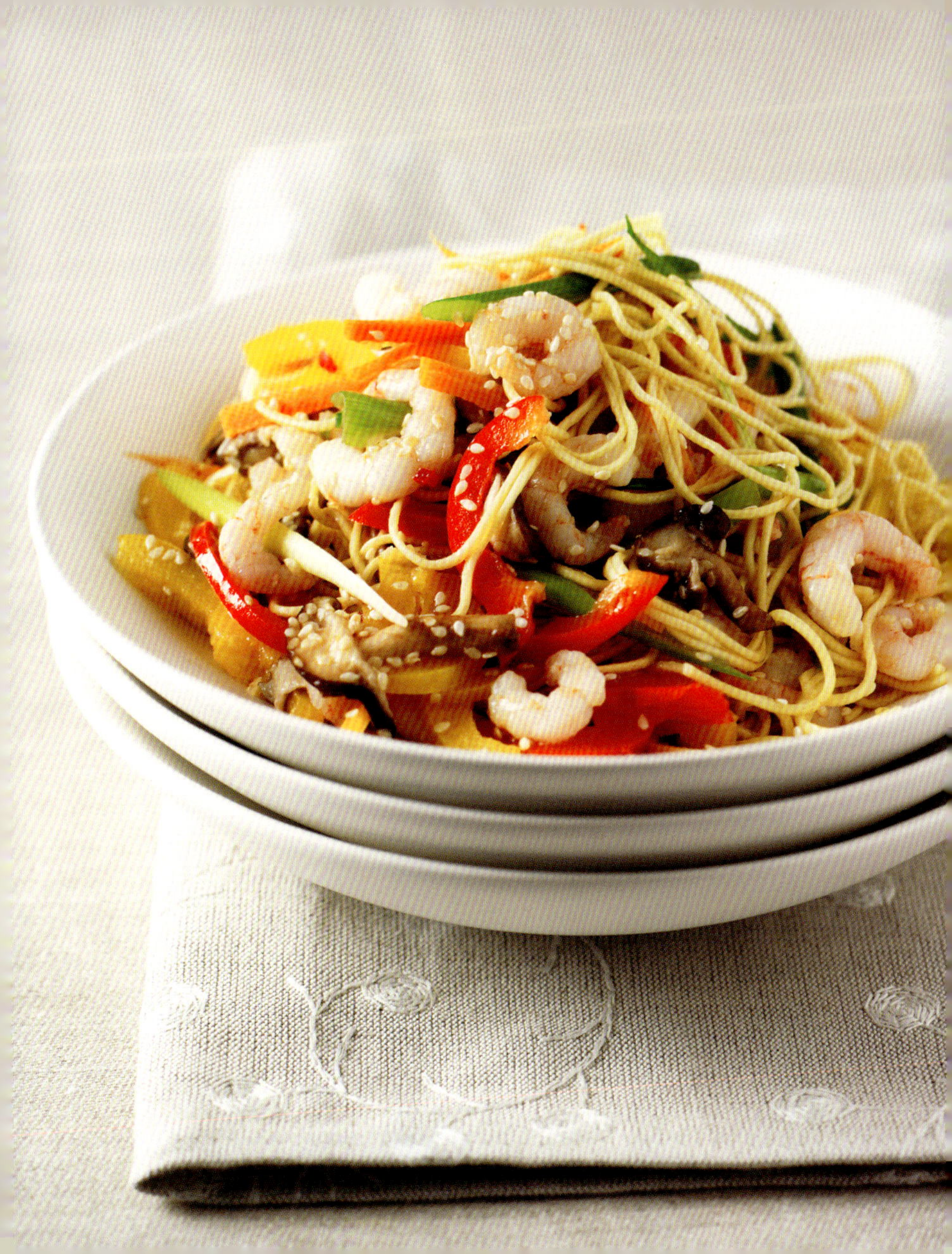

filé de pescada com lentilhas

4 porções
Preparo: **12 minutos**
Cozimento: **15 minutos**

4 **filés de pescada** (175 g cada um)
2 colheres (sopa) de **azeite**
500 g de **lentilhas** cozidas
8 **tomates** picados
1 colher (sopa) de **alcaparras** picadas
4 talos de **cebolinha** picados
8 **azeitonas pretas** picadas
2 colheres (sopa) de **azeite**
sal e **pimenta** a gosto
2 **limões-sicilianos** cortados ao meio

Para empanar
75 g de **farinha de rosca**
raspas de 1 **limão-siciliano**
1 colher (chá) de **alecrim** bem picado
2 colheres (sopa) de **salsinha**

Misture os ingredientes para empanar e adicione sal e pimenta a gosto. Besunte os filés com azeite e passe na farinha temperada, até cobrir a superfície.

Coloque o peixe em uma assadeira antiaderente e asse (220°C) por 15 minutos ou até que a cobertura esteja bem dourada e crocante.

Ponha as lentilhas numa tigela com o restante dos ingredientes e misture bem. Sirva com o peixe.

Variação: merluza com batatas à mediterrânea.
Substitua o filé de pescada por 4 postas de 200 g de merluza e prepare como acima. Em vez das lentilhas, use 700 g de batatas pequenas cozidas em água com sal por 10-15 minutos. Escorra, misture com os ingredientes restantes e sirva com a merluza.

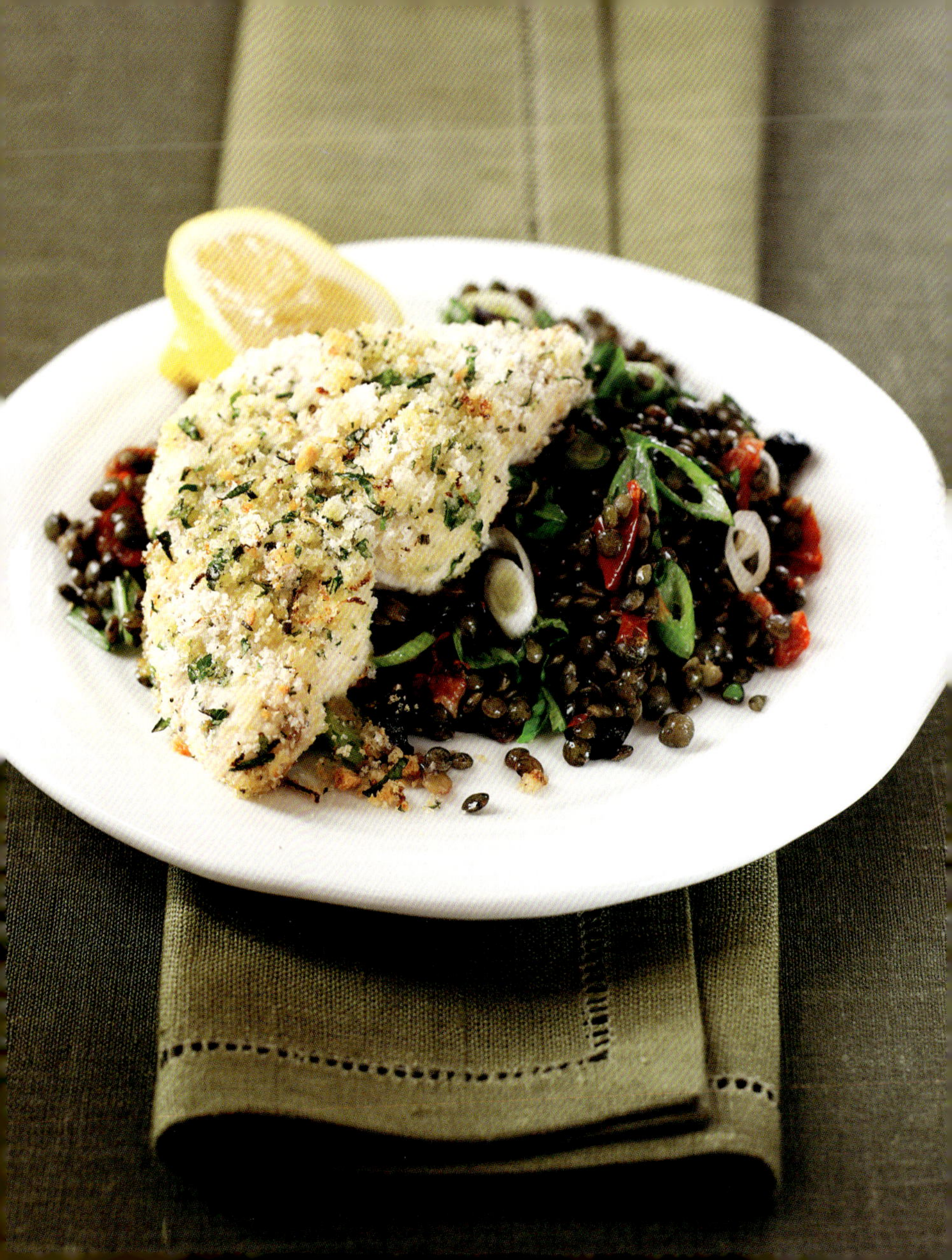

badejo ao molho cítrico

4 porções
Preparo: **15 minutos**
Cozimento: **15 minutos**

1 **laranja** grande
1 **dente de alho** amassado
2 **tomates** grandes sem sementes, cortados em cubos
2 colheres (sopa) de **manjericão** picado, mais um pouco para decorar
75 g de **azeitonas pretas** picadas
5 colheres (sopa) de **azeite**
4 **postas de badejo** (175 g cada uma)
1 colher (sopa) de **mistura de pimentas secas**
folhas verdes
sal a gosto

Retire a pele e as membranas da laranja, colocando uma tigela embaixo para não desperdiçar o suco. Divida todos os gomos ao meio e misture com o suco, o alho, o tomate, o manjericão, as azeitonas e 4 colheres (sopa) de azeite. Tempere com sal e pimenta e reserve.

Passe o azeite restante nas postas e cubra com a mistura de pimentas. Em uma frigideira antiaderente, asse o peixe com a pele para baixo por 5 minutos, vire e asse por mais 3 minutos. Transfira para uma assadeira e leve ao forno (150°C) por mais 5 minutos. Decore com manjericão e sirva com o molho e uma salada de folhas verdes.

Variação: badejo crocante. Misture 3 colheres (sopa) de farinha de rosca com folhas de manjericão picadas, 2 tomates secos picados, 1 colher (sopa) de azeite, raspas de 1 limão e parmesão ralado. Passe a mistura nos filés e asse em forno preaquecido (190°C) por 20 minutos.

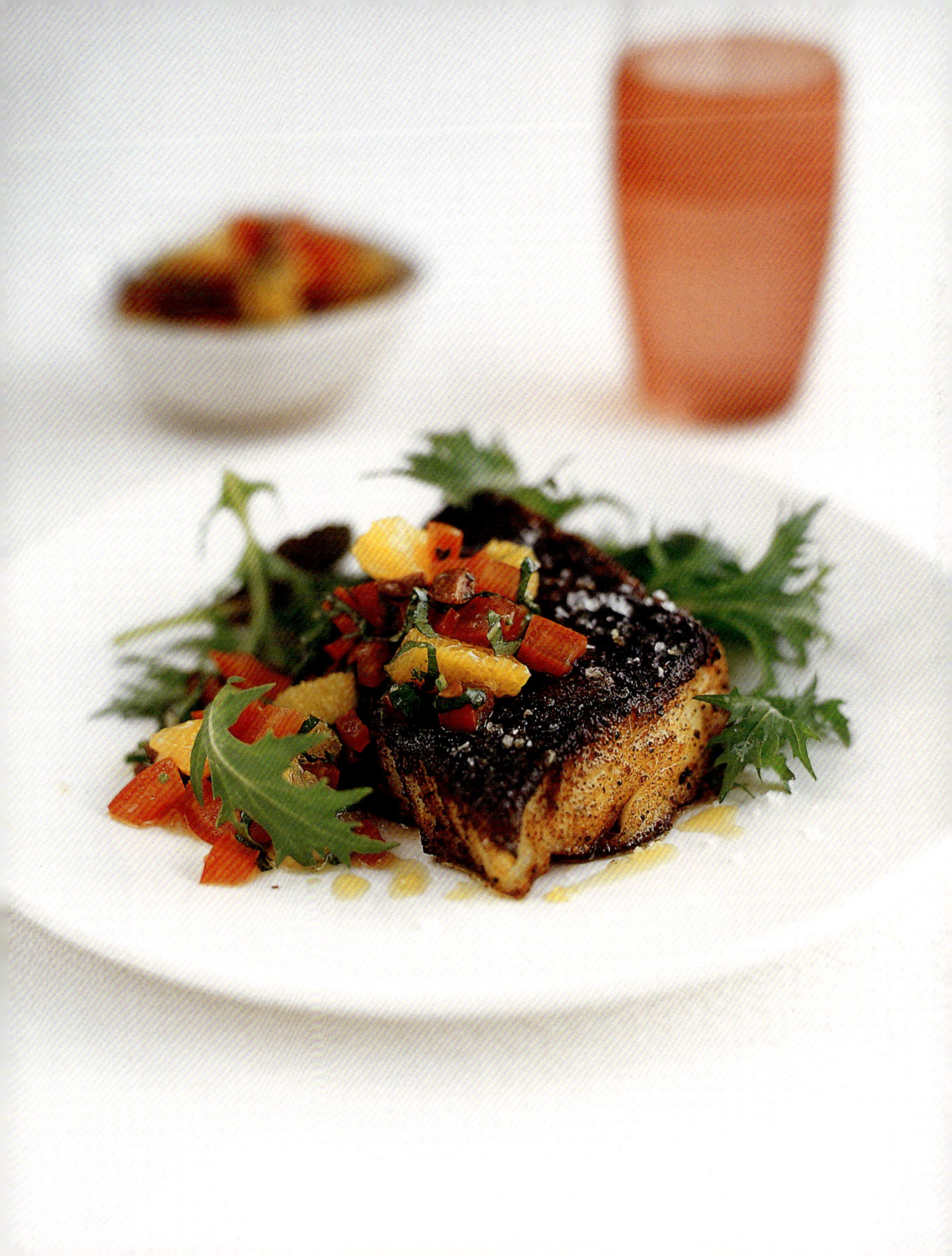

salmão com quinua

4 porções
Preparo: **5 minutos**
Cozimento: **15 minutos**

200 g de **quinua**
100 g de **manteiga** em temperatura ambiente
8 **folhas de sálvia** picadas
um punhado de **cebolinha** picada
raspas e suco de 1 **limão**
4 **filés de salmão** (125 g cada um)
1 colher (sopa) de **azeite**
sal e **pimenta** a gosto

Cozinhe a quinua em água fervente sem sal por 15 minutos ou até que os grãos fiquem macios mas firmes.

Enquanto isso, misture a manteiga com a sálvia, a cebolinha e as raspas de limão. Tempere com sal e pimenta.

Passe o azeite nos filés de peixe e asse em uma frigideira antiaderente ou grelha elétrica por 6 minutos, virando uma vez. Retire do fogo e reserve.

Escorra a quinua, junte o suco de limão e tempere a gosto com sal e pimenta. Distribua os filés em pratos, coloque uma colher da manteiga com sálvia por cima e sirva.

Variação: salmão com cuscuz. Substitua a sálvia por estragão e a quinua por 250 g de cuscuz marroquino. Deixe de molho em 400 ml de água fervente por 5-8 minutos ou até os grãos amolecerem. Tempere o cuscuz com sal, pimenta, suco de limão e azeite. Sirva com o salmão, como acima.

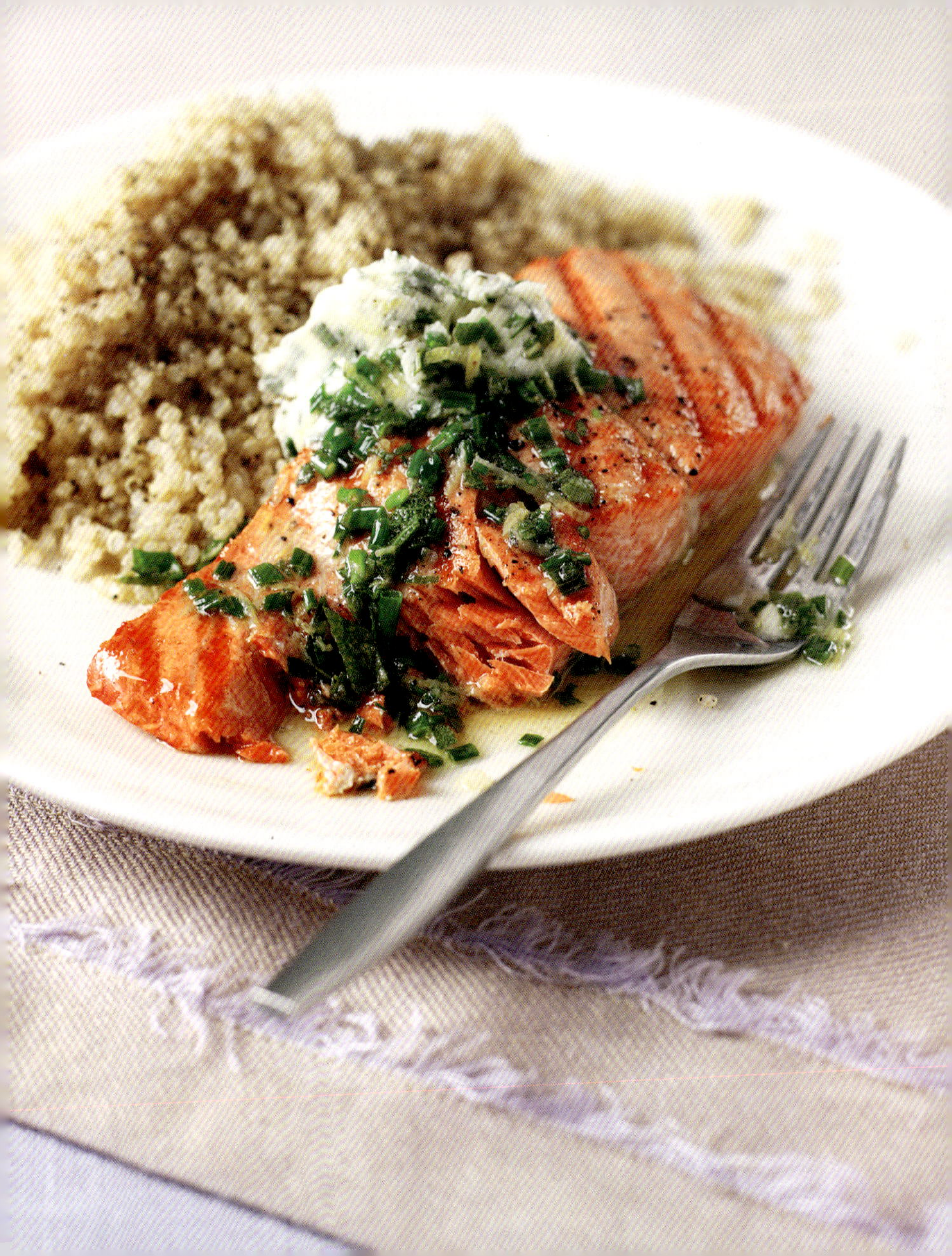

pescada com tomate-cereja

4 porções
Preparo: **5 minutos**
Cozimento: **12-15 minutos**

3 colheres (sopa) de **azeite**
4 **filés de pescada-amarela**
 (150 g cada um)
2 **dentes de alho** picados
300 g de **tomates-cereja**
2 colheres (sopa) de **vinagre balsâmico**
4 colheres (sopa) de **manjericão** picado
125 g de **rúcula**
sal e **pimenta** a gosto

Passe 1 colher (sopa) de azeite nos filés de peixe e tempere bem. Salpique com o alho e coloque os filés em uma assadeira. Disponha os tomates ao lado, regue com o restante do azeite e com o vinagre e salpique com o manjericão. Tempere com sal e pimenta.

Leve a assadeira ao forno preaquecido (220°C) por 12-15 minutos ou até os peixes assarem e os tomates ficarem levemente murchos.

Sirva os filés de peixe com os tomates e as folhas de rúcula ao lado.

Variação: pescada ao molho italiano. Frite os filés por 5-6 minutos, até dourarem. Para o molho, misture 8 tomates secos picados, 2 colheres (sopa) de manjericão picado, 1 colher (sopa) de alcaparras picadas, 1 colher (sopa) de pinholes torrados e 2 colheres (sopa) de azeite. Sirva com salada de rúcula.

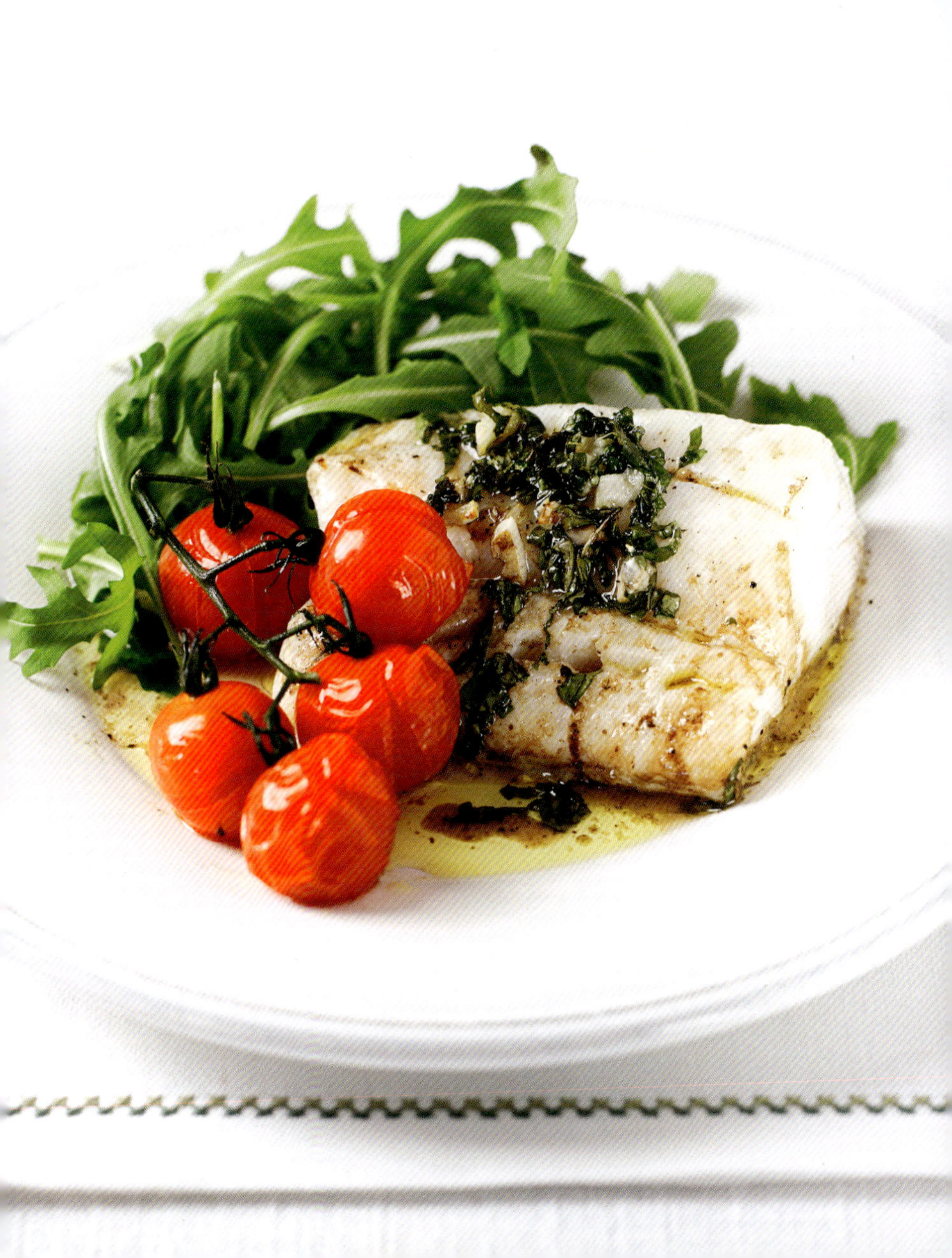

mexilhões ao limão e curry

4 porções
Preparo: **15 minutos**
Cozimento: **15 minutos**

1 kg de **mexilhão**
125 ml de **cerveja**
125 g de **manteiga sem sal**
1 **cebola** bem picada
1 **dente de alho** amassado
um pedaço de 2,5 cm de **gengibre** picado
1 colher (sopa) de **curry** em pó
150 ml de **creme de leite**
2 colheres (sopa) de **suco de limão**
sal e **pimenta** a gosto
salsinha para decorar

Não use mexilhões que estejam quebrados. Coloque-os em uma frigideira grande com a cerveja, tampe e cozinhe em fogo alto por 4 minutos, mexendo a panela frequentemente até que todos os mexilhões se abram. Jogue fora os que não se abrirem. Escorra, mas reserve o líquido.

Enquanto isso, derreta a manteiga em uma panela larga e frite a cebola, o alho, o gengibre e o curry, mexendo sempre, por 5 minutos. Acrescente o líquido dos mexilhões e deixe reduzir pela metade. Junte o creme de leite e o limão, mexa bem e desligue o fogo. Acrescente os mexilhões e decore com a salsinha. Sirva com pão, se desejar.

Variação: camarões ao limão e curry. Use camarões com casca no lugar dos mexilhões. Calcule 10 camarões por pessoa. Faça pequenos cortes no centro de cada um para que o molho penetre na carne. Cozinhe da mesma forma que os mexilhões, por 3-4 minutos ou até que fiquem bem rosados. Sirva com pão indiano do tipo naan com manteiga de limão, feita com 50 g de manteiga derretida e raspas de 1 limão.

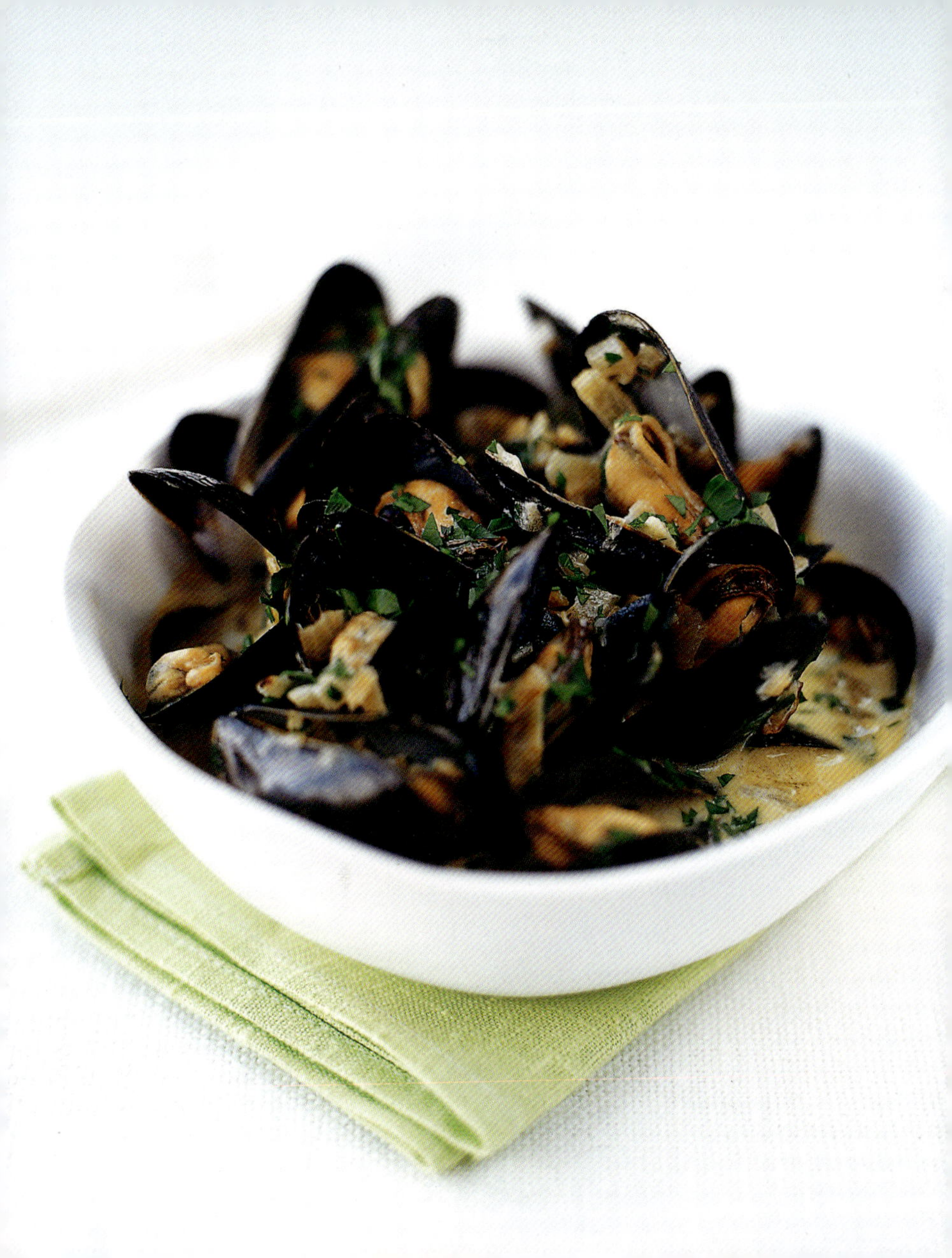

linguado com batatas

4 porções
Preparo: **5 minutos**
Cozimento: **20 minutos**

500 g de **batatas pequenas** com casca
3-4 colheres (sopa) de **azeite**
6 colheres (sopa) de **maionese**
½ **dente de alho** amassado
1 colher (sopa) de **cebolinha**
4 **filés de linguado**
2 colheres (sopa) de **suco de limão**
sal e **pimenta** a gosto

Coloque as batatas em uma panela grande com 1-2 colheres (sopa) de azeite. Leve ao fogo médio-baixo e tampe. Deixe cozinhar por 20 minutos, mexendo a panela ocasionalmente para que as batatas dourem por igual, até que fiquem com a casca crocante. Retire do fogo, tempere com sal e reserve.

Enquanto isso, misture a maionese com o alho e a cebolinha. Mexa bem e coloque em um potinho.

Aqueça o azeite restante em uma frigideira grande, em fogo médio-alto. Tempere o peixe com sal e pimenta e frite, com a pele para baixo, por 1 minuto. Vire delicadamente e deixe no fogo por mais 2-3 minutos. Regue com o suco de limão e sirva com as batatas e a maionese.

Variação: cavala com creme de leite. Em vez de alho e cebolinha, use 2 colheres (sopa) de molho de tomate e substitua a maionese por creme de leite fresco com raspas de limão. Troque o linguado por filés de cavala, temperados com sal e pimenta e uma pitada de páprica em pó. Prepare da mesma maneira que o linguado e sirva com as batatas assadas.

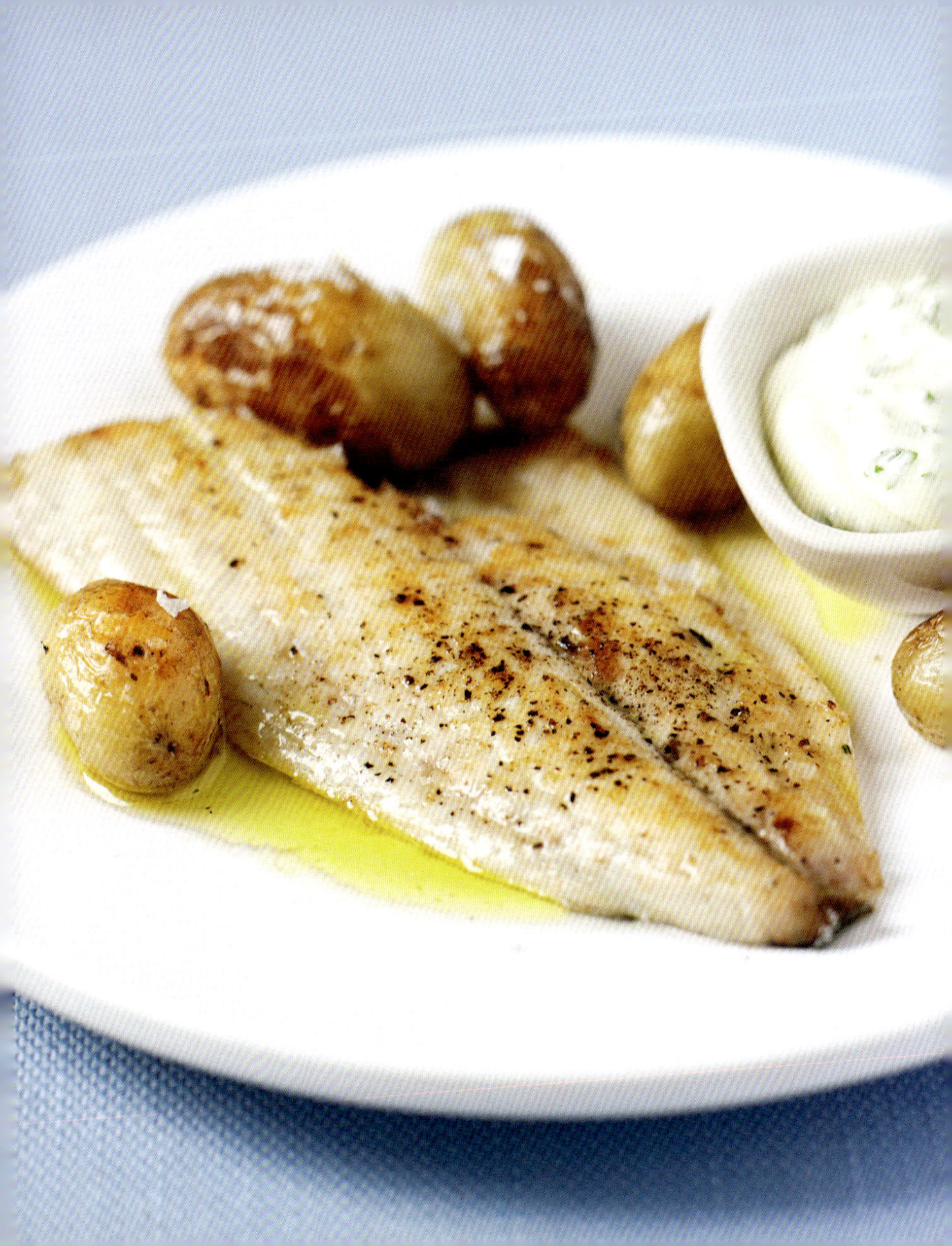

lagosta ao molho aïoli

4 porções
Preparo: **20 minutos**
Cozimento: **7-8 minutos**

50 g de **manteiga**
2 colheres (sopa) de **óleo de alho**
4 caudas de **lagosta**
raspas de 1 **limão**
2 colheres (sopa) de **cebolinha**, mais um pouco para decorar
pepinos fatiados bem fino no sentido do comprimento para decorar

Aïoli
1 **gema**
3-4 **dentes de alho** amassados
1 colher (sopa) de **suco de limão**
175 ml de **azeite**
1 colher (sopa) de **cebolinha**
sal e **pimenta** a gosto

Comece pelo aïoli. Com todos os ingredientes em temperatura ambiente, bata a gema em uma tigela com o alho, o suco de limão, uma pitada de sal e outra de pimenta. Use um batedor manual ou batedeira. Junte o azeite, num fio muito fino, gradualmente, batendo sempre, até obter uma emulsão grossa. Salpique com a cebolinha.

Passe a manteiga e o óleo de alho nas lagostas e coloque-as numa grelha elétrica preaquecida com a carne voltada para baixo, por 7-8 minutos. Salpique com as raspas de limão e a cebolinha e sirva com o pepino e o molho aïoli em potinhos.

Variação: lagosta ao molho de tomate seco. Use 2 colheres (sopa) dos seguintes ingredientes: tomates secos bem picados, mascarpone e pesto, 2 colheres (chá) de raspas de limão e 2 colheres (chá) de suco de limão. Tempere com sal e pimenta.

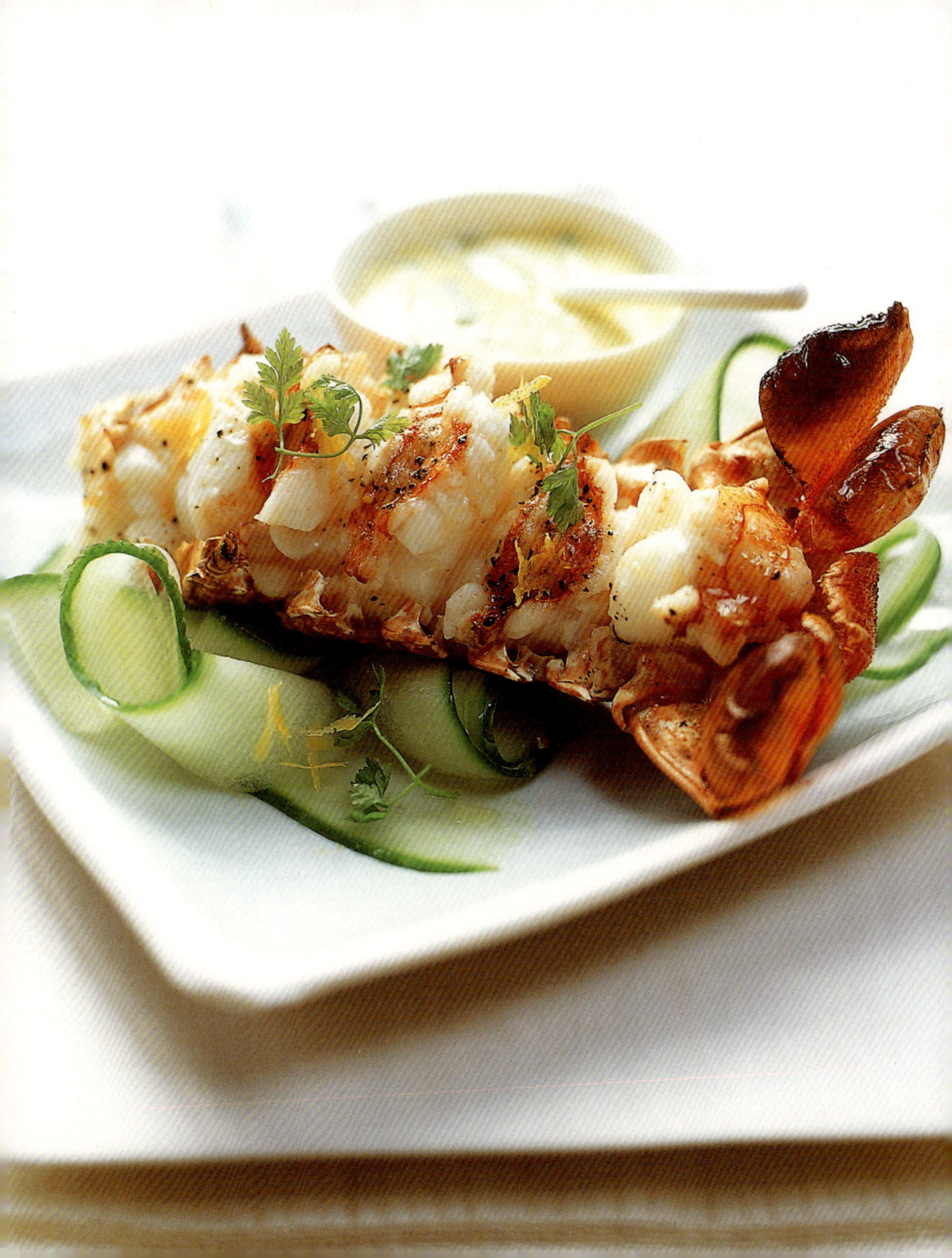

mexilhões ao leite de coco

4 porções
Preparo: **10 minutos**
Cozimento: **15 minutos**

1 colher (sopa) de **azeite**
4 talos de **cebolinha** bem picados
um pedaço de **gengibre** de 2,5 cm bem picado
1 **pimenta verde** bem picada
200 ml de **leite de coco**
um punhado de **coentro**, mais um pouco para decorar
1 colher (sopa) de **manjericão**
200 ml de **caldo de peixe**
2 colheres (sopa) de **molho de peixe tailandês**
2 colheres (sopa) de **suco de limão**
1 colher (sopa) de **shoyu**
1 colher (sopa) de **açúcar mascavo**
3-4 folhas de **limão** em tiras (opcional)
1 kg de **mexilhões** limpos
coco ralado seco para decorar (opcional)
sal e **pimenta** a gosto

Aqueça o azeite em uma frigideira grande e refogue a cebolinha, o gengibre e a pimenta verde por 2 minutos. Abaixe o fogo, acrescente todos os outros ingredientes, exceto os mexilhões, e mexa bem até que o açúcar se dissolva. Espere levantar fervura e deixe reduzir por 5 minutos.

Coloque os mexilhões no molho e tampe a panela. Cozinhe por 3-4 minutos ou até que todos os mariscos se abram – jogue fora os que ficarem fechados.

Transfira para pratos e decore com coentro e coco ralado, se desejar. Sirva imediatamente com arroz jasmine e abóbora.

Variação: frutos do mar ao leite de coco. Use no lugar dos mexilhões 500 g de uma mistura de frutos do mar congelada. Prepare como acima, mas não utilize as folhas de limão. Cozinhe 250 g de arroz com raspas de 1 limão. Sirva em cumbucas com os frutos do mar por cima.

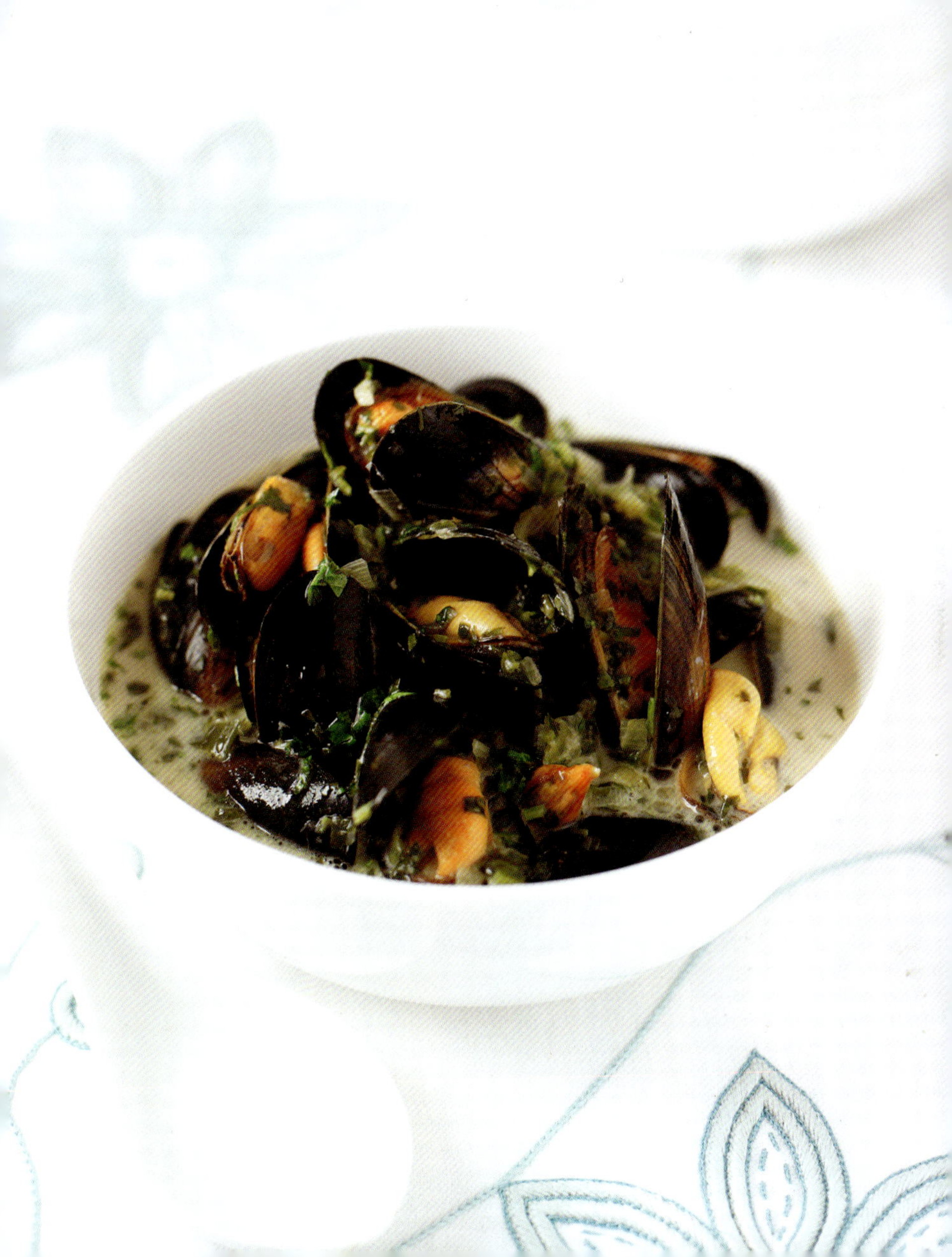

espetinhos de camarão e vieira

4 porções
Preparo: **10 minutos**
Cozimento: **7-9 minutos**

16 **camarões-rosa** sem cabeça
24 **vieiras** sem ovas
1 **manga** madura e firme em cubos
125 g de **folhas verdes**

Molho
suco de ½ **grapefruit**
raspas e suco de 1 **limão**
1 colher (chá) de **mel**
1 colher (sopa) de **vinagre de maçã**
75 ml de **azeite aromatizado de limão**
sal e **pimenta** a gosto

Misture todos os ingredientes do molho em uma tigela e mexa bem.

Cozinhe os camarões em água fervente por 2 minutos. Escorra e reserve.

Coloque as vieiras, a manga e os camarões em uma tigela e junte 3 colheres (sopa) do molho. Mexa bem e monte os espetinhos, alternando os ingredientes. Tempere com sal e pimenta.

Aqueça uma frigideira antiaderente ou grelha elétrica e frite os espetinhos por 5-7 minutos, virando ocasionalmente para que dourem por igual.

Arrume os espetinhos em uma travessa, com as folhas verdes, e regue com o molho restante.

Variação: espetinhos de queijo de coalho e manga. Use 450-500 g de queijo de coalho em cubos em vez das vieiras e camarões. Cubra bem com o molho, disponha em espetinhos com a manga e frite como acima.

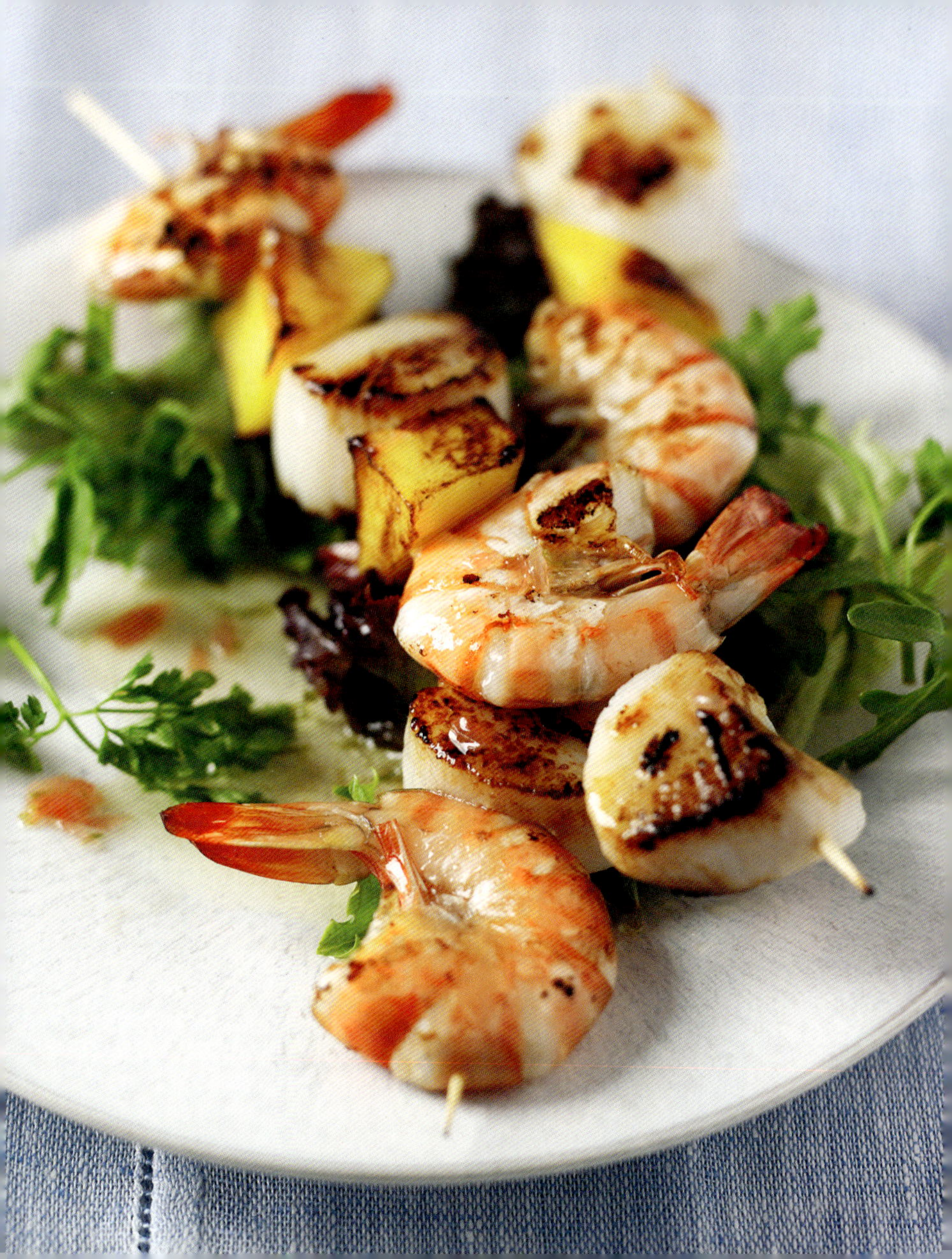

badejo à oriental

4 porções
Preparo: **10 minutos**, mais o tempo da marinada
Cozimento: **13-15 minutos**

4 **postas de badejo** (175 g cada um)
azeite para untar
1 **acelga** cortada ao meio cozida em água fervente por 1-2 minutos

Molho de missô
125 ml de **pasta de missô**
50 ml de **shoyu**
50 ml de **saquê**
50 ml de **saquê culinário**
50 g de **açúcar mascavo**

Comece pelo molho. Junte todos os ingredientes em uma pequena panela e leve ao fogo baixo, mexendo sempre até que o açúcar se dissolva. Deixe reduzir por 5 minutos, sem parar de mexer. Desligue o fogo e espere esfriar.

Arrume os filés em uma tigela em que todos caibam lado a lado. Regue com o molho de missô e tampe. Deixe marinar por pelo menos 6 horas.

Aqueça uma frigideira antiaderente, em fogo médio, e frite o peixe por 2-3 minutos. Vire delicadamente e grelhe por mais 2-3 minutos. Desligue o fogo e mantenha em local aquecido.

Unte a parte cortada da acelga com azeite e ponha-a numa panela limpa com o lado untado para baixo. Frite por 2 minutos ou até que a parte externa fique toda chamuscada. Sirva com o peixe.

Variação: vegetais à oriental. Como alternativa à acelga, frite 200 g de milho baby por 5 minutos, junte 100 g de ervilha-torta e cozinhe por mais 3 minutos. Finalize regando os vegetais com 1 colher (sopa) de shoyu e 1 colher (chá) de óleo de gergelim.

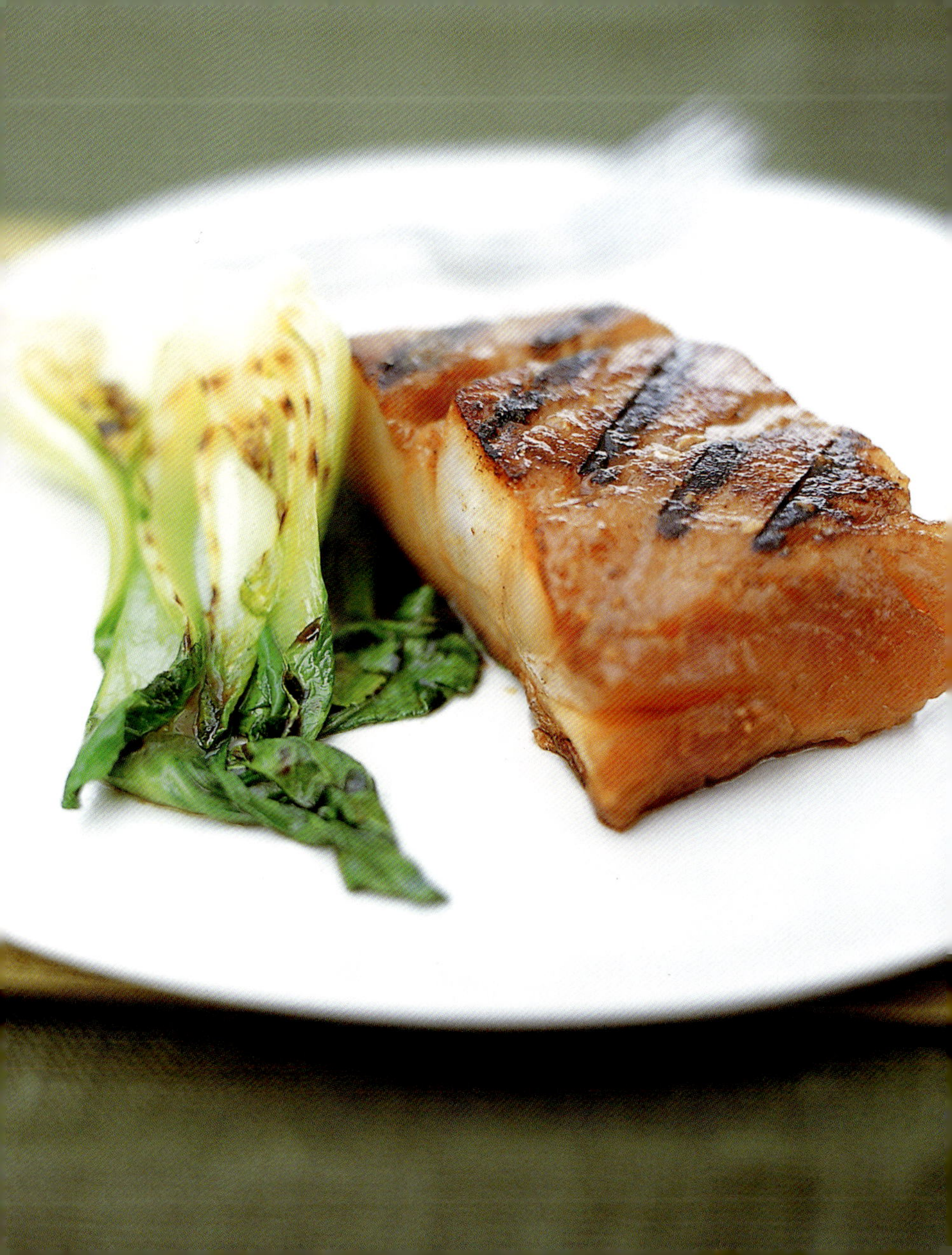

salmão ao molho teriyaki

4 porções
Preparo: **12 minutos**
Cozimento: **15 minutos**

4 **filés de salmão** (150 g cada um)
2 colheres (chá) de **óleo de girassol**
4 talos de **cebolinha** picados
350 ml de **caldo de legumes**
2 colheres (sopa) de **shoyu**
50 g de **pasta de missô**
1 colher (sopa) de **saquê culinário**
1 colher (chá) de **açúcar**
300 g de **macarrão oriental**
1 **acelga** cortada em quatro

Molho teriyaki com molho de soja claro
3 colheres (sopa) de **saquê**
1 colher (chá) de **molho de soja escuro**
3 colheres (sopa) de **molho de soja claro**
2 colheres (sopa) de **açúcar mascavo**
1 colher (sopa) de **mel**
2 colheres (sopa) de **saquê culinário**

Faça o molho teriyaki: junte todos os ingredientes em uma panela, em fogo alto, e mexa até que o açúcar se dissolva por completo. Abaixe o fogo e deixe reduzir por 5 minutos ou até que o molho engrosse. Espere esfriar.

Passe o molho teriyaki nos filés e grelhe por 4-5 minutos de cada lado. Reserve.

Aqueça o óleo de girassol e frite as cebolinhas por 2 minutos. Acrescente o caldo de legumes, o shoyu, o missô, o saquê e o açúcar, mexendo sempre. Junte o macarrão e a acelga e cozinhe por mais 2 minutos ou até que tudo esteja cozido.

Sirva imediatamente, com o salmão por cima.

Variação: salmão com aspargos grelhados.
Cozinhe 250 g de aspargos em água fervente por 5 minutos. Passe azeite nos filés de salmão. Pique 25 g de salsinha e cubra os filés com ela. Grelhe o peixe por 3 minutos de cada lado. Cubra com os aspargos e sirva com pão torrado.

Os molhos de soja claro e escuro são típicos da culinária tailandesa. O molho de soja escuro tailandês é o shoyu japonês, produzido no Brasil. O molho de soja claro encontra-se apenas em algumas casas de produtos importados orientais. Ele pode ser substituído pelo molho de soja escuro.

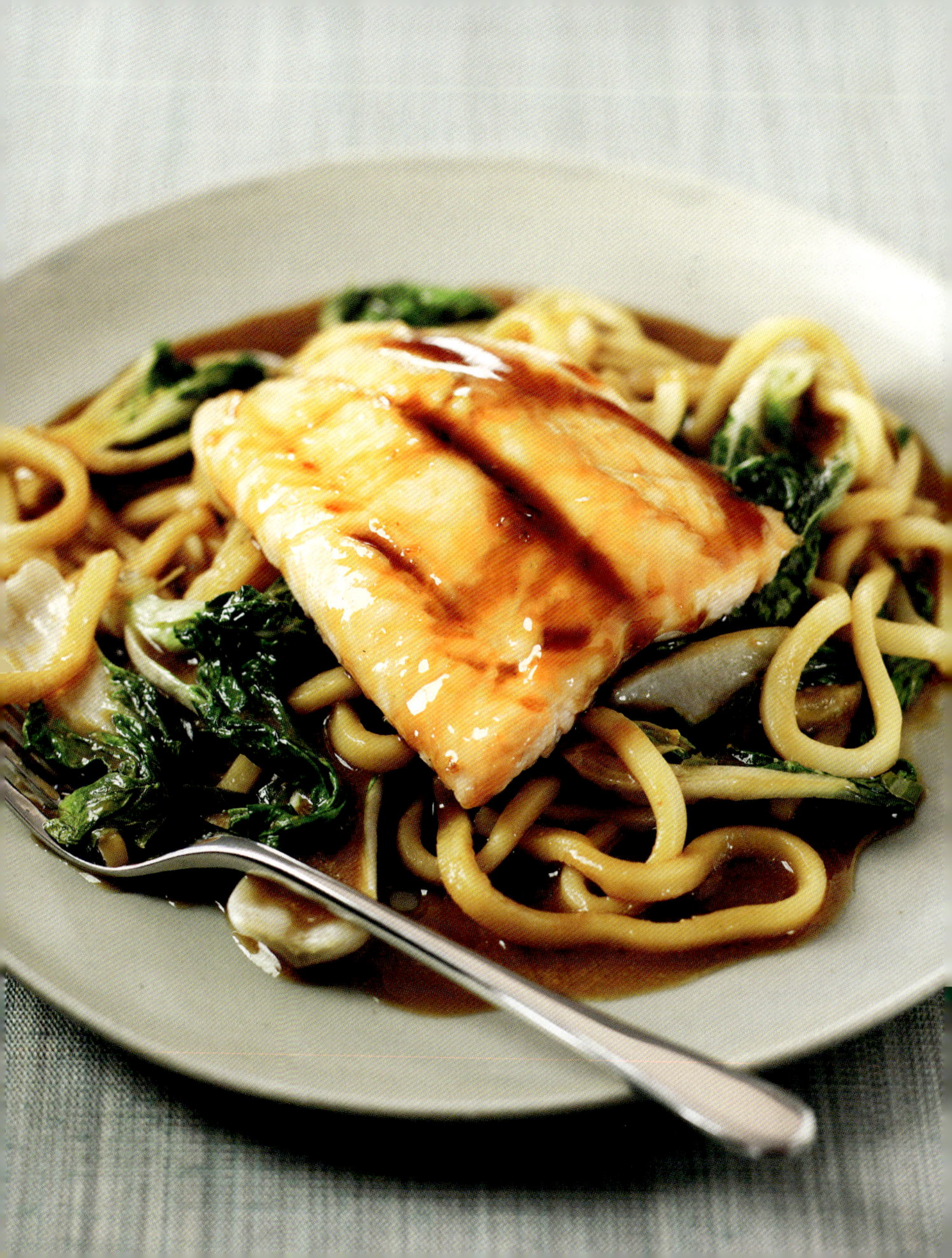

bolinhos de caranguejo e ervas

4 porções
Preparo: **10 minutos**
Cozimento: **7 minutos**

400 g de **grão-de-bico** cozido
1 colher (chá) de **molho inglês**
1 colher (chá) de **molho de pimenta-malagueta**
2 colheres (sopa) de **maionese**
1 **gema**
3 colheres (sopa) de **salsinha** picada
3 talos de **cebolinha verde** bem picados
150 g de **farinha de rosca**
300 g de **carne de caranguejo** branca
2 colheres (sopa) de **azeite**

Para servir
125 g de **rúcula**
4 colheres (sopa) de **aïoli** (ver p. 116)

Coloque num processador o grão-de-bico, o molho inglês, o molho de pimenta, a maionese, a gema, a salsinha, a cebolinha e 50 g da farinha de rosca. Bata tudo, junte a carne de caranguejo e continue a bater, acrescentando mais farinha de rosca, aos poucos, se a mistura estiver muito úmida.

Transfira a mistura para uma tigela e divida em quatro partes, formando bolinhos. Passe no restante da farinha de rosca.

Aqueça o azeite em uma frigideira e frite os bolinhos por 5 minutos, virando com cuidado, até que fiquem dourados. Escorra em papel-toalha e sirva quente com salada de rúcula e aïoli.

Variação: molho de abacate e agrião. Substitua o aïoli pela mistura de 1 abacate amassado com garfo, 1 colher (sopa) de alcaparras picadas e 200 ml de coalhada seca.

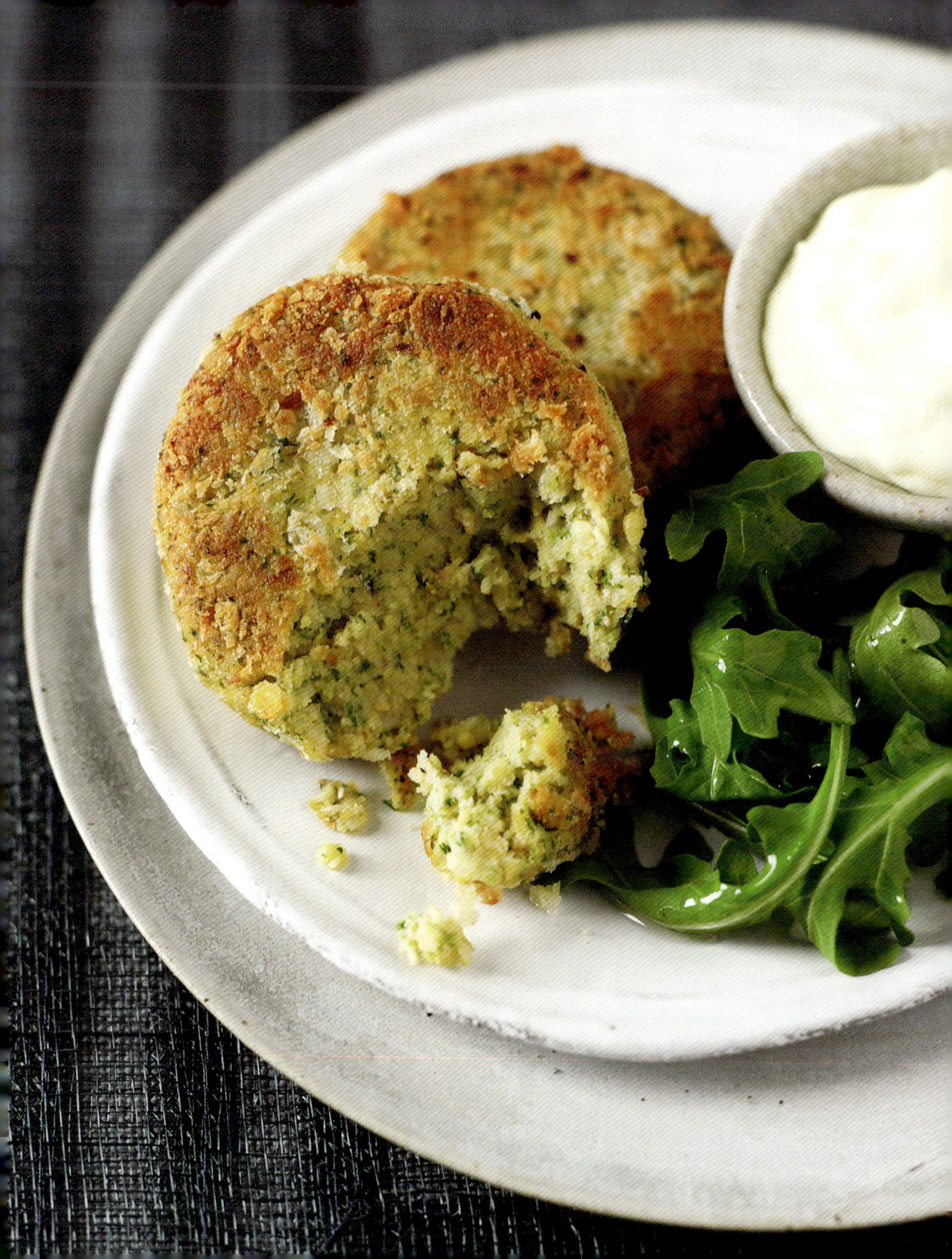

lula com maionese de limão

4 porções
Preparo: **30 minutos**
Cozimento: **9 minutos**

500 g de **anéis de lula**
50 g de **farinha de trigo**
1 colher (sopa) de **páprica doce**
uma pitada de **pimenta-de-caiena**
óleo para fritar
gomos de **limão** para servir
sal e **pimenta** a gosto

Maionese de limão e ervas
2 **gemas**
½ colher (chá) de **mostarda com sementes**
1 colher (sopa) de **suco de limão**
200 ml de **azeite**
2 colheres (sopa) de **agrião** picado
1 colher (sopa) de **salsinha** picada, mais um pouco para servir
2 colheres (sopa) de **cebolinha** picada
raspas de 1 **limão**
1 **dente de alho** amassado

Comece pela maionese. Bata as gemas em uma tigela com a mostarda e o suco de limão.

Junte o azeite, aos poucos, batendo sempre até que se forme uma mistura homogênea. Tempere com sal e pimenta e adicione o agrião, as ervas, as raspas de limão, o alho e, se desejar, mais suco de limão. Tampe e deixe na geladeira até a hora de servir.

Lave a lula e seque com papel-toalha. Misture em uma tigela a farinha, a páprica e a pimenta-de-caiena e tempere com sal e pimenta. Passe os anéis nessa mistura, cobrindo bem.

Aqueça óleo suficiente para fritar as lulas por imersão. A temperatura estará boa quando um cubo de pão dourar em 20 segundos. Frite a lula por 2-3 minutos ou até que fique dourada e crocante. Retire com uma escumadeira e escorra em papel-toalha. Mantenha em local aquecido.

Coloque as lulas em pratos, salpique com salsinha e decore com gomos de limão. Sirva com a maionese em potinhos.

Variação: lula ao molho de tomate. Prepare e tempere a lula conforme a receita acima. Numa panela, cozinhe 1 cebola em rodelas, 1 pimentão verde em rodelas, 2 dentes de alho picados, 1 folha de louro, 450 g de tomates picados e 50 g de azeitonas pretas picadas. Junte a lula a essa mistura, salpique com 4 colheres (sopa) de salsinha e sirva.

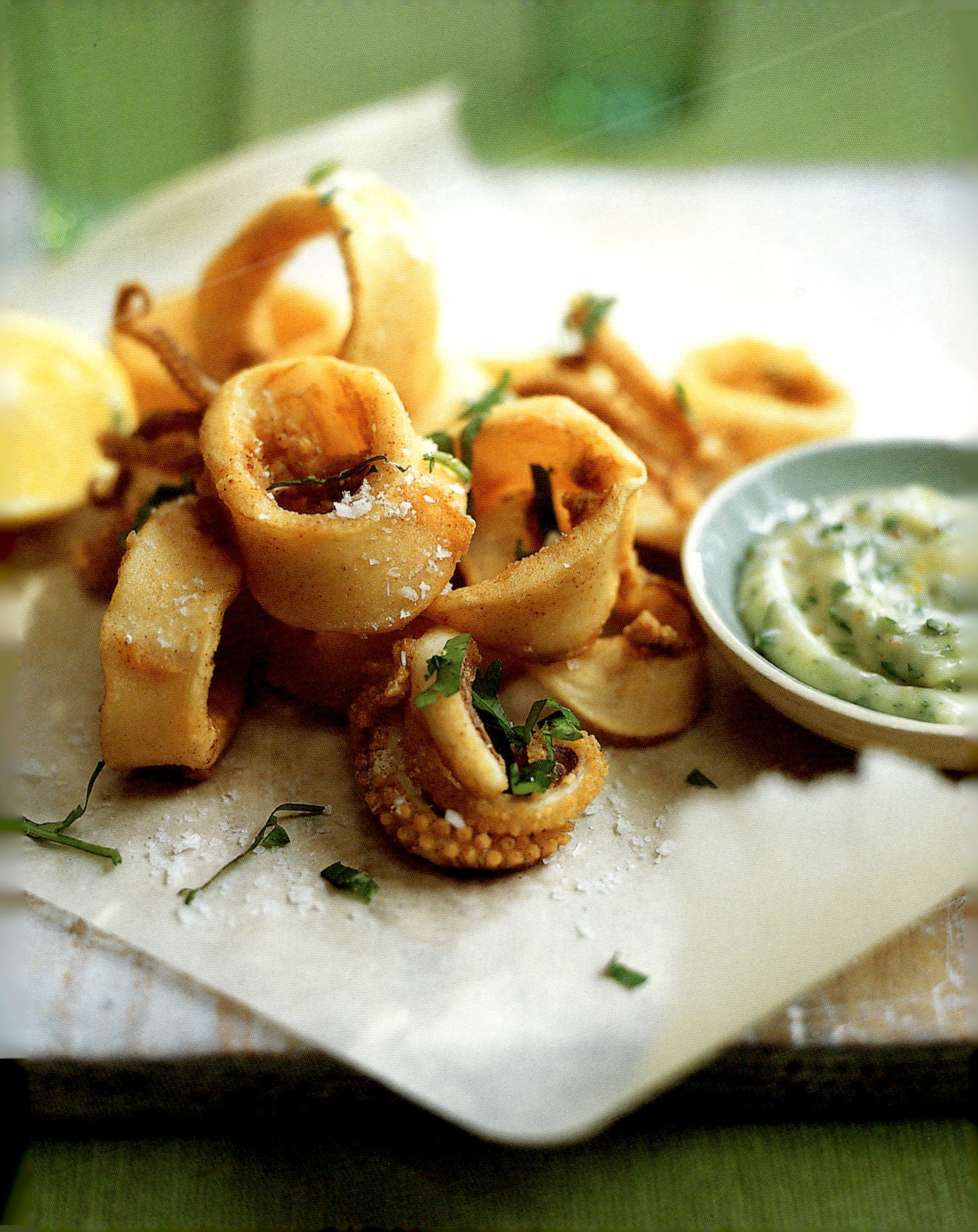

truta defumada gratinada

4 porções
Preparo: **10 minutos**
Cozimento: **20 minutos**

4 **tomates** maduros picados
250 g de **truta defumada**
  sem espinha nem pele
400 g de **salmão defumado**
  sem pele
75 g de queijo **gruyère** ou
  emmental ralado
2 colheres (sopa) de **queijo**
  parmesão ralado
2 colheres (sopa) de
  cebolinha picada
200 ml de **creme de leite**
  fresco
sal e **pimenta** a gosto
500 g de **batatas pequenas**
  assadas, para servir
  (opcional)

Arrume os tomates no fundo de uma travessa refratária. Corte os peixes em tiras e ponha sobre os tomates. Salpique com os queijos e a cebolinha.

Cubra com o creme de leite e leve ao forno (220 °C) por 20 minutos ou até que o queijo esteja bem derretido e o gratinado, borbulhando.

Sirva imediatamente com as batatas assadas, se desejar.

Variação: bacalhau com camarão gratinado.
Substitua a truta e o salmão por 450 g de bacalhau dessalgado, cozido e desfiado e 250 g de camarão sem casca cozido. Use 25 g de salsinha em vez de cebolinha. Finalize como na receita original e sirva com purê de batata e dill picado.

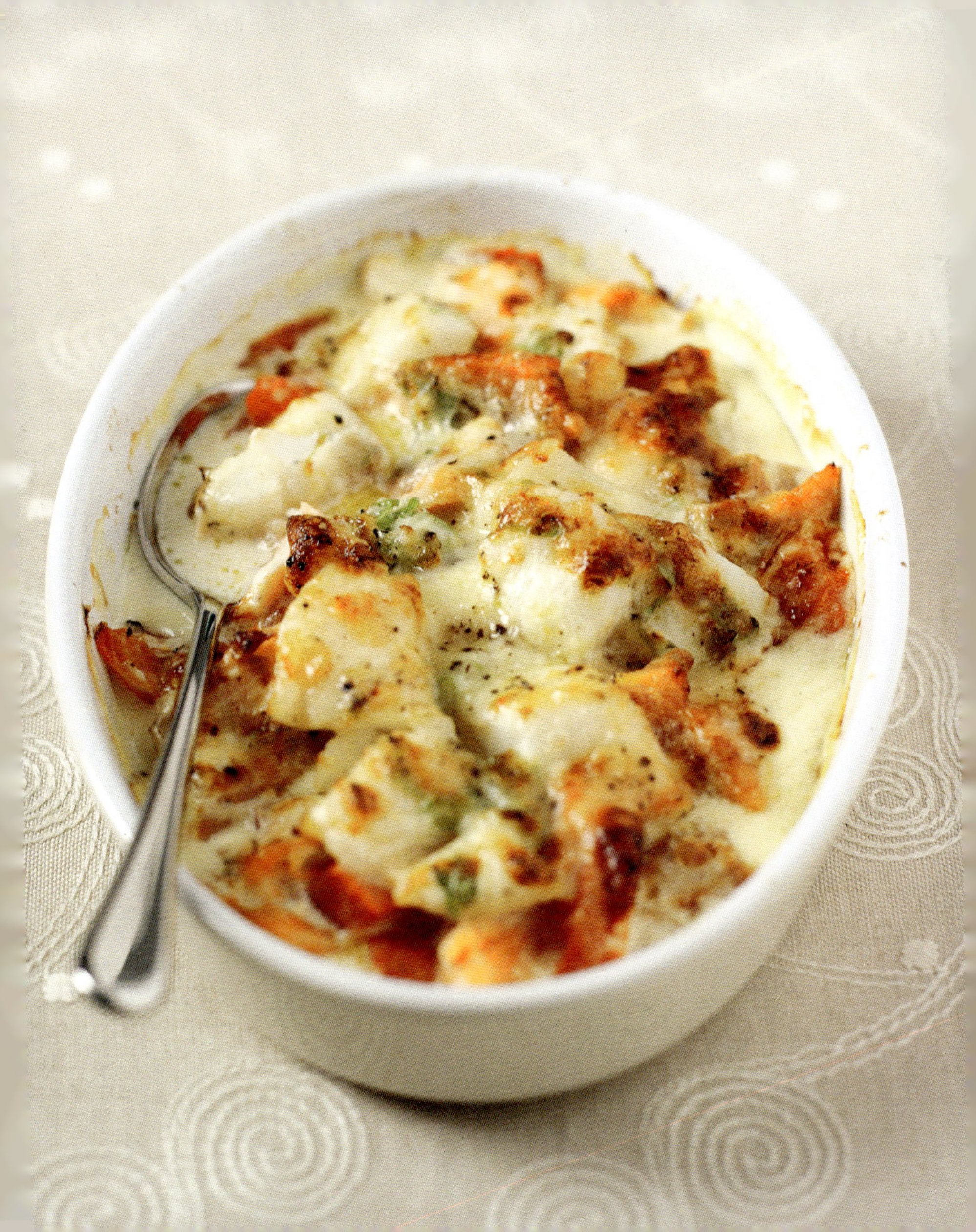

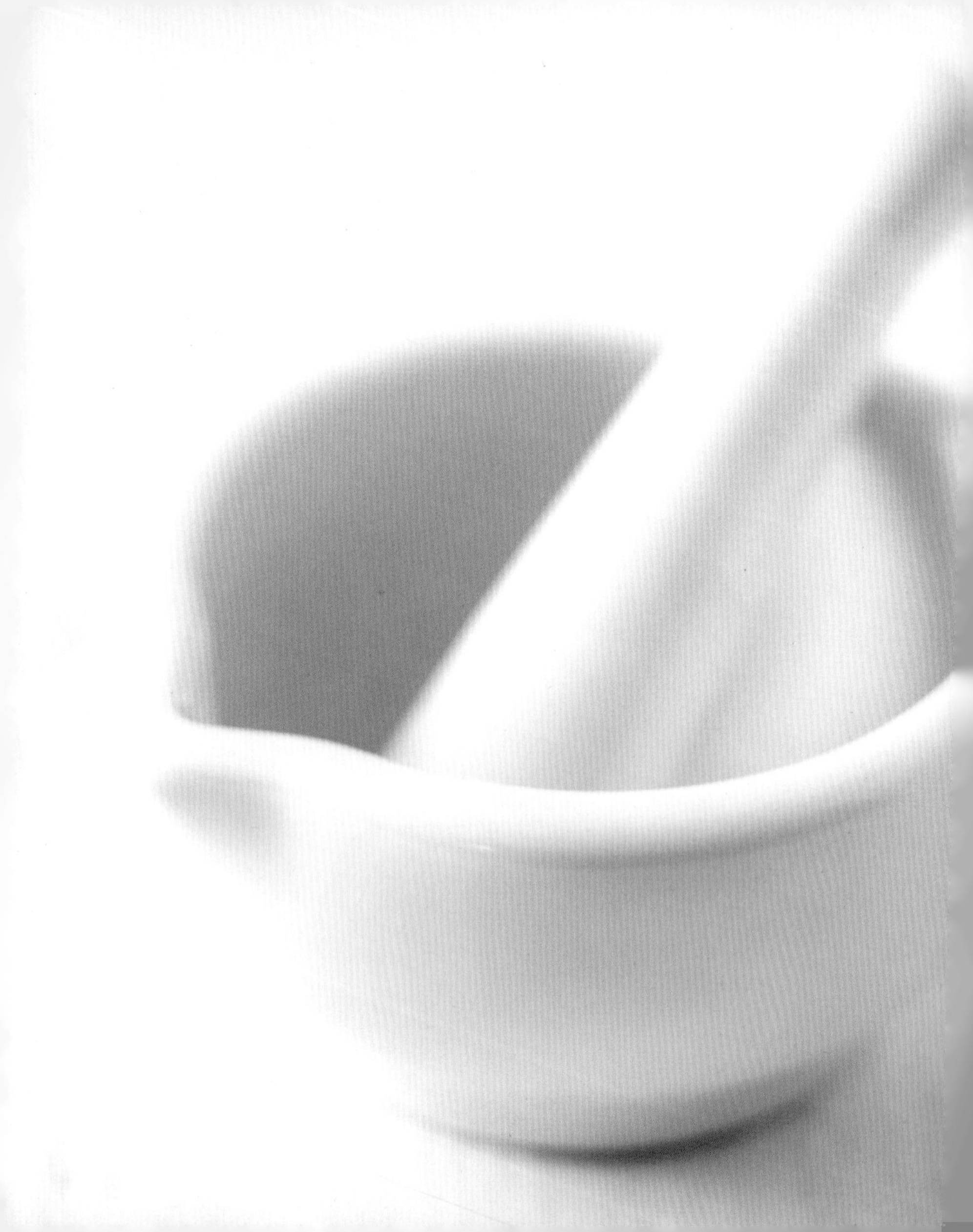

pratos vegetarianos

sopa de abóbora e espinafre

4 porções
Preparo: **10 minutos**
Cozimento: **30-32 minutos**

50 g de **manteiga**
2 colheres (sopa) de **azeite**
1 **cebola** picada
2 **dentes de alho**
1,5 kg de **abóbora** sem casca e cortada em cubos
1 colher (chá) de **coentro em pó**
½ colher (chá) de **pimenta-de-caiena**
½ colher (chá) de **canela em pó**
½ colher (chá) de **pimenta-da-jamaica em pó**
750 ml de **caldo de legumes**
150 g de **espinafre**
sal e **pimenta** a gosto

Para servir
2 colheres (sopa) de **sementes de abóbora**
4 colheres (sopa) de **óleo de semente de abóbora**

Aqueça a manteiga e o azeite em uma panela grande e doure a cebola e o alho. Deixe em fogo médio por 5-6 minutos.

Junte a abóbora e continue cozinhando por mais 8 minutos, mexendo sempre, até que fique macia. Adicione os temperos e cozinhe por mais 2-3 minutos.

Acrescente à panela o caldo de legumes e espere ferver. Reduza o fogo e cozinhe por mais 15 minutos.

Passe a sopa no processador ou liquidificador. Leve de volta à panela, adicione o espinafre e cozinhe por mais 5 minutos. Tempere com sal e pimenta.

Coloque a sopa em tigelinhas, salpique com as sementes de abóbora, despeje um fio de óleo de semente de abóbora e sirva quente.

Variação: sopa de abóbora e coco. Use 500 g de abóbora cortada em cubos e repita a receita acima. Antes de servir, adicione 200 ml de leite de coco.

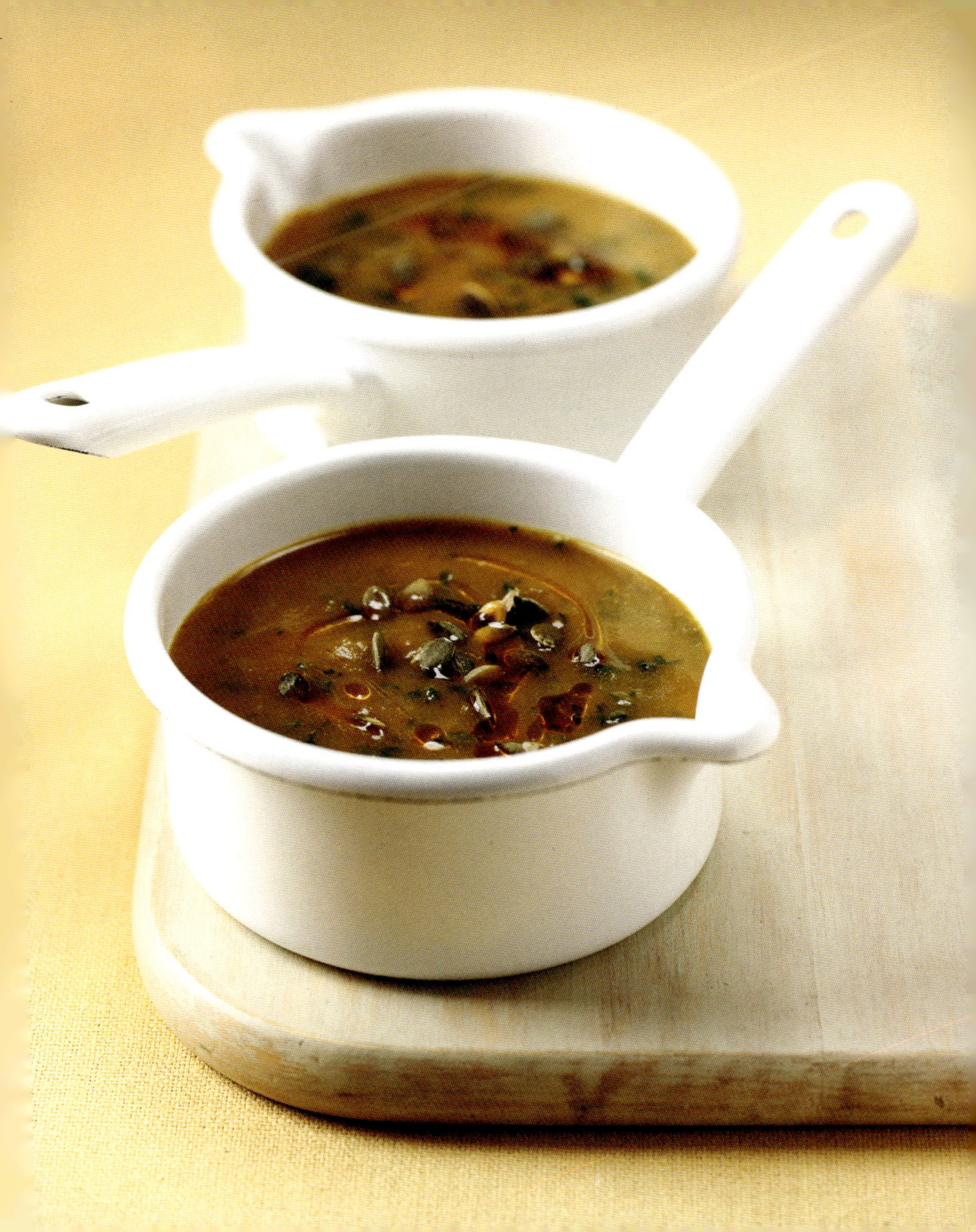

sopa de limão e erva-doce

4 porções
Preparo: **20 minutos**
Cozimento: **25 minutos**

50 ml de **azeite**
3 talos de **cebolinha** picados
250 g de **bulbo de erva-doce** fatiado
1 **batata** em cubos
raspas e suco de 1 **limão**
1,8 litro de **caldo de legumes**
sal e **pimenta** a gosto

Gremolata
1 **dente de alho** bem picado
raspas de 1 **limão**
4 colheres (sopa) de **salsinha** picada
16 **azeitonas pretas** picadas

Aqueça o azeite em uma panela grande, junte a cebolinha, a erva-doce, a batata e as raspas de limão e cozinhe por 5 minutos. Adicione o caldo de legumes e espere levantar fervura. Deixe reduzir por 15 minutos em fogo baixo.

Enquanto isso, misture todos os ingredientes da gremolata. Cubra e deixe esfriar na geladeira.

Bata a sopa no liquidificador e, em seguida, passe na peneira. A sopa não deve ficar muito grossa; portanto, adicione mais caldo de legumes, se necessário. Leve de volta à panela e esquente. Distribua em pratos com uma colher da gremolata por cima e torradas.

Variação: sopa de feijão-branco e erva-doce.
Ferva em uma panela 900 ml de caldo de legumes com 2 bulbos de erva-doce, 1 cebola, 1 cenoura e 1 abobrinha, todas fatiadas. Ferva por 20 minutos em fogo baixo e junte 400 g de feijão-branco cozido e 400 g de tomates picados. Adicione 2 colheres (sopa) de sálvia picada. Bata a sopa no liquidificador e sirva.

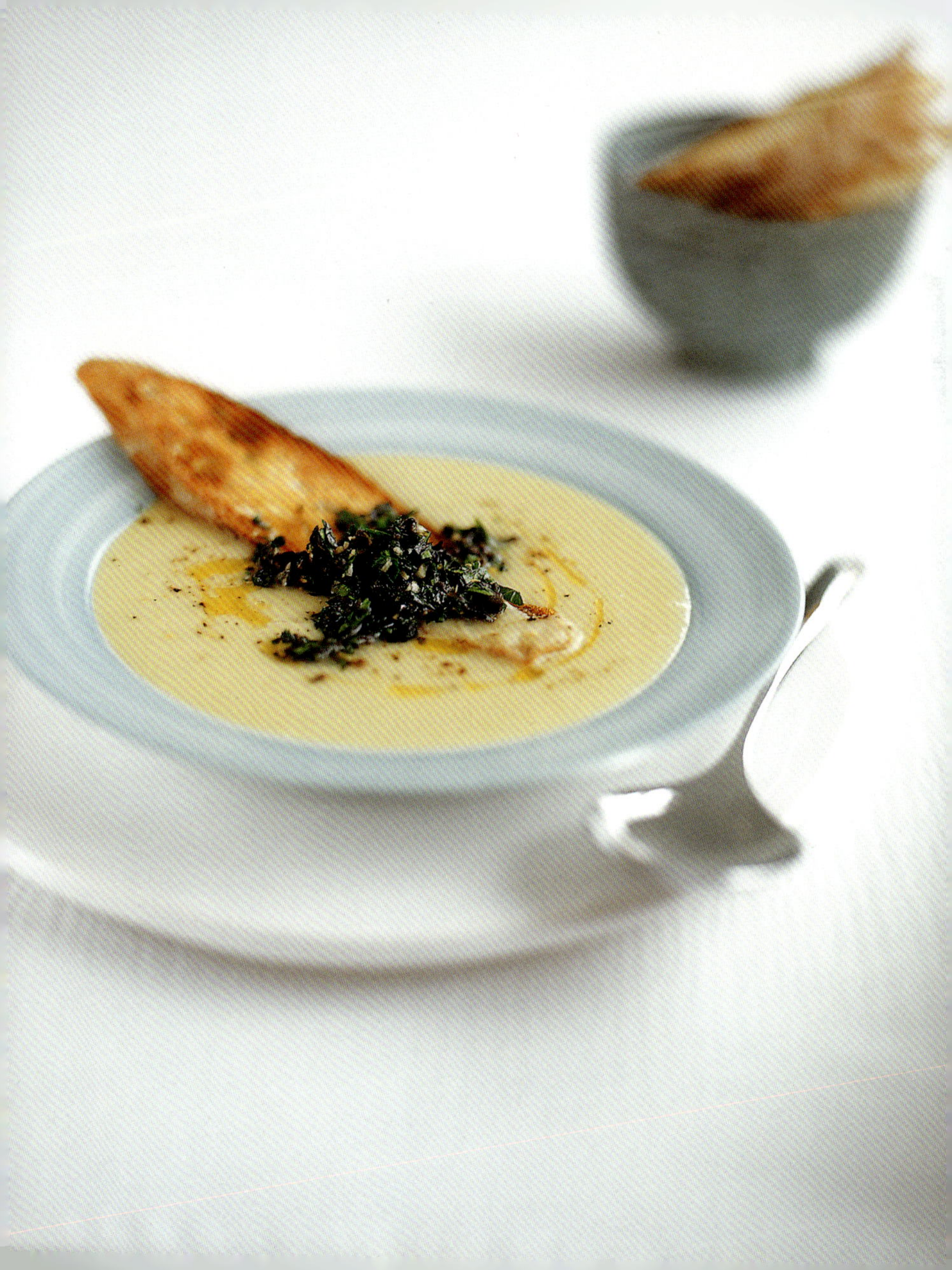

salada de feijão-verde

4 porções
Preparo: **10 minutos**
Cozimento: **20 minutos**

2 **berinjelas** em rodelas
2 **abobrinhas** fatiadas no sentido do comprimento
4-6 colheres (sopa) de **azeite**
300 g de **feijão-verde**
1 colher (sopa) de **dill** picado
1 colher (sopa) de **hortelã** picada
1 **bulbo de erva-doce** em fatias finas
200 g de **queijo branco** picado
sal e **pimenta** a gosto
hortelã para decorar
1 **limão-siciliano** cortado em gomos para servir

Besunte as berinjelas e abobrinhas com azeite e asse em uma grelha elétrica preaquecida (ou forno preaquecido) por 2-3 minutos ou até que fiquem chamuscadas na superfície.

Cozinhe o feijão-verde em água fervente, até que fique macio. Escorra, adicione 1 colher (sopa) de azeite e as ervas e tempere com sal e pimenta.

Deixe os legumes esfriar totalmente, ou até que fiquem mornos, e arrume os ingredientes cozidos nos pratos. Decore com folhas de hortelã e sirva com os gomos de limão.

Variação: salada de feijão e aipo. No lugar das abobrinhas, use 2 pimentões vermelhos em fatias finas e, em vez da erva-doce, 250 g de aipo picado.

No Nordeste, encontra-se feijão-verde fresco e congelado. No Sudeste, o feijão-verde pode ser comprado fresco ou seco (neste caso, em lojas de produtos orientais).

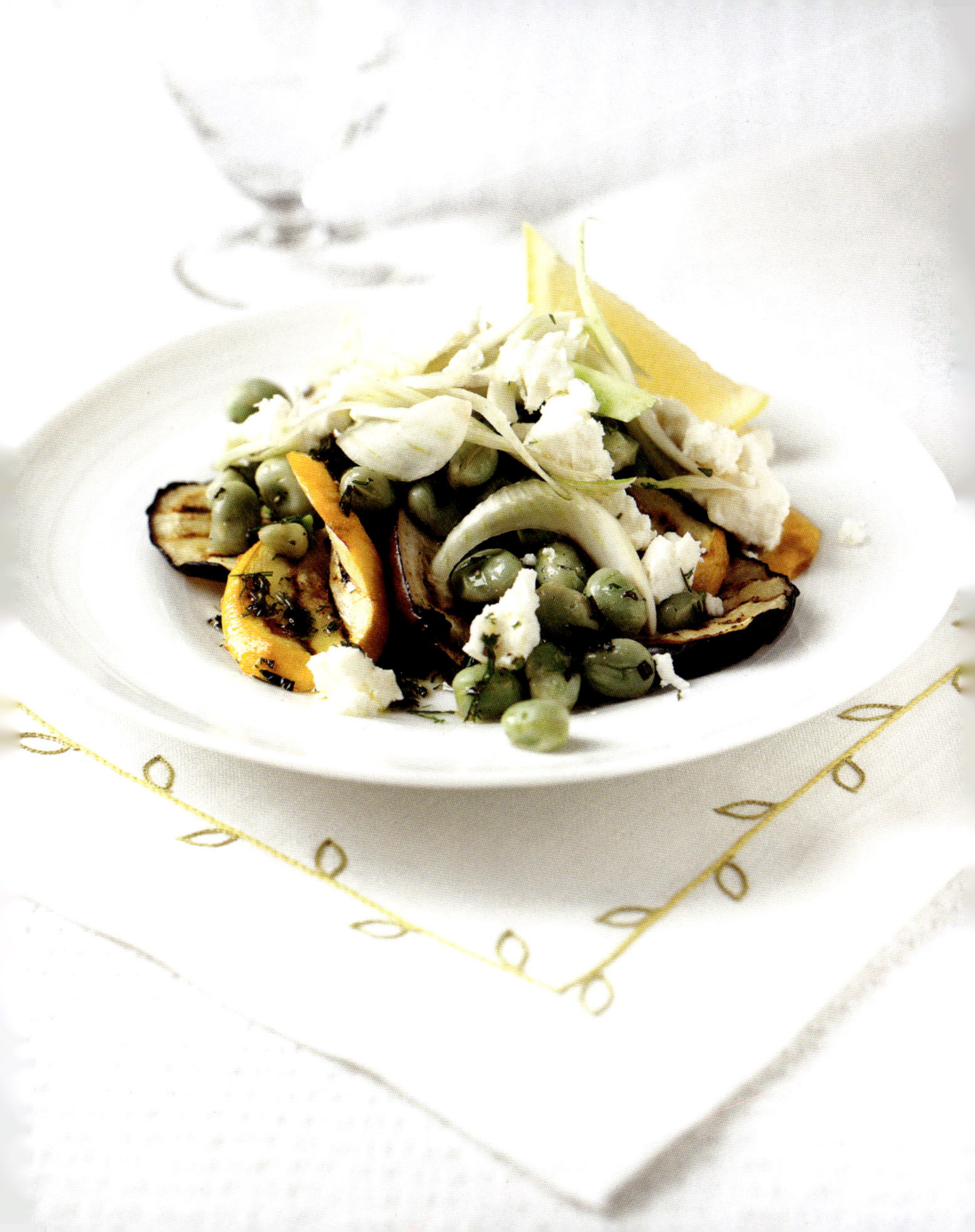

salada de papaia e limão

4 porções
Preparo: **15 minutos**
Cozimento: **3-5 minutos**

3 **papaias** maduras e firmes
2 **limões**
2 colheres (sopa) de **açúcar mascavo**
50 g de **amêndoas torradas** e picadas
gomos de **limão** para decorar

Corte as papaias ao meio, retire as sementes e corte em fatias finas, descartando a casca.

Raspe a casca dos limões e esprema um deles, reservando o suco. Corte o segundo limão em gomos – sobre a tigela com a papaia fatiada, para aproveitar o suco – e descarte as membranas. Misture as raspas com a papaia.

Coloque o açúcar no suco de limão e leve para ferver em uma panela pequena, mexendo sempre, até que o açúcar se dissolva por completo. Desligue o fogo e deixe esfriar.

Despeje o líquido na papaia e nos gomos de limão e salpique com as amêndoas.

Variação: iogurte de papaia e limão. Use apenas 1 papaia e 1 limão. Prepare a papaia como acima e junte 400 g de iogurte. Espalhe as amêndoas por cima. Pode ser consumido com cereais matinais como müsli ou granola.

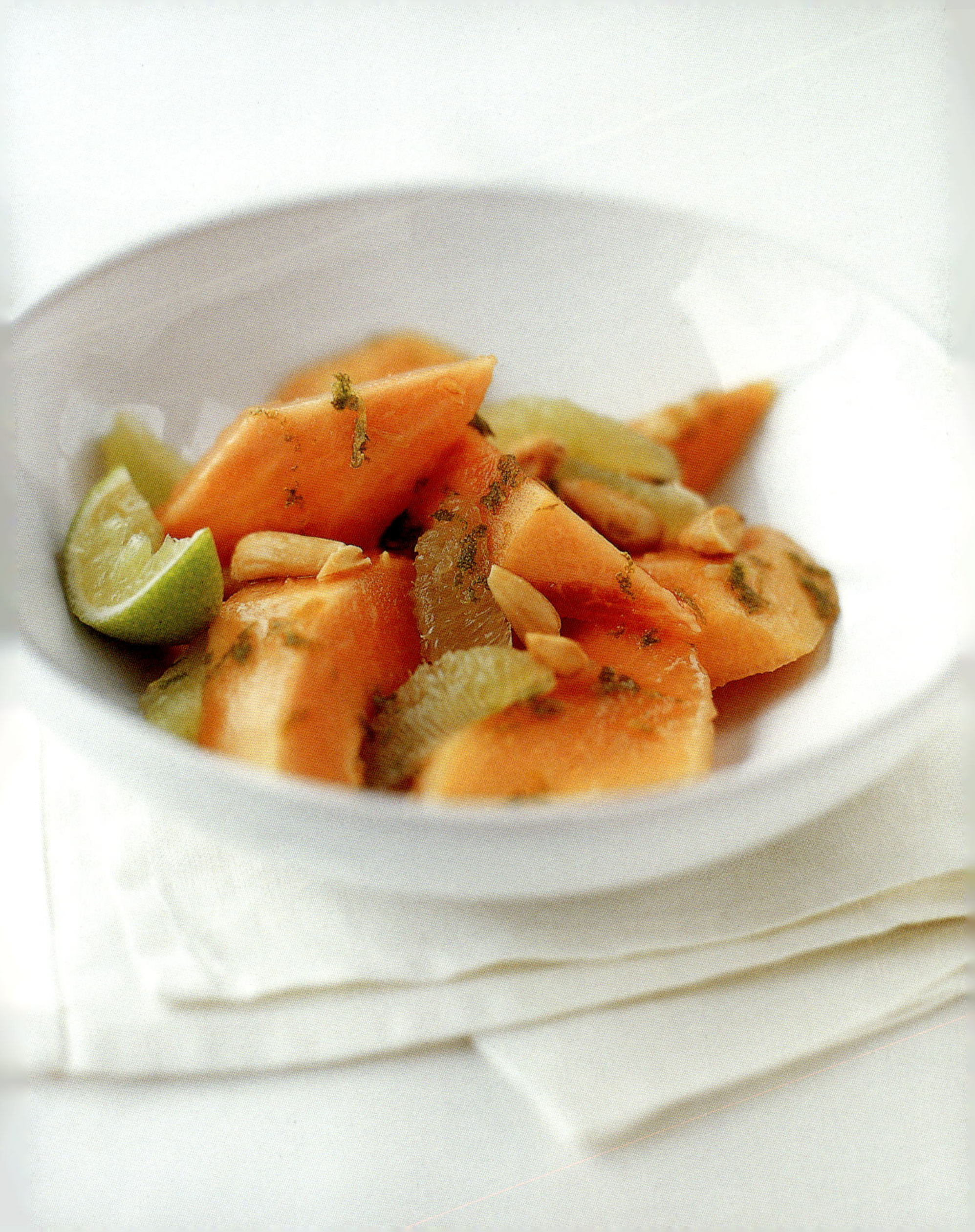

wraps de vegetais com queijo

4 porções
Preparo: **10 minutos**
Cozimento: **6-8 minutos**

200 g de **queijo feta**
16 folhas de **manjericão**
150 g de **berinjela** em cubos grelhada em azeite
150 g de fundo de **alcachofra** em cubos grelhado em azeite
150 g de **pimentão vermelho** em fatias grelhado em azeite
8 **tomates secos**
75 g de **rúcula** picada
50 g de **pinholes** levemente torrados
8 **tortilhas**
4 colheres (sopa) de **queijo parmesão** ralado (opcional)

Arrume todos os ingredientes, do queijo à rúcula, na massa de tortilha, deixando as extremidades livres. Salpique com os pinholes e o parmesão ralado.

Enrole as tortilhas com cuidado para que fiquem bem fechadas e o recheio não escape.

Coloque as tortilhas em uma frigideira antiaderente e esquente por 6-8 minutos. Corte os wraps na diagonal e sirva.

Variação: wraps de queijo e tomate. Substitua o queijo feta por qualquer outro queijo leve (como queijo-de-minas ou cottage) e tempere com ervas e alho. Em vez das alcachofras, da berinjela e do tomate seco, utilize 400 g de tomates-cereja cortados ao meio.

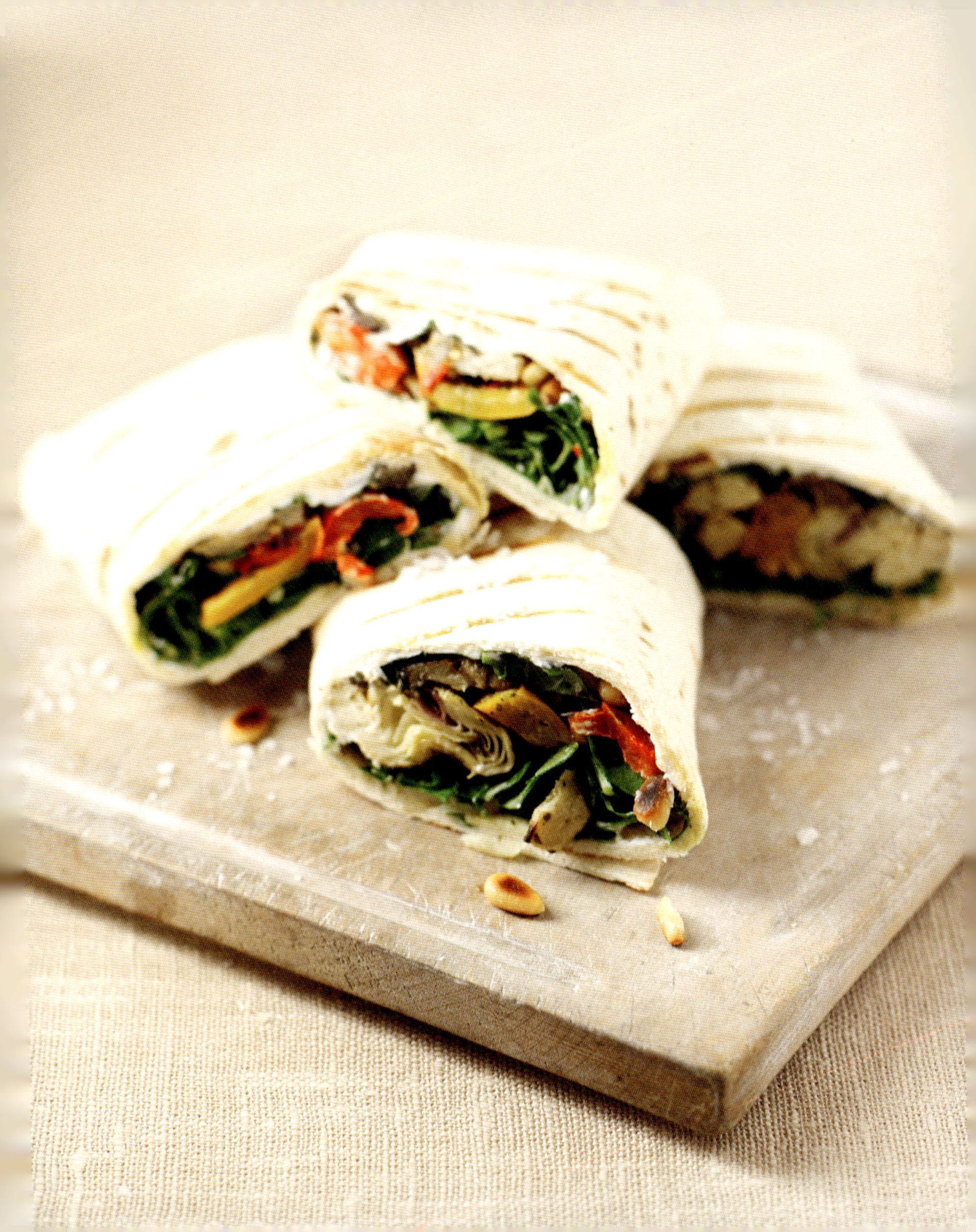

batata-doce com cebolas caramelizadas

4 porções
Preparo: **10 minutos**
Cozimento: **50 minutos**

4 **batatas-doces**
350 g de **mussarela** em fatias
½ colher (chá) de **tomilho seco**
salsinha para decorar

Cebolas caramelizadas
75 ml de **óleo vegetal**
6 **cebolas** grandes em rodelas
3 colheres (sopa) de **vinagre de vinho branco**
1 colher (sopa) de **açúcar mascavo**
1 colher (chá) de **tomilho seco**
sal e **pimenta** a gosto

Faça furos nas batatas com uma faca e leve ao forno (220°C) por 45 minutos ou até que estejam bem macias.

Enquanto isso, prepare as cebolas caramelizadas. Aqueça o óleo em uma frigideira em fogo baixo e coloque todos os ingredientes. Cozinhe por 30 minutos, mexendo ocasionalmente, até que as cebolas estejam macias e marrons.

Retire as batatas do forno e corte-as ao meio no sentido do comprimento. Coloque as cebolas em cima e cubra com as fatias de mussarela. Salpique com o tomilho seco e asse no forno por 4-5 minutos.

Decore com salsinha e sirva com salada de folhas verdes e uma colher de creme azedo, se desejar.

Variação: polenta com cebolas caramelizadas.
Corte 500 g de polenta pronta em tiras e frite no azeite. Coloque as cebolas por cima e cubra com fatias de queijo feta em vez de mussarela. Siga o mesmo procedimento da receita original.

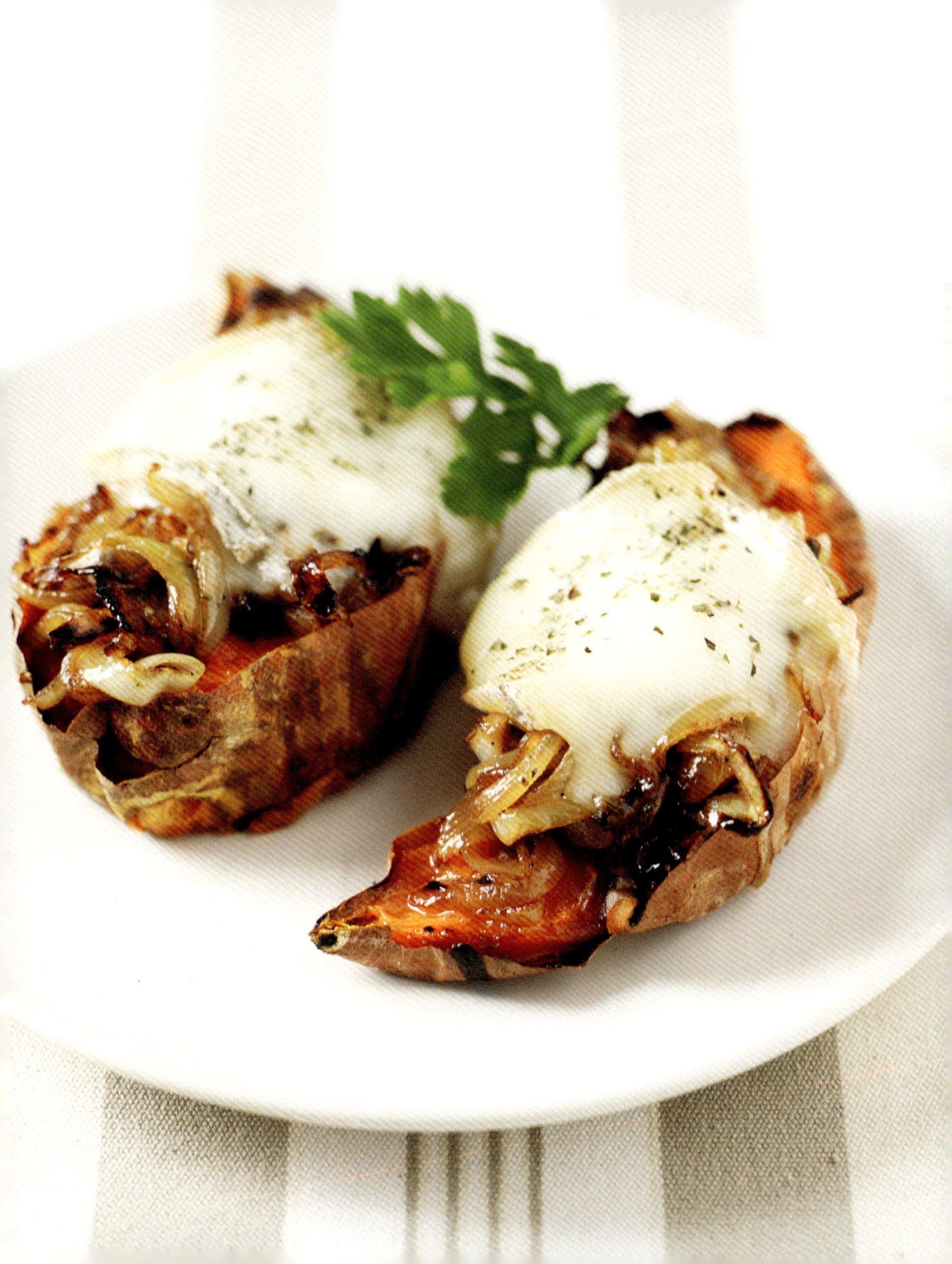

bolinhos de espinafre e batata-doce

4 porções
Preparo: **35 minutos**
Cozimento: **40 minutos**

500 g de **batata-doce** descascada e cortada em cubos
125 g de **espinafre** em tiras
4-5 talos de **cebolinha** picados
óleo para fritar
3 colheres (sopa) de **sementes de gergelim**
4 colheres (sopa) de **farinha**
sal e **pimenta** a gosto

Molho de coco e pimenta
200 ml de **creme** (ou **leite**) **de coco**
2 **pimentas vermelhas** picadas
1 ramo de **capim-limão** picado
3 **folhas de limão** picadas
um punhado de **coentro** picado
2 colheres (sopa) de **óleo de gergelim**

Para decorar
gomos de limão e **cebolinhas**

Cozinhe a batata-doce em água fervente com sal por 20 minutos. Escorra, ponha de novo na panela e cozinhe por mais 1 minuto, mexendo sempre. Amasse a batata com um garfo.

Enquanto isso, cozinhe o espinafre no vapor. Passe em água corrente e escorra. Junte à batata, adicione a cebolinha, tempere com sal e pimenta e reserve.

Faça o molho. Aqueça o creme de coco em uma panela com a pimenta vermelha, o capim-limão e as folhas de limão por 10 minutos. Não deixe ferver. Reserve.

Aqueça o óleo em uma panela funda. Ele estará na temperatura adequada se um cubo de pão dourar em 20 segundos. Faça bolinhos com a mistura de batata. Misture a farinha com as sementes de gergelim e cubra os bolinhos com ela. Frite por 3 minutos e escorra em papel-toalha, cubra com sementes de gergelim.

Acrescente o coentro e o óleo de gergelim ao molho de coco. Divida em tigelinhas e sirva ao lado dos bolinhos. Decore com limão e cebolinha.

Variação: bolinhos de espinafre com sálvia. Pique 6 folhas de sálvia e adicione à mistura de batata. Cozinhe 400 g de maçã e bata no liquidificador com 3 colheres (sopa) de açúcar até obter um purê. Acrescente 25 g de manteiga derretida e as raspas de 1 limão. Sirva os bolinhos com molho de maçã como entrada.

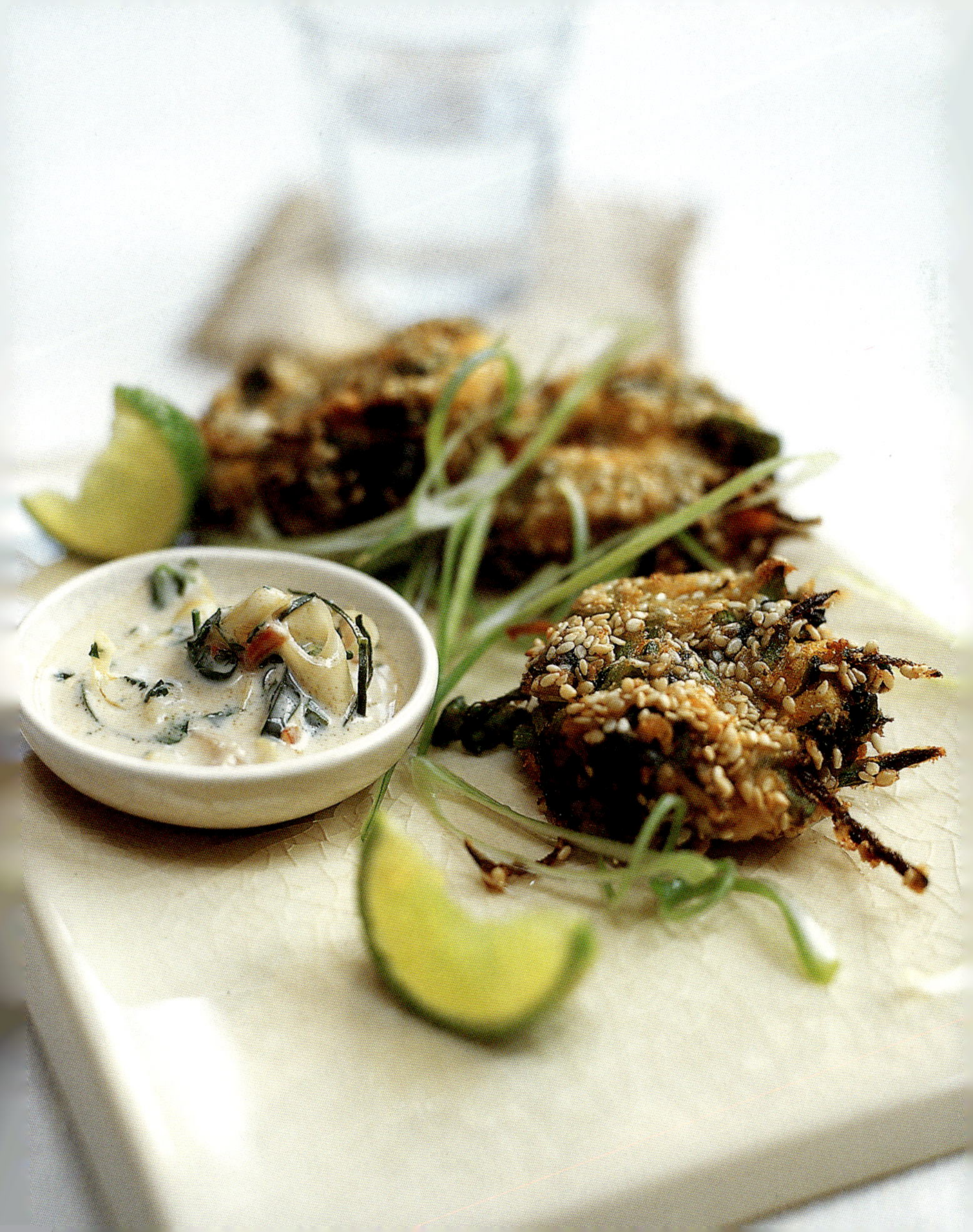

tortinhas de brócolis e cogumelos

4 porções
Preparo: **8 minutos**
Cozimento: **30 minutos**

350 g de **brócolis** picados
3 colheres (sopa) de **azeite**
350 g de **cogumelos frescos** fatiados
150 g de **gorgonzola**
3 colheres (sopa) de **mascarpone**
4 colheres (sopa) de **creme de leite fresco**
2 colheres (sopa) de **cebolinha** picada
1 folha de **massa** pronta para torta
1 **ovo** batido
sal e **pimenta** a gosto

Cozinhe os brócolis em água fervente com sal por 2 minutos ou até começarem a amolecer.

Aqueça o azeite em uma frigideira, adicione os cogumelos e refogue por 5 minutos, mexendo ocasionalmente. Junte o gorgonzola, o mascarpone e o creme de leite. Acrescente os brócolis e a cebolinha e tempere com sal e pimenta.

Abra a massa e disponha em fôrmas individuais ou em uma única travessa. Pincele o ovo batido sobre a massa. Espalhe o recheio de brócolis e cubra com mais massa. Pincele o ovo batido sobre a massa. Leve ao forno (220°C) por 25 minutos ou até a torta ficar bem dourada.

Variação: tortinhas de couve-flor e queijo. Use 450 g de couve-flor no lugar do brócolis e 200 g de queijo cheddar ralado em vez de gorgonzola. Não utilize os cogumelos.

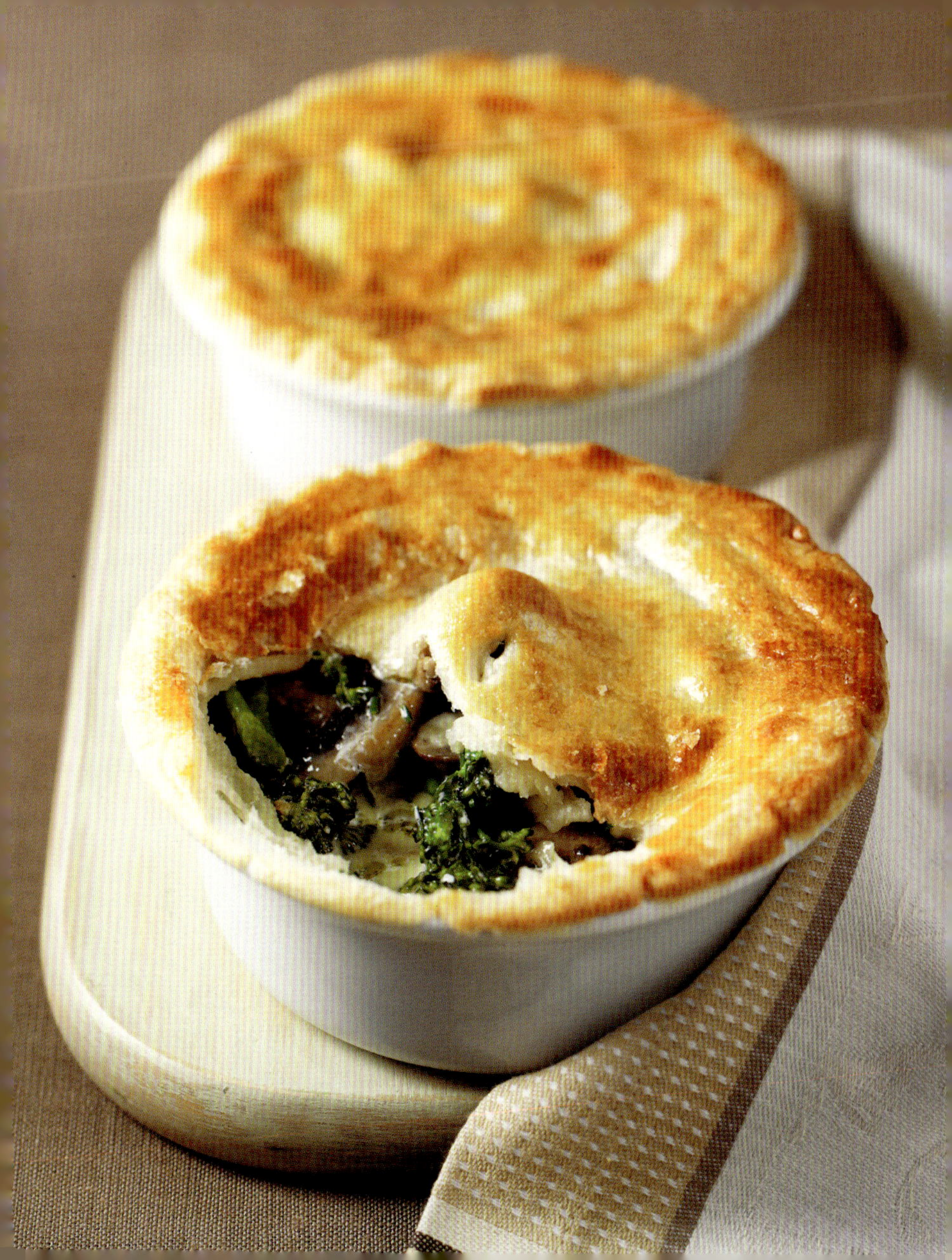

lentilhas ao molho de iogurte

4 porções
Preparo: **10 minutos**
Cozimento: **13 minutos**

4 colheres (sopa) de **azeite**
2 **cebolas roxas** em rodelas finas
2 **dentes de alho** picados
2 colheres (chá) de **sementes de cominho**
500 g de **lentilhas cozidas**
125 g de **folhas verdes** como agrião e rúcula
1 **beterraba** crua ralada
1 **maçã** sem casca ralada (opcional)
suco de limão para servir
sal e **pimenta** a gosto

Molho de iogurte
300 ml de **coalhada seca**
2 colheres (sopa) de **suco de limão**
½ colher (chá) de **cominho em pó**
15 g de **folhas de hortelã** picadas

Aqueça o azeite na frigideira e doure as cebolas por 8 minutos. Junte o alho e as sementes de cominho e cozinhe por mais 5 minutos.

Misture as lentilhas à frigideira, tempere com sal e pimenta e deixe esfriar.

Prepare o molho misturando os ingredientes em uma pequena vasilha.

Coloque as lentilhas em um prato com as folhas verdes, a beterraba e a maçã. Cubra com uma porção de molho e regue com suco de limão.

Variação: grão-de-bico com damascos. Use 425 g de grão-de-bico em vez das lentilhas. Pique 100 g de damascos secos e junte ao grão-de-bico. Não utilize a beterraba e a maçã.

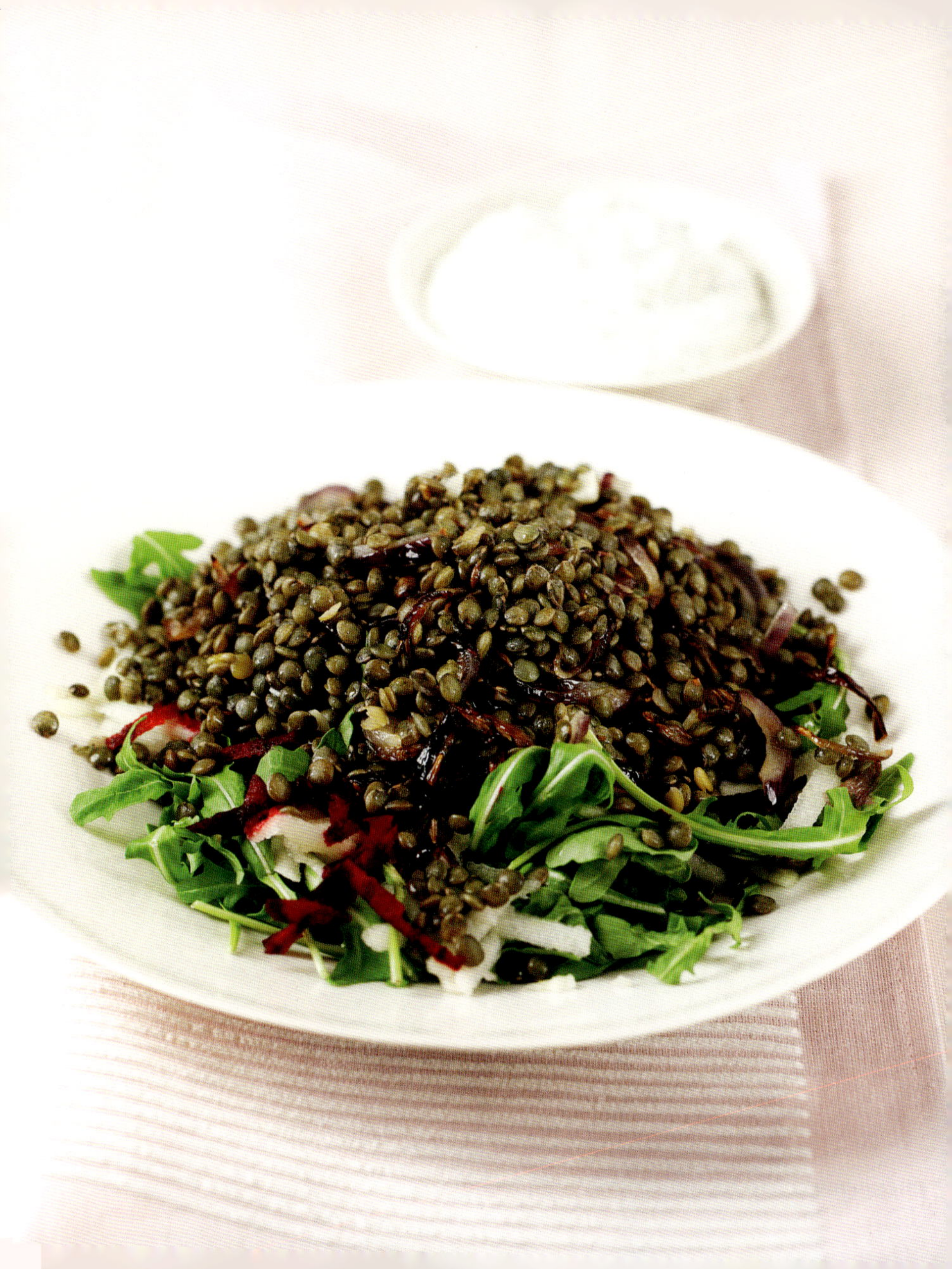

aspargos ao molho de estragão

4 porções
Preparo: **20 minutos**
Cozimento: **5 minutos**

3 colheres (sopa) de **azeite**
500 g de **aspargos** frescos
750 g de **rúcula** ou outras folhas verdes
4 **rabanetes** em rodelas finas
2 **cebolas** em rodelas finas
sal e **pimenta** a gosto

Molho de estragão e limão
raspas de 1 **limão**
4 colheres (sopa) de **vinagre aromatizado com estragão**
2 colheres (sopa) de **estragão** picado
½ colher (chá) de **mostarda de Dijon**
uma pitada de **açúcar mascavo**
150 ml de **azeite**

Para decorar
ervas variadas (estragão, dill, cebolinha e salsinha) picadas
raspas de **limão**

Comece pelo molho. Misture em uma tigela todos os ingredientes, exceto o azeite, e mexa bem. Adicione o azeite aos poucos, mexendo sempre. Reserve.

Aqueça o azeite em uma frigideira grande e frite os aspargos por 5 minutos, virando de vez em quando, até ficarem macios e levemente chamuscados.

Tempere os aspargos com sal e pimenta. Cubra com o molho e deixe descansar por 5 minutos.

Arrume as folhas e o rabanete em pratos individuais e espalhe a cebola e os aspargos por cima. Decore com as ervas picadas e sirva como entrada ou acompanhamento.

Variação: molho de mostarda e alho. Coloque em um recipiente com tampa 1 dente de alho picado, 1 cebola pequena picada, 2 colheres (sopa) de mostarda com sementes, uma pitada de sal, pimenta e açúcar e 2-3 colheres (sopa) de vinagre de vinho tinto. Tampe e agite bem. Sirva com a salada e os aspargos, como acima.

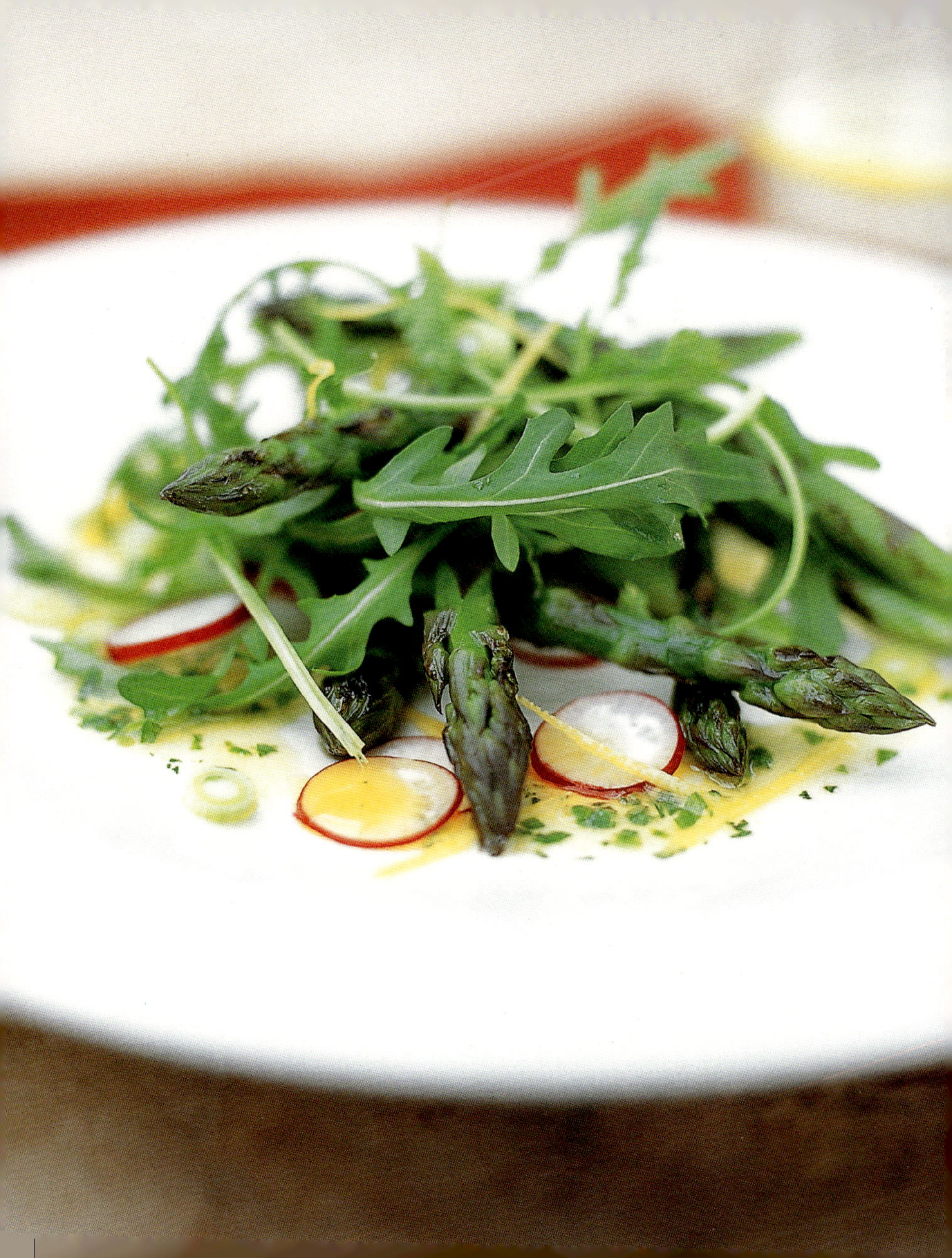

curry de lentilhas e espinafre

4 porções
Preparo: **5 minutos**
Cozimento: **15 minutos**

500 g de **lentilhas**
100 g de **manteiga**
1 **cebola** picada
1 **dente de alho** amassado
2 colheres (sopa) de **vinagre de maçã**
1 colher (sopa) de **coentro** em pó
1 colher (chá) de **cúrcuma**
1 colher (chá) de **cominho** em pó
2 colheres (sopa) de **curry** em pó
½ colher (chá) de **pimenta vermelha** em pó
200 g de **espinafre** picado
1 colher (chá) de **garam masala** (à venda em lojas de produtos orientais) (opcional)
sal e **pimenta** a gosto

Para servir
pão
chutney de manga

Cozinhe as lentilhas em água fervente com sal por 12 minutos ou até ficarem macias, mas sem despedaçar-se.

Derreta a manteiga em uma frigideira e refogue a cebola em fogo médio por 8 minutos ou até que fique macia, mas não muito dourada. Junte o alho e cozinhe por mais 1 minuto. Acrescente o vinagre e o restante dos temperos, exceto o garam masala. Cozinhe por 2 minutos.

Escorra as lentilhas e junte à panela com os temperos. Adicione o espinafre e mexa bem. Tempere com sal e pimenta, acrescente o garam masala, mexa e sirva com pão e chutney de manga.

Variação: curry de espinafre e batata. Substitua as lentilhas por 500 g de batatas em cubinhos, cozidas por 10 minutos em água fervente. Aumente a quantidade de espinafre para 500 g. Salpique com castanhas-de-caju torradas e picadas.

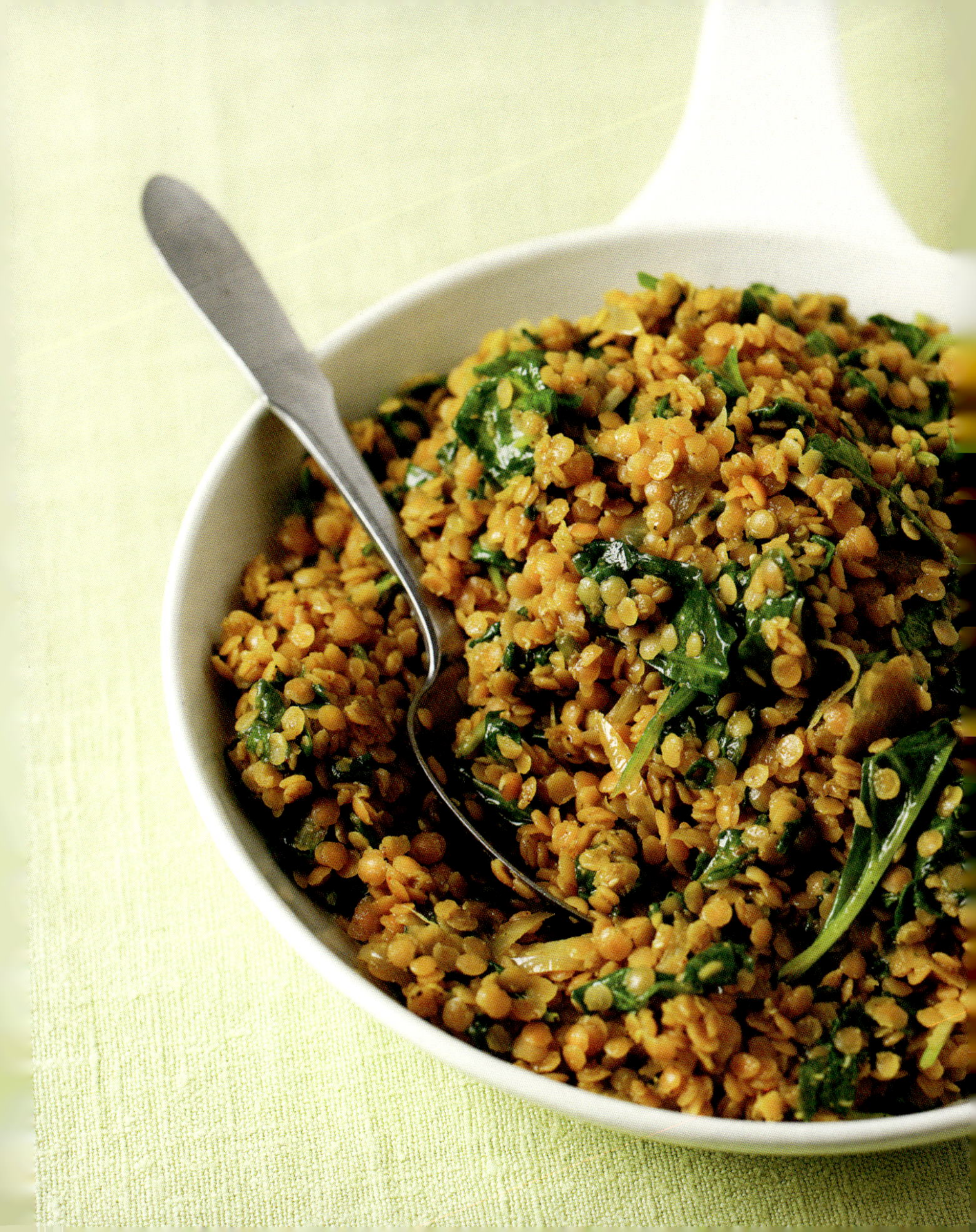

fatuche com grão-de-bico

4 porções
Preparo: **15 minutos**
Cozimento: **4 minutos**

3 **pães sírios**
1 **dente de alho** picado
1 **pimentão verde** picado
10-12 **rabanetes** em fatias finas
400 g de **grão-de-bico** cozido
15 g de **hortelã** picada
15 g de **salsinha** picada
2 **tomates maduros** fatiados sem sementes
½ **cebola roxa** picada
4 talos de **cebolinha** picados
½ **pepino** em cubos sem sementes
3 colheres (sopa) de **suco de limão**
75 ml de **azeite**
1 colher (sopa) de **tahine** (opcional)
1 colher (chá) de **sumac** (opcional)
8 folhas de **endívia** para servir

Aqueça uma frigideira antiaderente e torre os pães por 2 minutos de cada lado. Retire do fogo, passe o alho na superfície e corte em quadradinhos.

Misture o pão com os vegetais e as ervas. Tempere com o limão e o azeite. Junte o tahine e misture bem. Coloque em uma tigela e salpique com o sumac. Distribua as endívias em pratos individuais e disponha uma porção da salada sobre cada uma.

Variação: salada de feijão-branco. Substitua o pão sírio por uma baguete em cubos, assados no forno (180°C) por 10 minutos. Use feijão-branco no lugar do grão-de-bico e 2 colheres (sopa) de pesto em vez de tahine. Não utilize o sumac e o alho.

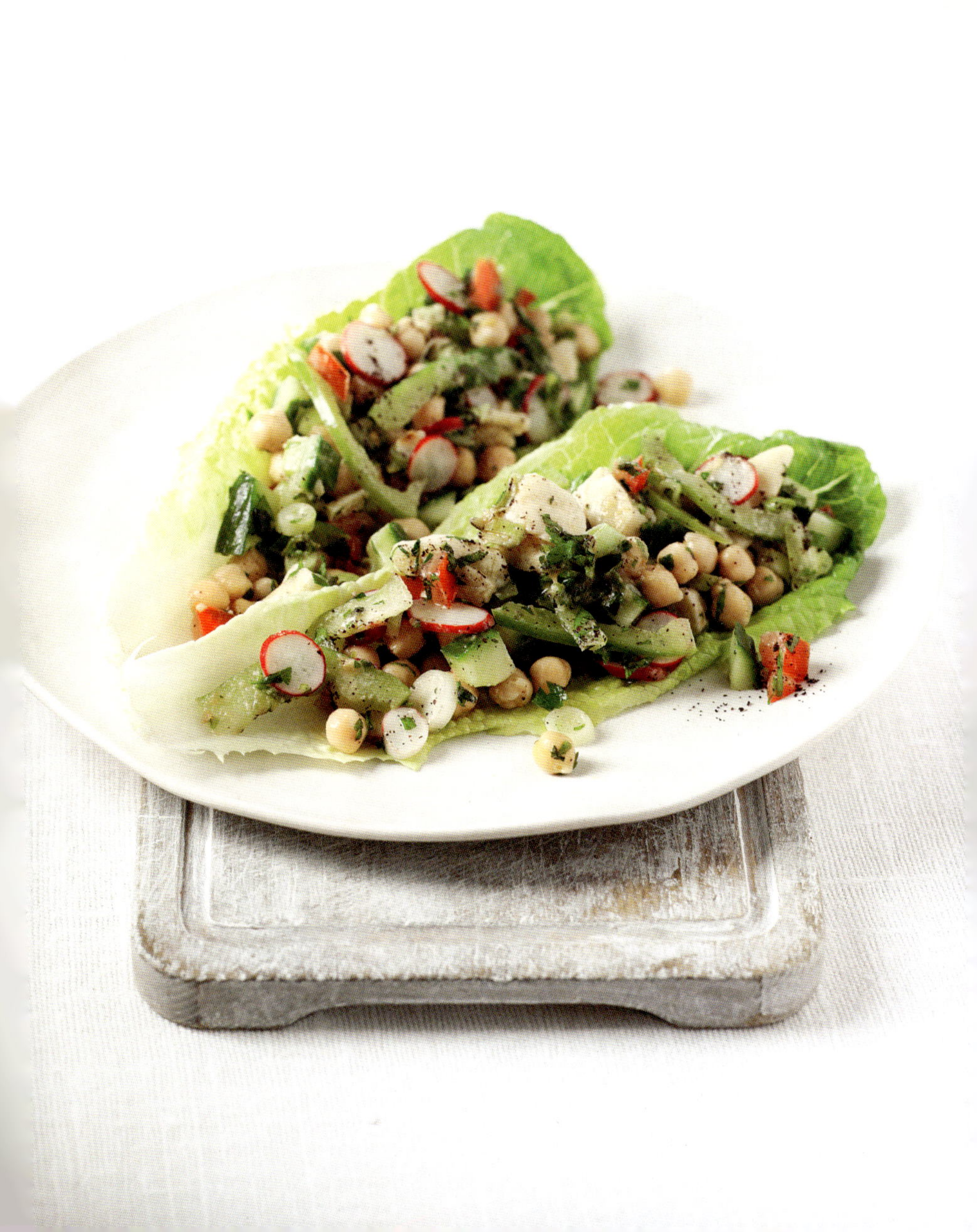

tabule de frutas

4 porções
Preparo: **10 minutos**, mais o tempo de demolha

150 g de **trigo para quibe**
75 g de **pistache** sem casca
1 **cebola roxa** pequena bem picada
3 **dentes de alho** amassados
25 g de **salsinha** picada
15 g de **hortelã** picada
150 g de **ameixa seca** picada
raspas e suco de 1 **limão**
4 colheres (sopa) de **azeite**
sal e **pimenta** a gosto

Deixe o trigo de molho em água fervente por 15 minutos.

Ponha o pistache de molho em água quente por 1 minuto e escorra. Esfregue com papel-toalha para remover a pele. Retire com as mãos o que sobrar.

Misture numa tigela o pistache com a cebola, o alho, a salsinha, a hortelã, a ameixa, as raspas de limão, bem como o suco.

Escorra o trigo – tire todo o líquido possível com a ajuda de uma peneira, pressionando com as costas de uma colher. Junte à tigela com os outros ingredientes, acrescente o azeite, tempere com sal e pimenta e mexa bem. Deixe esfriar na geladeira antes de servir.

Variação: tabule tradicional. Não utilize os pistaches e as ameixas. Junte 6 tomates em cubos e 50 g de azeitonas pretas picadas. Use apenas 2 dentes de alho e limão-siciliano.

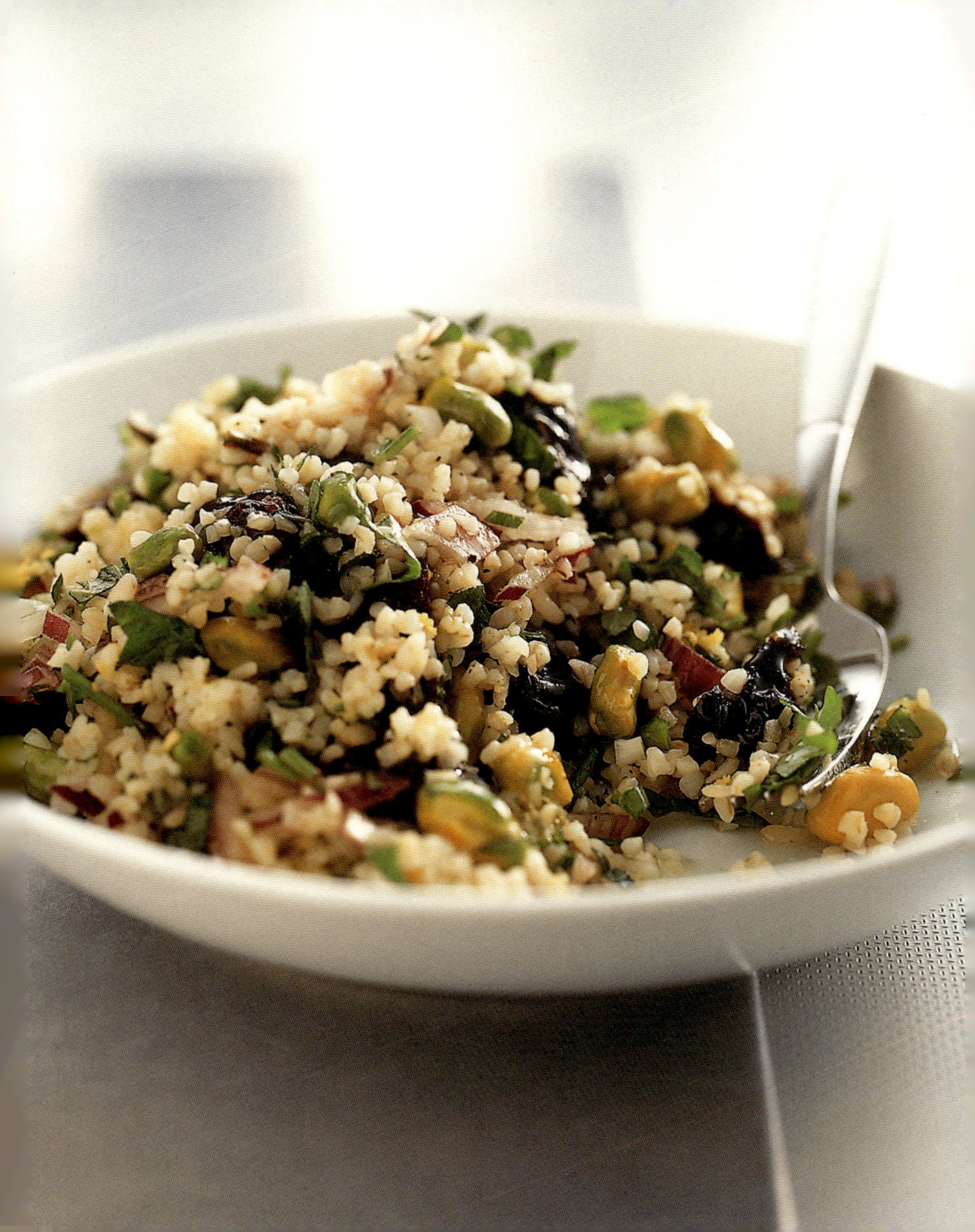

queijo de coalho com salada de pepino

4 porções
Preparo: **10 minutos**
Cozimento: **5-6 minutos**

1 **pepino** fatiado no sentido do comprimento
20 **azeitonas pretas** sem caroço
8 **rabanetes** em tiras
2 colheres (sopa) de **salsinha**
2 colheres (sopa) de **hortelã** picada
1 **pimentão verde** sem sementes picado
2 talos de **cebolinha** picados
4 colheres (sopa) de **azeite**
2 colheres (sopa) de **suco de limão**
1 colher (sopa) de raspas de 1 **limão**
8 fatias de **pão**
250 g de **queijo de coalho** em fatias
pimenta a gosto

Misture em uma tigela o pepino, as azeitonas, os rabanetes, as ervas, o pimentão verde e a cebolinha e tempere com 3 colheres (sopa) de azeite e o suco e as raspas de limão. Adicione pimenta e reserve.

Aqueça uma frigideira antiaderente ou grelha elétrica e torre o pão por 2 minutos de cada lado. Passe o azeite restante no queijo e grelhe por 3-4 minutos de cada lado.

Coloque uma fatia de queijo sobre outra de pão e sirva com a salada ao lado.

Variação: salada de tomate e abacate. Pique 4 tomates maduros, ½ cebola roxa e 1 abacate em cubos. Misture todos os ingredientes, junte 2 colheres (sopa) de azeite, suco de ½ limão e 2 colheres (sopa) de hortelã picada.

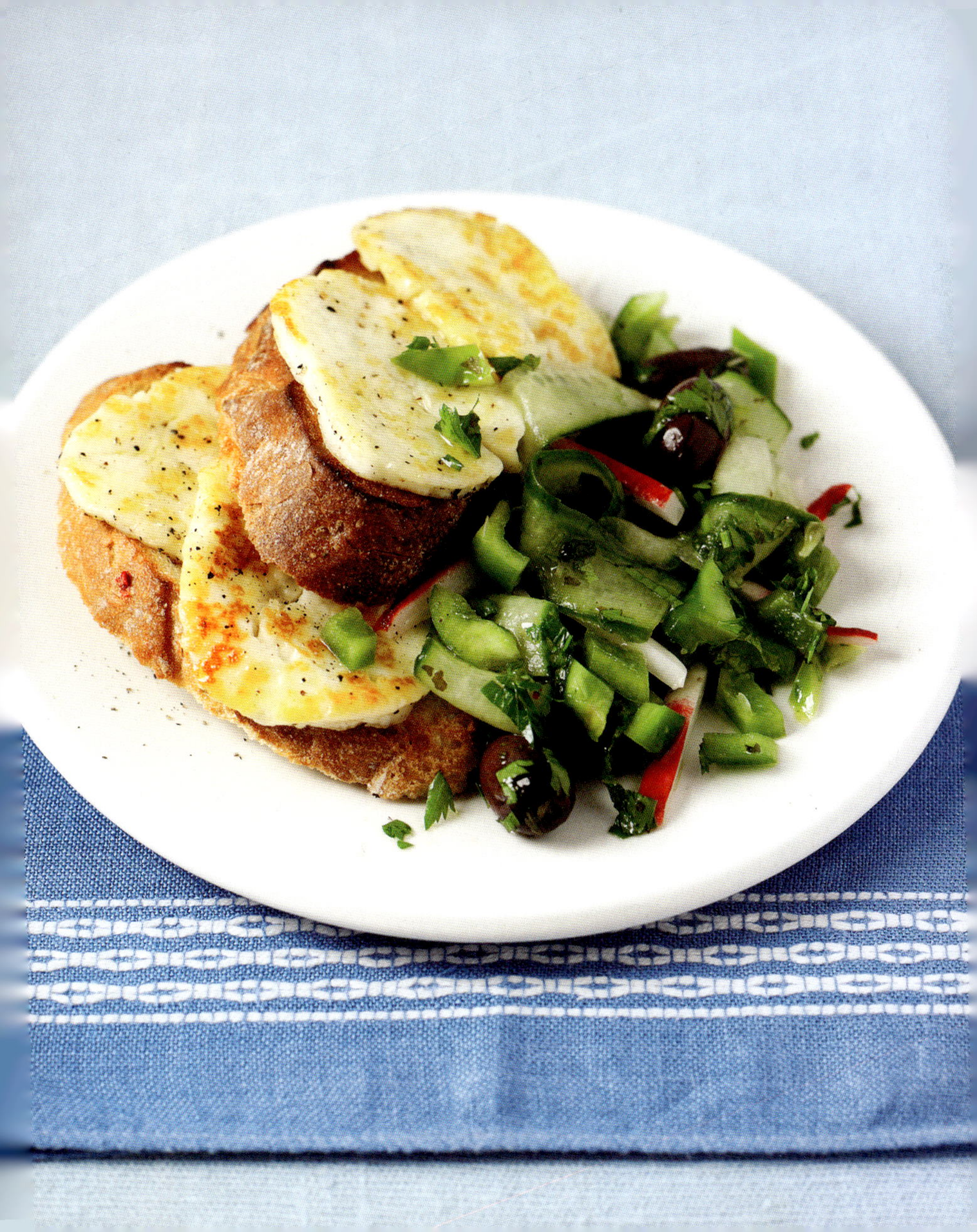

salada de laranja e abacate

4 porções
Preparo: **15 minutos**

4 **laranjas** bem maduras
2 **abacates** pequenos em fatias
2 colheres (chá) de bagas de **cardamomo**
3 colheres (sopa) de **azeite**
1 colher (sopa) de **mel**
uma pitada de **pimenta-da-jamaica**
2 colheres (sopa) de **suco de limão**
sal e **pimenta** a gosto
agrião para decorar

Corte as laranjas em gomos, desprezando as membranas e as partes brancas. Coloque um recipiente embaixo para não desperdiçar o suco e guarde-o. Numa travessa, junte a laranja ao abacate e reserve.

Separe algumas bagas de cardamomo para decorar e esmague as restantes com um pilão, amassando também as sementes. Jogue fora a casca.

Misture as sementes amassadas com o azeite, o mel, a pimenta-da-jamaica e o suco de limão. Tempere a gosto e adicione o suco de laranja que ficou no recipiente.

Distribua a laranja e o abacate em pratos individuais e sirva com folhas de agrião, com o molho por cima.

Variação: salada de laranja e nozes. Em vez de 4 laranjas, use 2 e corte em gomos como explicado na receita. Adicione 1 dente de alho amassado, 75 g de nozes picadas e 1 chicória em tiras. Mexa bem e junte 3 colheres (sopa) de azeite e ½ colher (sopa) de açúcar mascavo. Decore com nozes.

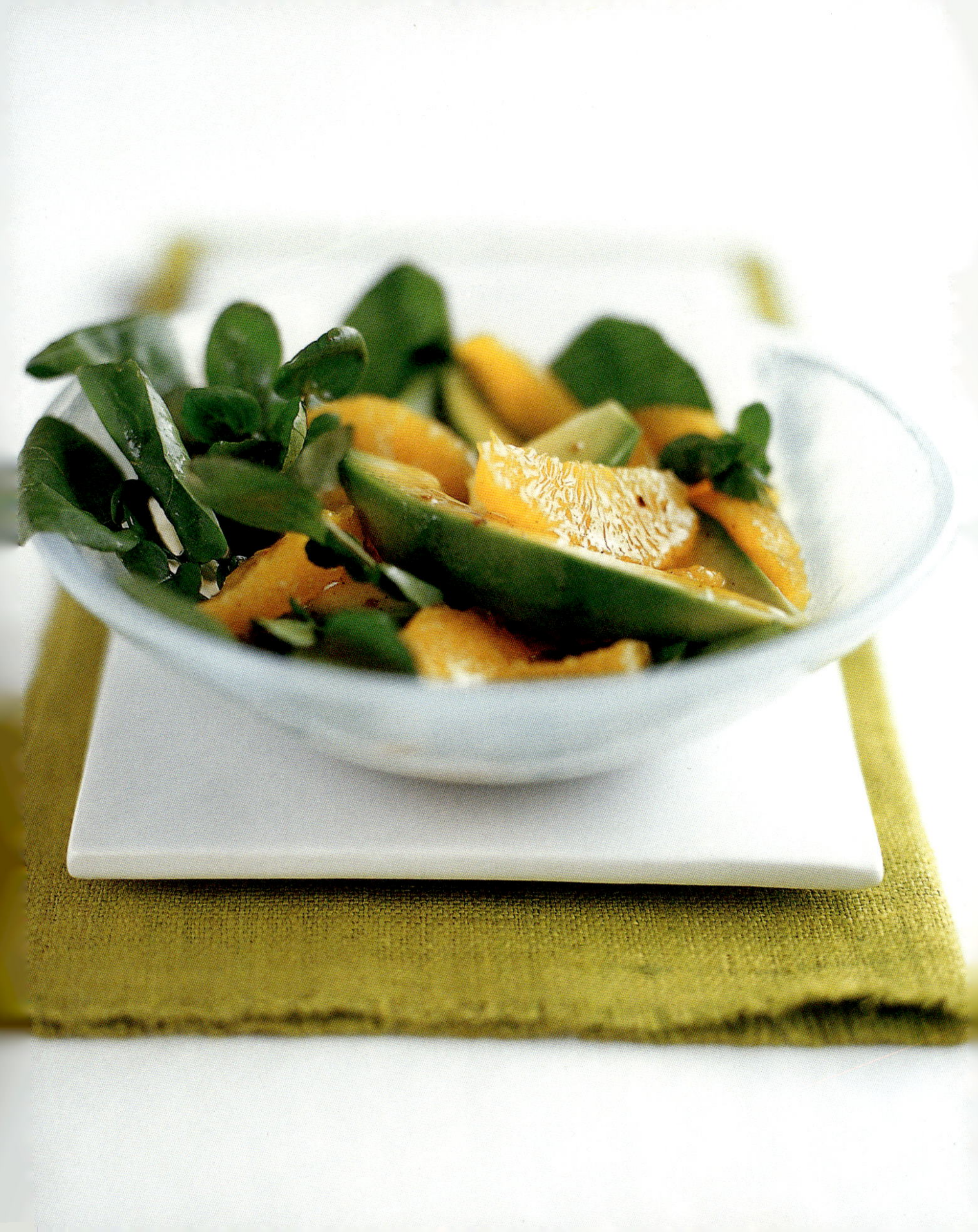

refogado de legumes

4 porções
Preparo: **10 minutos**
Cozimento: **7-9 minutos**

2 colheres (sopa) de **óleo vegetal**
100 g de **gengibre** picado
2 **dentes de alho** picados
4 talos de **cebolinha** picados
250 g de **aspargos** cortados em três pedaços
150 g de **ervilhas-tortas** cortadas na diagonal
150 g de **broto de feijão**
3 colheres (sopa) de **shoyu**

Para servir
arroz no vapor
shoyu extra

Aqueça o óleo em uma frigideira grande e frite o gengibre por 30 segundos. Junte o alho e a cebolinha e deixe por mais 30 segundos. Acrescente os aspargos e cozinhe por mais 3-4 minutos, mexendo sempre.

Junte a ervilha-torta e cozinhe por mais 2-3 minutos ou até os vegetais ficarem crocantes, sem amolecer. Adicione o broto de feijão, mexa por mais 1-2 minutos, junte o shoyu e retire do fogo.

Sirva com arroz cozido no vapor e shoyu extra, se desejar.

Variação: omelete de legumes. Para cada omelete, bata 3 ovos e 2 colheres (sopa) de água e tempere com sal e pimenta. Frite numa frigideira (ver instruções na p. 166). Coloque ¼ dos vegetais cozidos por cima e dobre, formando um semicírculo.

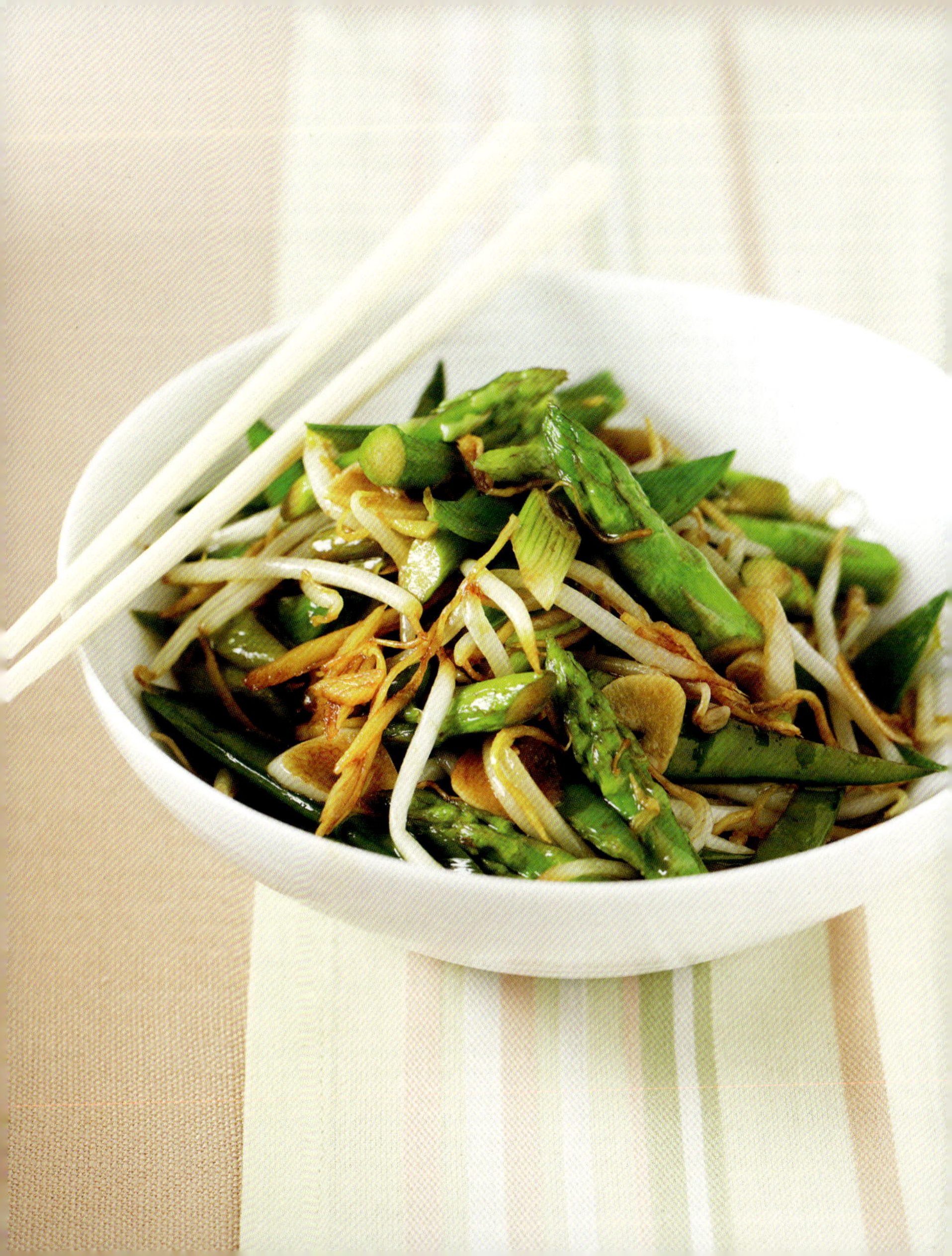

omelete de alho-poró e ervilha

4 porções
Preparo: **5-6 minutos**
Cozimento: **19-22 minutos**

250 g de **batatas pequenas**
75 g de **manteiga**
1 colher (sopa) de **azeite**
500 g de **alho-poró** em rodelas finas
200 g de **ervilhas**
6 **ovos**
150 ml de **leite**
2 colheres (sopa) de **cebolinha** picada
125 g de **cream cheese** com ervas
sal e **pimenta** a gosto

Para servir
125 g de **folhas verdes**
4 colheres (sopa) de **molho** para salada

Cozinhe as batatas em água fervente por 10 minutos, até que estejam cozidas, mas firmes.

Derreta a manteiga com o azeite em uma frigideira grande, junte o alho-poró, misture e tampe. Cozinhe por 8-10 minutos, mexendo a panela frequentemente. Adicione as ervilhas.

Escorra as batatas, corte-as em quatro e coloque na frigideira. Frite por mais 2-3 minutos.

Bata os ovos com o leite e a cebolinha, misture bem e despeje na frigideira. Disponha o cream cheese por cima e asse em fogo médio por 2-3 minutos ou até os ovos ficarem firmes.

Vire a omelete e cozinhe até que fique levemente dourada dos dois lados. Sirva com as folhas verdes e o molho para salada.

Acompanhamento: molho de ervas. Misture 6 colheres (sopa) de azeite, 2 colheres (sopa) de vinagre branco, 3 colheres (sopa) de salsinha picada, ½ cebola picada, ½ colher (chá) de mostarda, uma pitada de coentro em pó e ¼ de colher (chá) de açúcar mascavo. Mexa bem e tempere com sal a gosto.

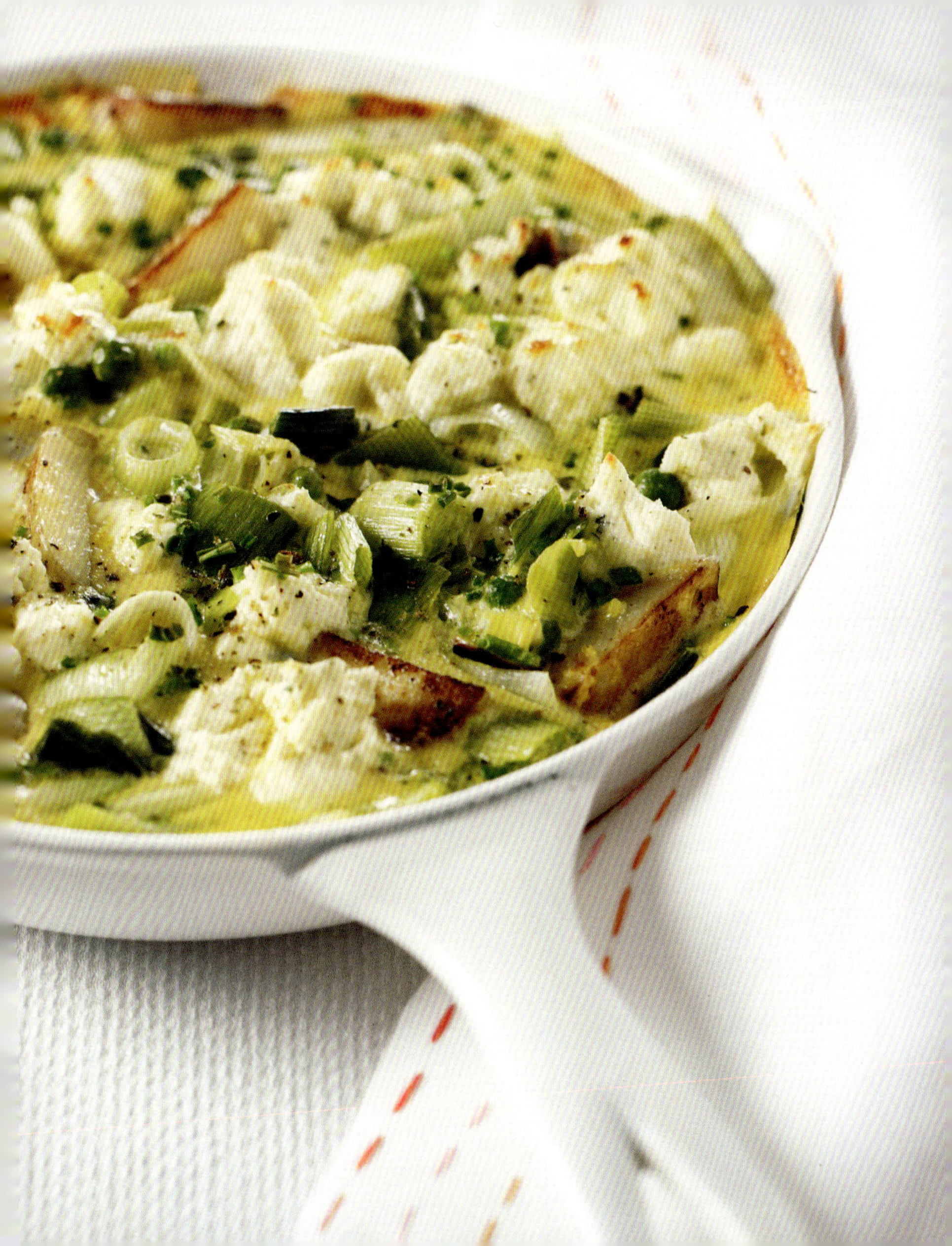

arroz selvagem com queijo feta

4 porções
Preparo: **10 minutos**
Cozimento: cerca de
  15 minutos

250 g de **arroz selvagem**
100 g de **vagens finas**
4 colheres (sopa) de **azeite**
3 **cebolas** picadas
150 ml de **vinagre balsâmico**
1 colher (chá) de **tomilho** picado
125 g de **queijo feta** em pedaços
8 **tomates-pera** cortados ao meio
um punhado de **manjericão**
sal e **pimenta** a gosto

Cozinhe o arroz em água fervente por 15 minutos ou até ficar macio. Adicione as vagens nos últimos 2 minutos de cozimento. Escorra e reserve.

Aqueça o azeite em uma frigideira grande e cozinhe as cebolas por 12 minutos ou até que dourem. Junte o vinagre, o tomilho, tempere com sal e pimenta e deixe ferver em fogo baixo por 2-3 minutos ou até a mistura engrossar levemente.

Misture o arroz com vagem à frigideira e mexa bem. Coloque em pratos individuais e disponha por cima os tomates, o queijo, o manjericão e as vagens.

Variação: cevada com queijo defumado. Use a mesma quantidade de cevada no lugar do arroz e cozinhe por 25-30 minutos. Escorra bem e substitua o queijo feta por queijo defumado em cubos.

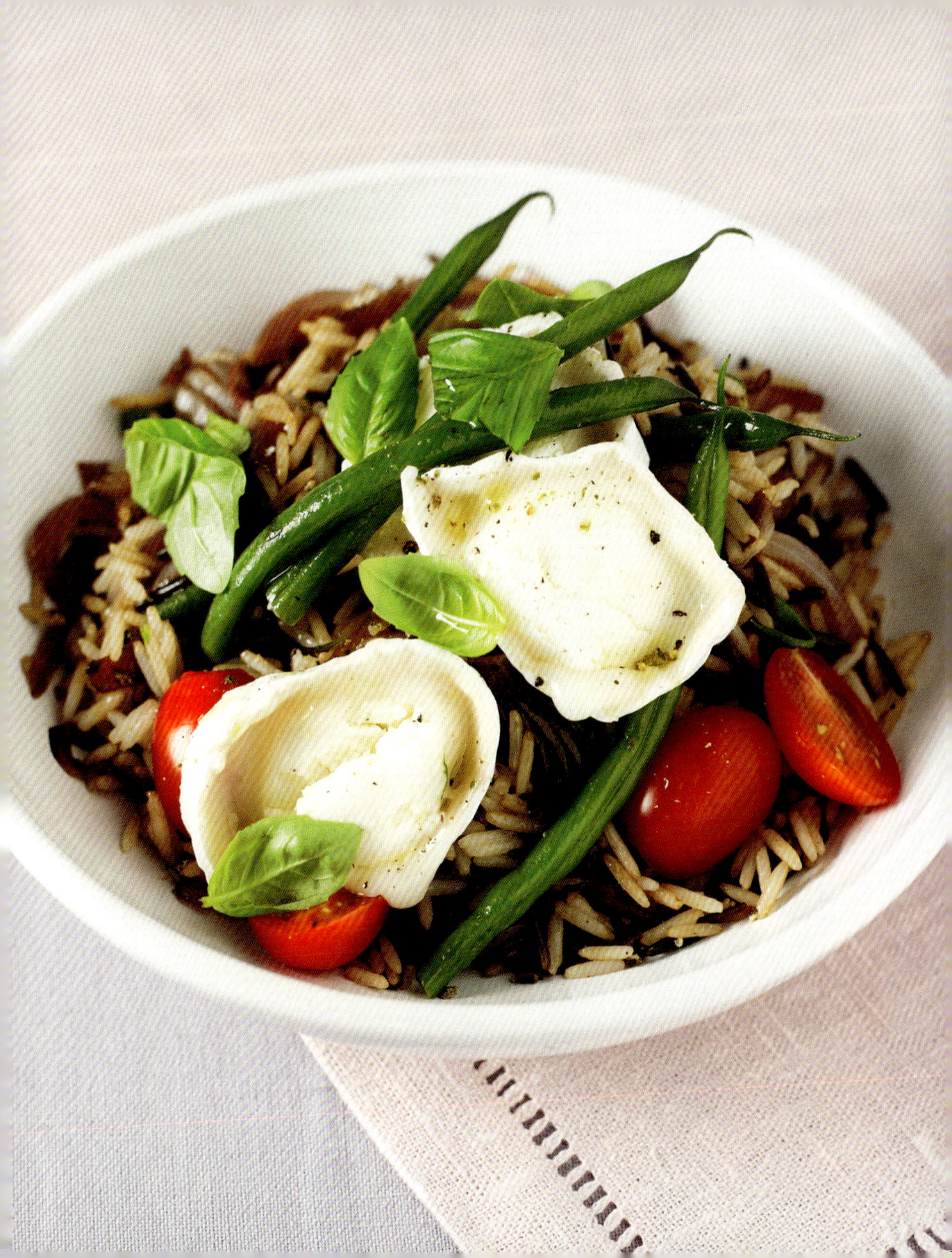

batatas gratinadas com cheddar

4 porções
Preparo: **10 minutos**
Cozimento: **43-45 minutos**

1,5 kg de **batatas** descascadas e em fatias bem finas
50 g de **manteiga**
1 colher (sopa) de **azeite**
1 **cebola** em rodelas
3 **dentes de alho** picados
400 ml de **creme de leite fresco**
200 g de **queijo cheddar** ralado
375 g de **queijo brie** fatiado
sal e **pimenta** a gosto

Para servir
3-4 pés de **chicória** separados
molho para salada

Cozinhe as batatas em água fervente com sal por 10 minutos e escorra.

Derreta a manteiga com o azeite em uma panela média e doure a cebola por 5 minutos. Junte o alho e cozinhe por mais 2 minutos.

Adicione o creme de leite e o queijo ralado e mexa até que derreta por completo. Tempere a gosto com sal e pimenta.

Em uma travessa refratária, arrume camadas de batata, fatias de queijo brie e creme de queijo cheddar. Faça outras camadas, finalizando com fatias de brie sobre o creme de cheddar.

Asse em forno preaquecido (220°C) por 30-35 minutos ou até que a superfície fique dourada. Sirva com a chicória e o molho para salada.

Variação: batatas gratinadas à italiana. Use 150 g de queijo pecorino e 400 g de queijo fontina. Antes de assar, salpique a superfície com um punhado de ervas secas, como manjerona, manjericão e orégano, além de 1 colher (chá) de alecrim picado.

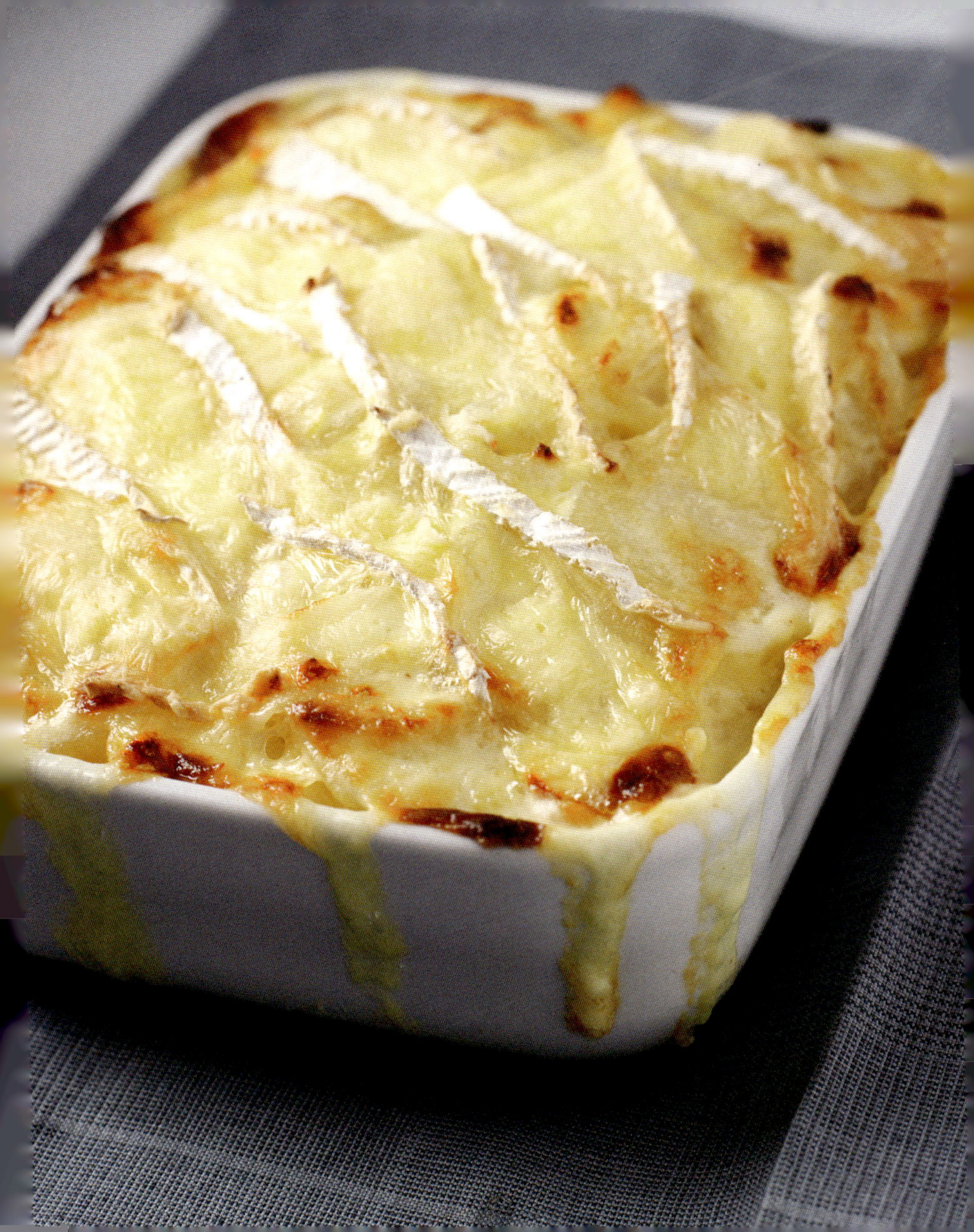

espaguete colorido

4 porções
Preparo: **8 minutos**
Cozimento: **10 minutos**

300 g de **espaguete**
150 g de **vagens** finas
500 g de **abóbora** sem casca em cubos
4 colheres (sopa) de **azeite**
500 g de **beterraba** em cubinhos
50 g de **nozes** picadas
150 g de **queijo feta** picado
2 colheres (sopa) de **suco de limão**
queijo parmesão ralado (opcional)

Cozinhe o espaguete de acordo com as instruções da embalagem. Junte as vagens e a abóbora nos últimos 2 minutos.

Aqueça o azeite em uma frigideira grande e junte a beterraba. Cozinhe por 10 minutos, mexendo sempre, até que fique macia.

Escorra a massa, a abóbora e as vagens e adicione a beterraba, as nozes e o queijo feta. Mexa bem, regue com o suco de limão e sirva com parmesão, se desejar.

Variação: espaguete com cenouras. Substitua a beterraba pela mesma quantidade de cenouras baby cozidas em água fervente por 5 minutos. Ponha a abóbora numa fôrma com o azeite e 4 dentes de alho e leve ao forno preaquecido (240°C) por 40 minutos. Substitua o queijo feta por gorgonzola.

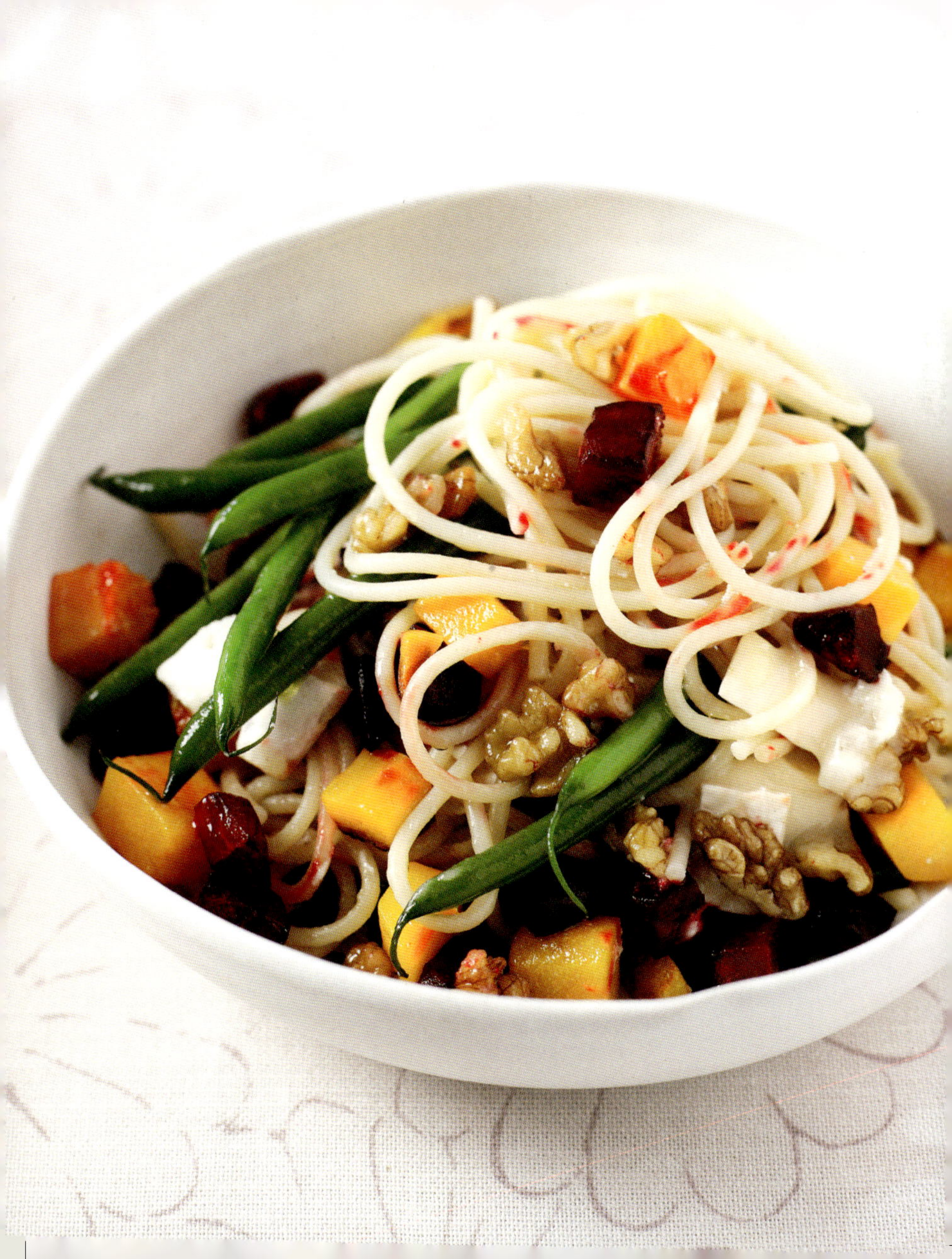

linguine com feijão e tomate seco

4 porções
Preparo: **10 minutos**
Cozimento: **12 minutos**

400 g de macarrão tipo **linguine**
4 colheres (sopa) de **azeite**, mais um pouco para servir
1 **cebola roxa** bem picada
1 talo de **aipo** picado
1 **dente de alho** picado
1 **abobrinha** ralada
400 g de **feijão-rajado** cozido
6 **tomates secos** picados
suco e raspas de 1 **limão**
4 colheres (sopa) de **salsinha** picada, mais um pouco para enfeitar

Cozinhe o macarrão conforme as instruções da embalagem. Escorra e reserve.

Aqueça o azeite em uma frigideira, adicione a cebola e o aipo e cozinhe por 8 minutos. Junte o alho e a abobrinha e frite por mais 1-2 minutos.

Adicione à frigideira o feijão, o tomate seco, o suco e as raspas de limão e a salsinha. Cozinhe por 1 minuto e desligue o fogo.

Misture os vegetais e o macarrão, regue com azeite, salpique com salsinha e sirva.

Variação: linguine com aspargos. Em um processador, bata 3 fatias de pão francês adormecido, deixando farelos grandes, com raspas de 1 limão, 1 dente de alho amassado, 2 colheres (sopa) de parmesão ralado e 2 colheres (sopa) de pinholes torrados. Corte 125 g de aspargos frescos em pedaços e ferva por 1 minuto. Escorra e junte ao macarrão, adicione o suco de 1 limão e bastante pimenta. Sirva com a mistura de pão.

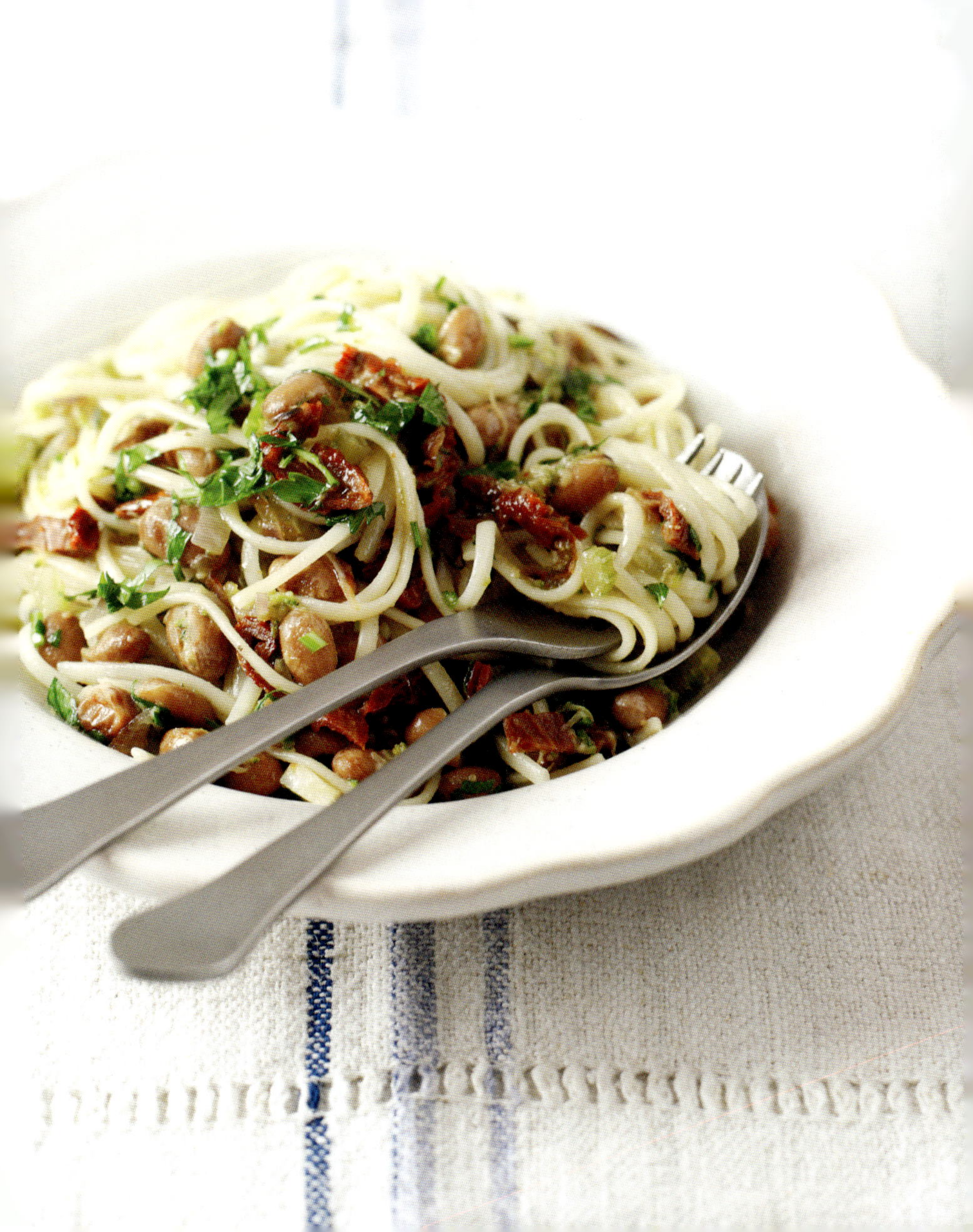

salada de quinua

4 porções
Preparo: **15 minutos**
Cozimento: **15-20 minutos**

150 g de **quinua** lavada
1 **pimentão amarelo** picado
1 **pimentão vermelho** picado
4 talos de **cebolinha** picados
½ **pepino** sem sementes em cubos
½ bulbo de **erva-doce** picado
2 colheres (sopa) de **salsa-crespa**
2 colheres (sopa) de **hortelã** picada
2 colheres (sopa) de **coentro** picado
2 colheres (sopa) de **sementes de abóbora**
raspas e suco de 2 **limões**
8 físalis cortadas em quatro

Molho
4 colheres (sopa) de **harissa**
raspas da casca e suco de 2 **limões**
8 colheres (sopa) de **óleo de semente de abóbora**
sal e **pimenta** a gosto

Coloque a quinua em uma panela com água fria em quantidade suficiente para cobri-la e cozinhe por 15-20 minutos ou até que fique macia.

Faça o molho. Misture todos os ingredientes e mexa bem. Reserve.

Misture a quinua com os vegetais e as ervas. Junte 1 colher (sopa) de sementes de abóbora, o suco e as raspas de limão e mexa bem. Adicione as físalis, salpique com as sementes restantes e sirva com o molho.

Variação: salada de quinua com batatas. Use 4 batatas grandes com casca (400 g cada uma). Passe azeite na superfície, tempere com sal, fure-as com um garfo e leve para assar (220°C) por 1 hora ou até que a casca esteja crocante. Faça a salada como na receita acima, mas não utilize as sementes de abóbora, o limão e as físalis. Misture 200 ml de creme azedo com 2 colheres (sopa) de cebolinha picada e uma pitada de noz-moscada. Corte as batatas ao meio e sirva com a salada.

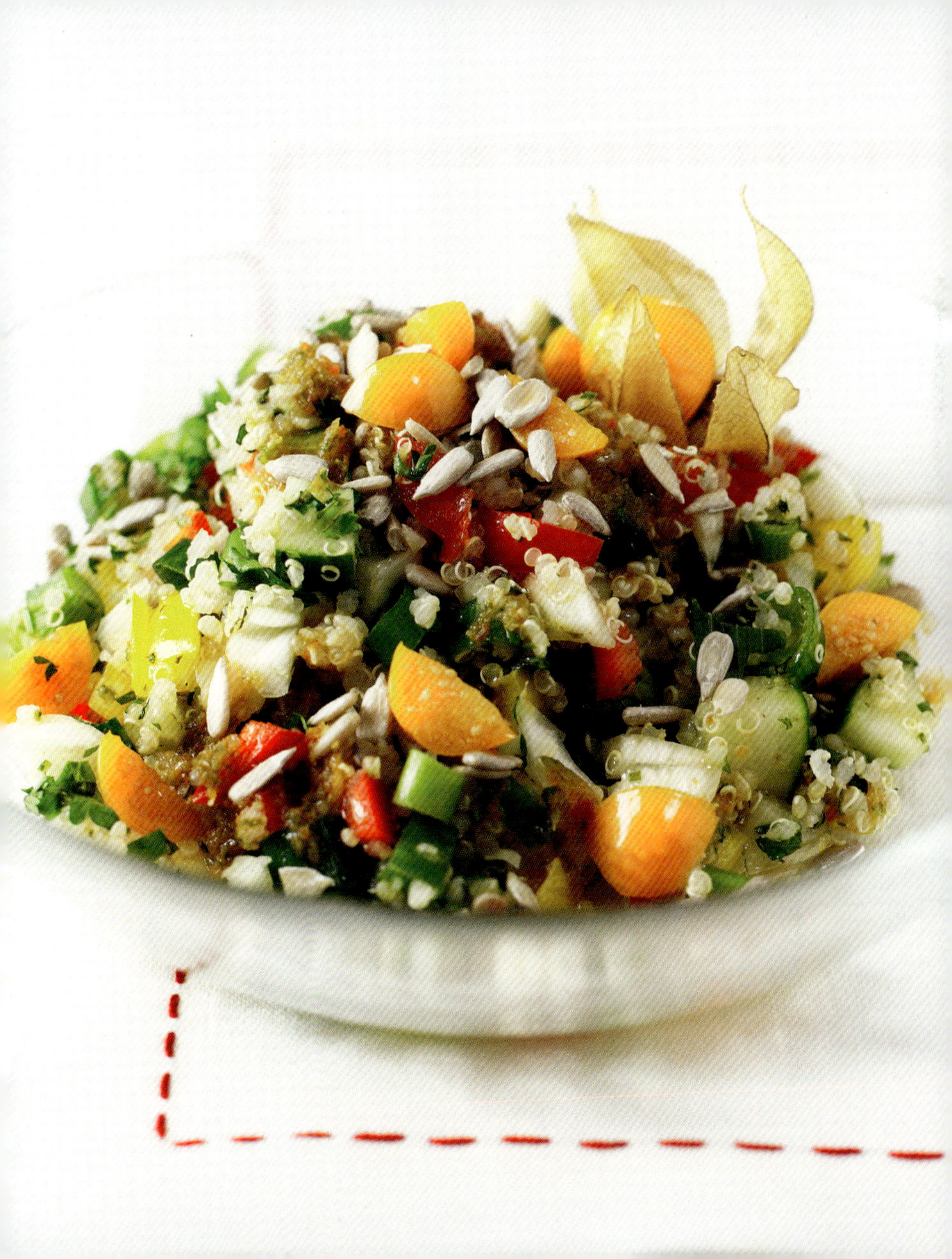

salada de queijo com melancia

4 porções
Preparo: **10 minutos**
Cozimento: **2 minutos**

1 colher (sopa) de **sementes de gergelim pretas**
500 g de **melancia** sem caroço nem casca em cubos
875 g de **rúcula**
um punhado de **hortelã, coentro** e **salsinha** picada
175 g de **queijo feta** (ou branco) em pedaços
6 colheres (sopa) de **azeite**
1 colher (sopa) de **água de flor de laranjeira**
1 ½ colher (sopa) de **suco de limão**
1 colher (sopa) de **xarope de romã** (opcional)
½ colher (chá) de **açúcar mascavo**
sal e **pimenta** a gosto

Torre as sementes de gergelim em uma frigideira bem quente por 2-3 minutos. Reserve.

Arrume em uma travessa grande a melancia, a rúcula, as ervas e o queijo feta. Misture gentilmente.

Coloque todos os ingredientes restantes em uma tigela e mexa bem. Tempere com sal e pimenta e regue a salada com esse molho. Salpique com as sementes de gergelim e sirva.

Variação: salada de queijo e tomate. Misture 500 g de tomates picados com 250 g de queijo branco picado e 50 g de azeitonas pretas picadas. Regue com uma mistura feita com 3 colheres (sopa) de azeite, 2 dentes de alho picado e ½ colher (chá) de açúcar mascavo. Tempere com sal e pimenta e sirva.

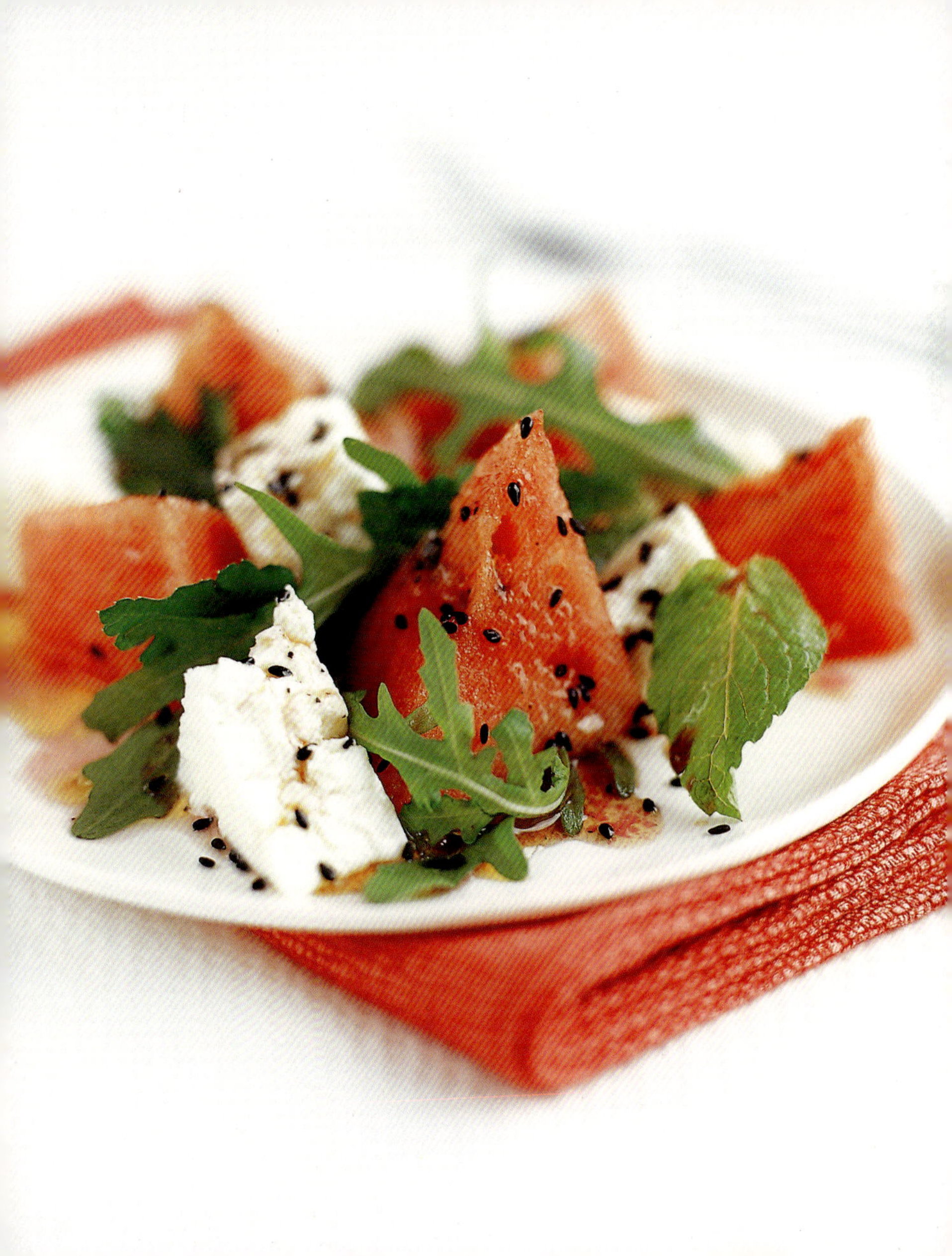

polenta com queijo

4 porções
Preparo: **8 minutos**
Cozimento: **25-30 minutos**

200 g de **pimentão vermelho** assado em **azeite**
1 kg de **polenta** pronta cortada em fatias
manteiga para untar
150 g de **queijo prato**
150 g de **mussarela**
1 **dente de alho** amassado
350 ml de **purê de tomate**
1 colher (chá) de raspas de **limão**
uma pitada de **açúcar mascavo**
um punhado de **manjericão** picado, mais folhas extras para decorar
sal e **pimenta** a gosto

Fatie os pimentões e reserve 3 colheres (sopa) do azeite em que foi assado.

Arrume a polenta em uma travessa untada com manteiga e coloque por cima metade dos pimentões e dos queijos.

Repita as camadas e leve ao forno preaquecido (240°C) por 15 minutos.

Aqueça o azeite dos pimentões em uma panela, frite o alho em fogo médio, junte os ingredientes restantes, tempere com sal e pimenta e espere ferver. Abaixe o fogo e deixe cozinhar por 15-10 minutos.

Passe as polentas em uma grelha elétrica para chamuscar levemente a superfície. Coloque em uma travessa, sirva com o molho e decore com folhas de manjericão.

Variação: nhoque de semolina. Coloque 250 g de semolina em 900 ml de leite fervente, abaixe o fogo e deixe ferver por 5 minutos, mexendo sempre. Adicione um pouco de manteiga e despeje em uma assadeira para pão. Asse em forno preaquecido (180°C) até que fique firme e depois fatie. Substitua a polenta pelo nhoque e prepare como na receita acima.

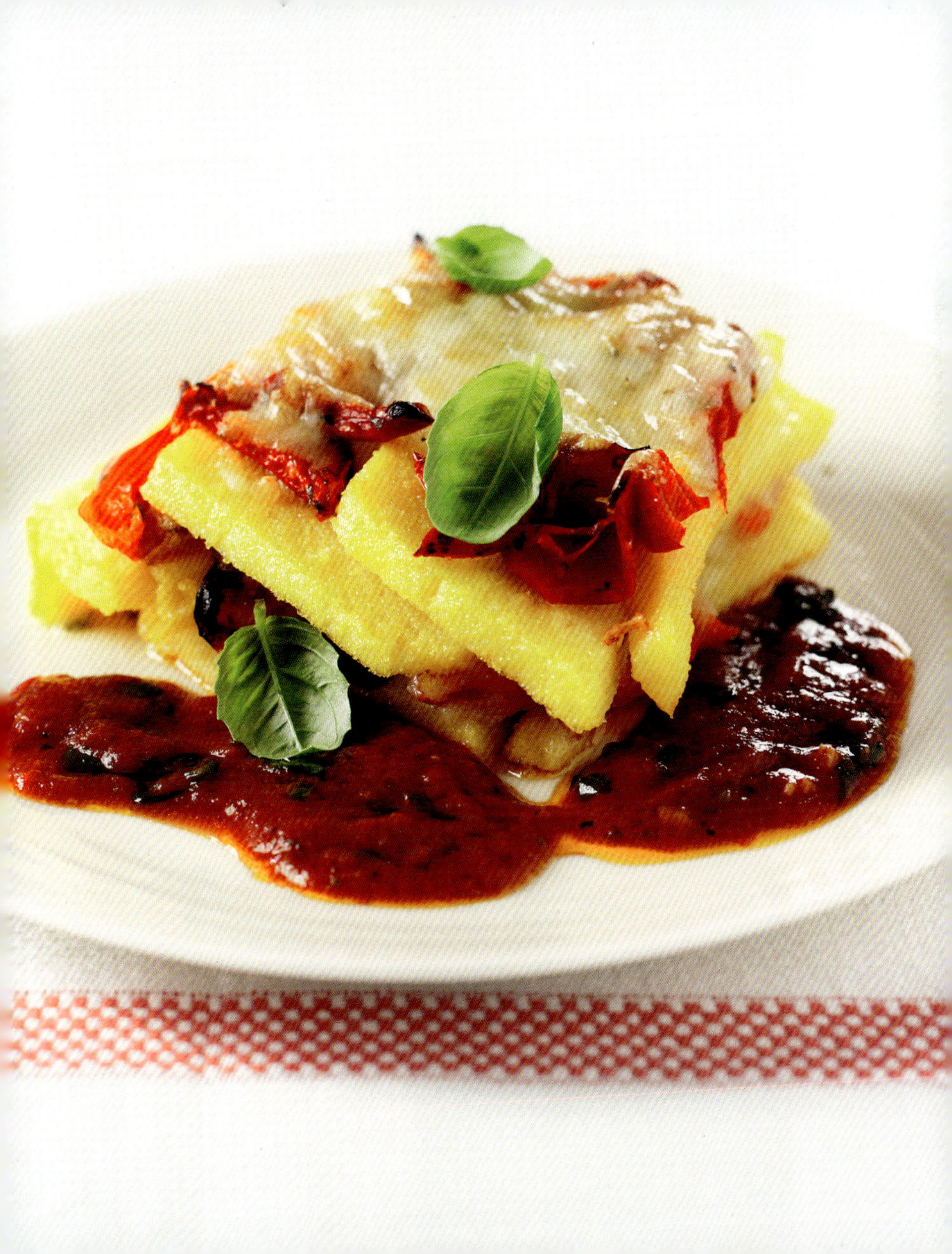

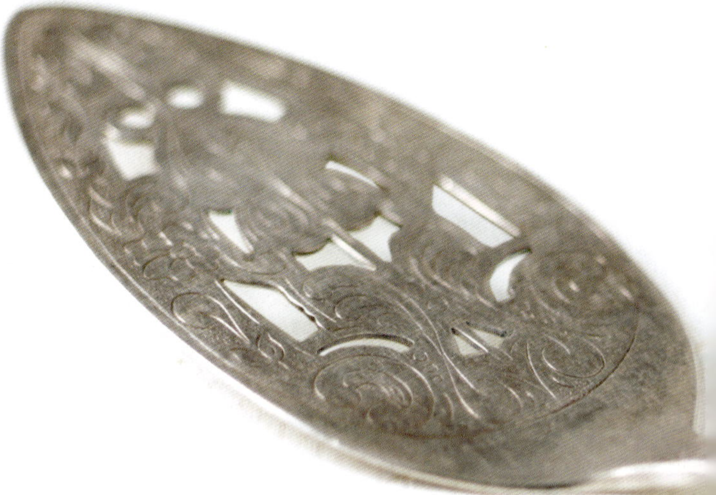

sobremesas

gelado de morango

6 porções
Preparo: **10 minutos**, mais o tempo de refrigeração
Cozimento: **5 minutos**

450 g de **morangos** sem talo
100 g de **açúcar mascavo**
500 ml de **suco de uva**
2 sachês de **gelatina** sem sabor ou 2 folhas de gelatina
75 ml de **creme de cassis** (opcional)

Pique os morangos e coloque em um processador de alimentos. Bata com 300 ml de água quente e o açúcar até obter uma mistura homogênea. Passe numa peneira.

Coloque 200 ml do suco de uva em uma tigela refratária, adicione a gelatina e deixe descansar por 10 minutos. Ponha a tigela em banho-maria e mexa até que a gelatina dissolva. Deixe esfriar e adicione o creme de cassis, o morango batido e o suco de uva restante. Mexa bem.

Distribua em taças e leve para gelar até a hora de servir.

Variação: gelado de framboesa com champanhe.
Substitua os morangos por framboesas e exclua o creme de cassis. Dissolva a gelatina em apenas 100 ml de suco de uva e junte 400 ml de champanhe. Finalize como na receita original.

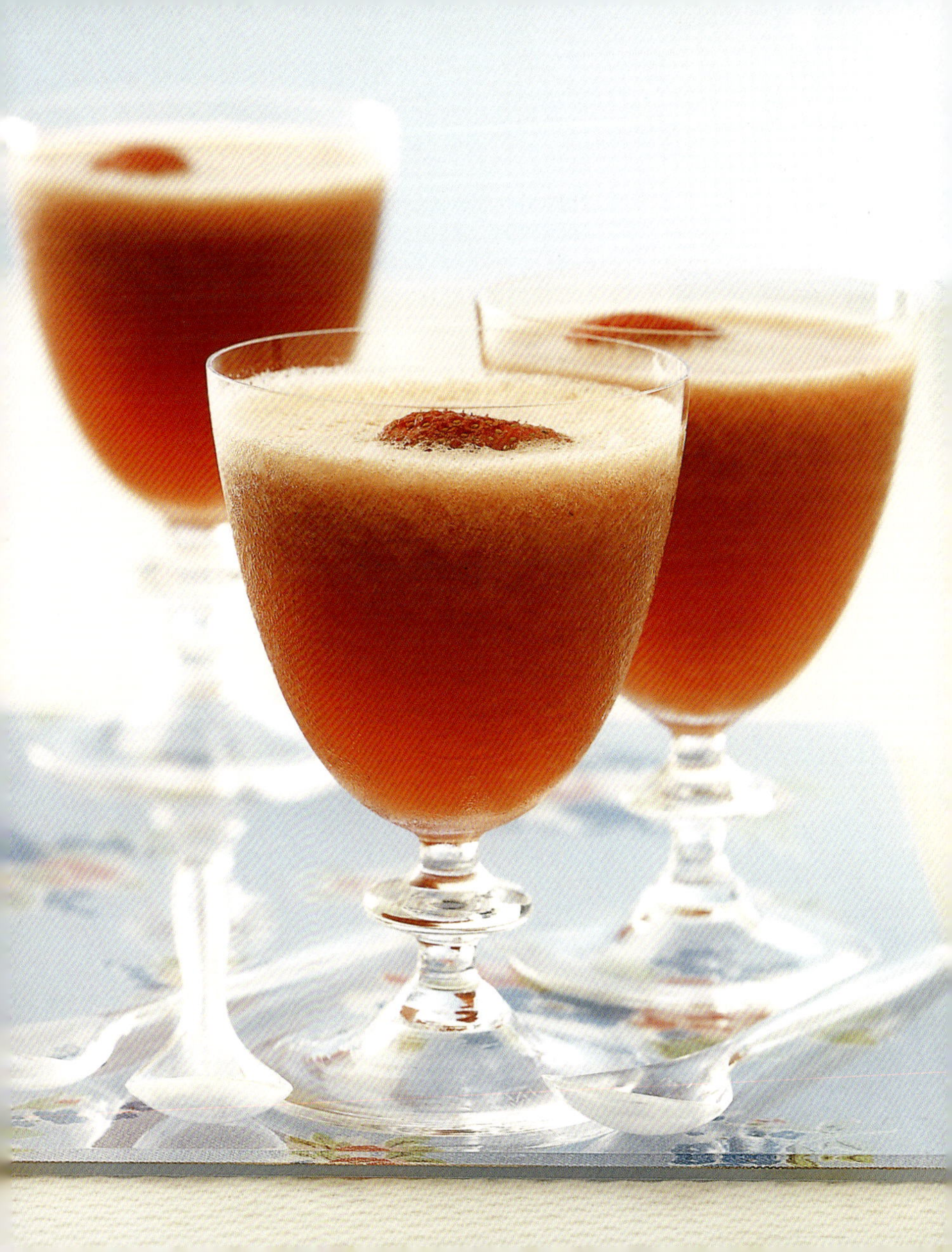

panini de chocolate

4 porções
Preparo: **10 minutos**, mais o tempo de resfriamento
Cozimento: **26-28 minutos**

- 25 g de **amêndoas**
- 2 colheres (sopa) de **açúcar de confeiteiro**
- 75 g de **chocolate branco** ralado
- 8 **ameixas secas** picadas
- 25 g de **amêndoas** em lascas
- 8 fatias de **brioches** besuntadas de manteiga em ambos os lados
- 50 ml de **chantilly**

Coloque as amêndoas inteiras em um escorredor de macarrão e passe em água fria. Tire o excesso de água e coloque-as em uma assadeira antiaderente. Polvilhe com o açúcar e leve para assar em forno preaquecido (180°C) por 20 minutos ou até que tenham se cristalizado. Deixe as amêndoas esfriar e pique-as.

Misture o chocolate, as ameixas e as amêndoas em lascas. Com os brioches, faça quatro sanduíches com essa mistura como recheio.

Aqueça uma chapa quente ou grelha em temperatura média e doure os sanduíches por 3-4 minutos de cada lado.

Corte os pães na diagonal e sirva imediatamente com chantilly, salpicando com as amêndoas açucaradas.

Variação: panini doce. Substitua o brioche por torradas de pão de fôrma. Embeba cada torrada em uma mistura de 2 ovos batidos com 4 colheres (sopa) de leite. Passe em uma frigideira com manteiga até que dourem dos dois lados. Não use as amêndoas e o chantilly; sirva com mel.

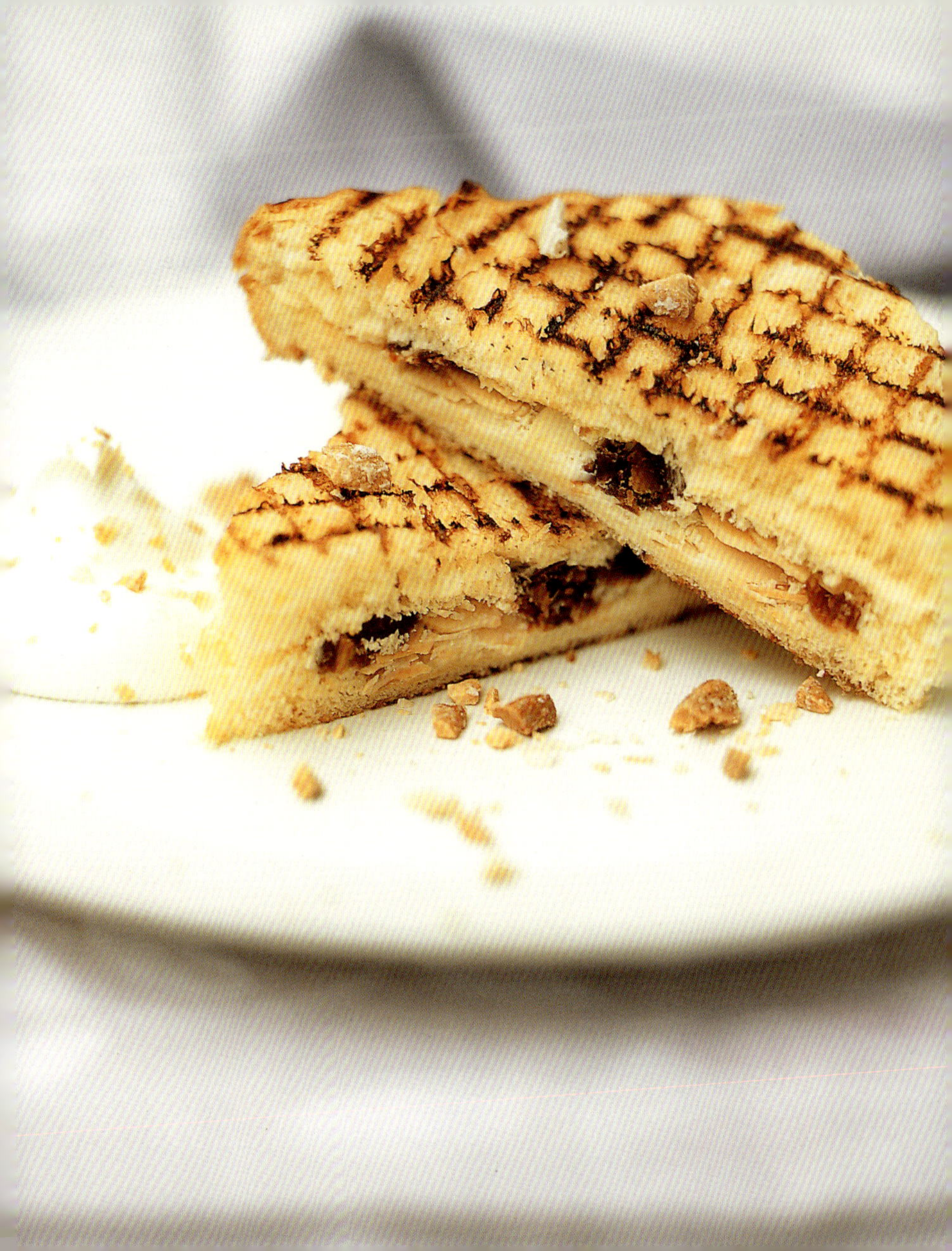

creme crocante de pêssego e mirtilo

4 porções
Preparo: **8 minutos**
Cozimento: **8-10 minutos**

25 g de **avelãs** moídas
25 g de **amêndoas** moídas
25 g de **farinha de rosca**
25 g de **açúcar mascavo**
410 g de **pêssegos** em calda
125 g de **mirtilos**
150 ml de **creme de leite**
sementes de um talo de **baunilha**
1 colher (sopa) de **açúcar de confeiteiro**

Em uma frigideira grande e antiaderente, torre as avelãs e as amêndoas com a farinha de rosca e o açúcar mascavo até que dourem. Deixe esfriar e reserve.

Coloque os pêssegos em um processador e bata até obter um purê. Se precisar, use a calda para deixar a mistura mais homogênea.

Adicione os mirtilos ao purê e, em copinhos individuais, ponha uma colher do purê. Reserve alguns mirtilos para decorar.

Bata o creme de leite com as sementes de baunilha e o açúcar de confeiteiro. Disponha uma camada desse creme nos copinhos, por cima do purê. Cubra com a mistura de nozes, decore com mirtilos e sirva.

Variação: creme crocante de maçã e amora.
Descasque e pique 450 g de maçã e cozinhe com 2-3 colheres (sopa) de açúcar mascavo e 2 colheres (sopa) de água até obter um purê. Coloque 125 g de amoras nesse purê e siga a receita original, mas, no lugar de farinha de rosca, use farelo de biscoito de maisena. Reduza a quantidade de açúcar mascavo para 1 colher (sopa) apenas.

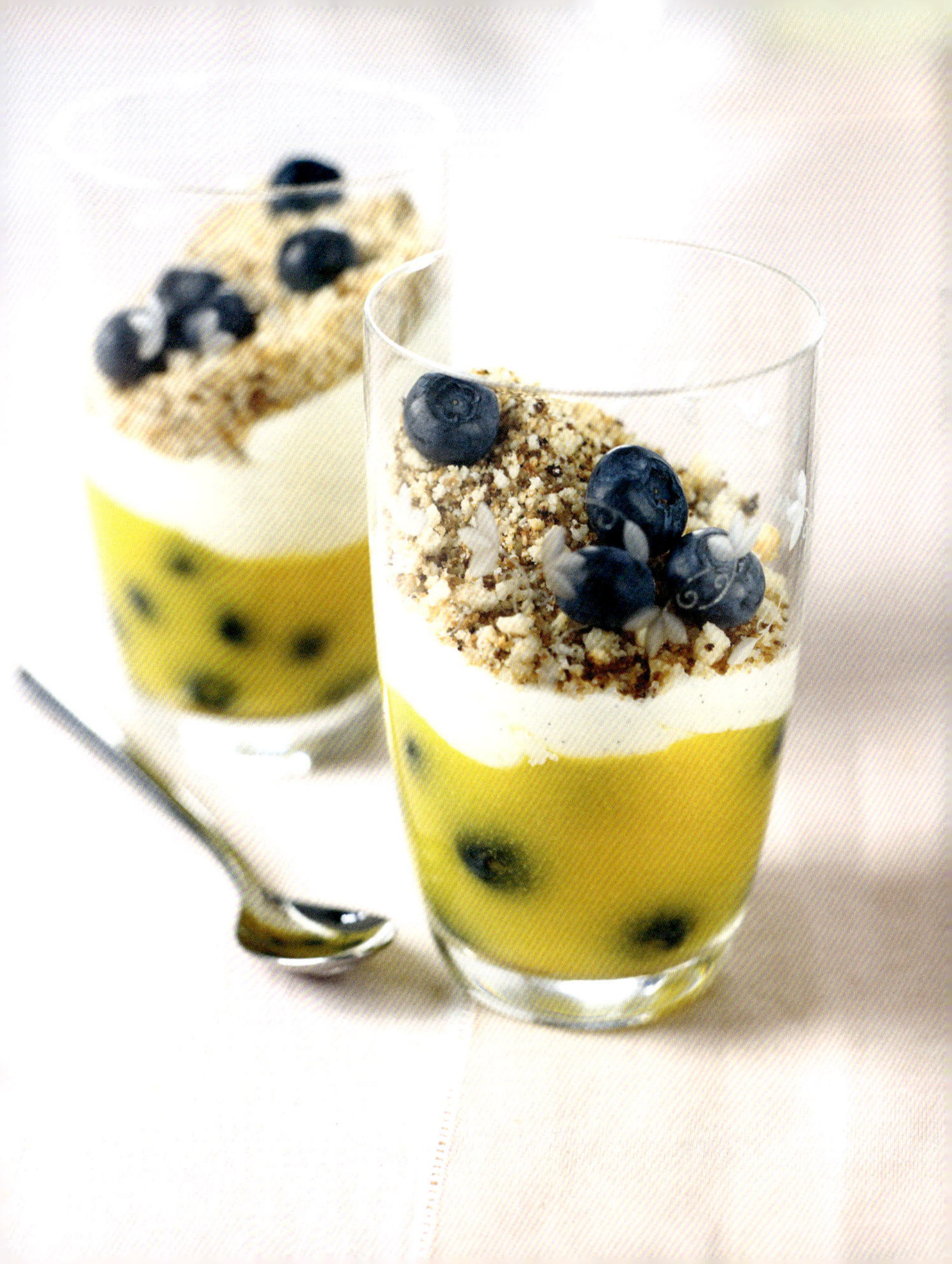

panquecas especiais

4 porções
Preparo: **10 minutos**
Cozimento: **6 minutos**

1 **ovo**
100 g de **farinha de trigo**
125 ml de **leite**
2 ½ colheres (sopa) de **óleo vegetal**
1 colher (sopa) de **açúcar mascavo**
xarope de glicose para servir
8 bolas de **sorvete de baunilha**

Coloque o ovo, a farinha, o leite, o óleo e o açúcar no liquidificador e bata bem.

Aqueça uma frigideira antiaderente em fogo médio e faça 12 panquecas com a massa batida. Use uma espátula para virá-las, para que dourem por igual. Frite cada lado por aproximadamente 1 minuto.

Disponha as panquecas em pratos, regue com xarope de glicose e sirva com uma bola de sorvete ao lado.

Variação: panquecas com calda de laranja.
Faça a massa da panqueca com 125 g de farinha, 2 colheres (sopa) de açúcar mascavo, raspas de 1 laranja, ½ colher (chá) de sal e de bicarbonato de sódio, 1 ovo, 125 ml de leite morno e algumas gotas de essência de laranja. Cozinhe como na receita original.

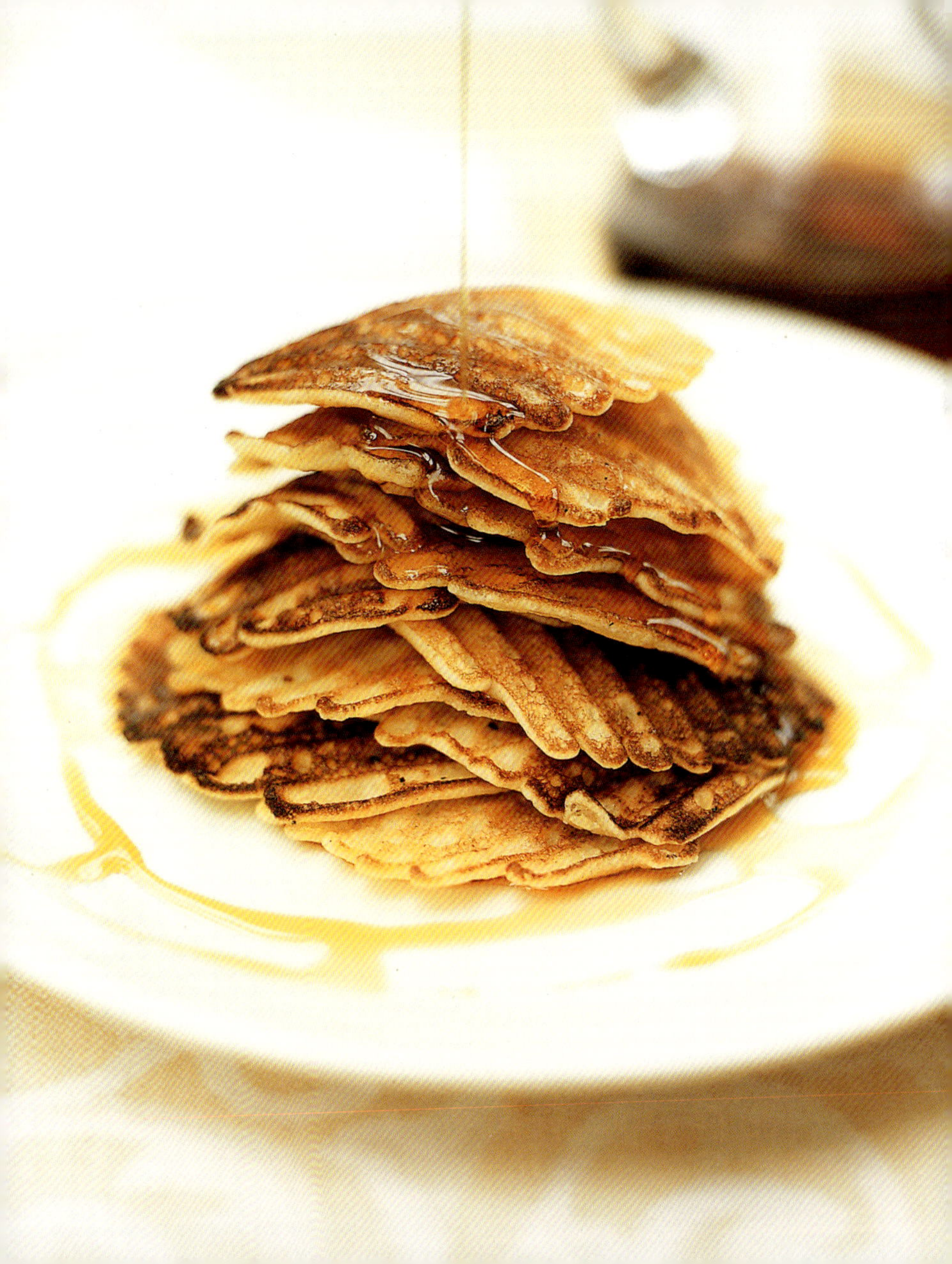

musse de chocolate branco

4 porções
Preparo: **5 minutos**, mais o tempo de resfriamento
Cozimento: **10 minutos**

125 g de **açúcar mascavo**
50 g de **pistaches** sem casca
200 g de **chocolate branco** picado
280 ml de **creme de leite fresco**

Dissolva o açúcar em 4 colheres (sopa) de água em uma panela pequena, em fogo baixo. Aumente o fogo e deixe ferver até que comece a caramelizar. Junte os pistaches e mexa bem. Tire do fogo, coloque a mistura sobre uma folha de papel-manteiga e deixe esfriar.

Ponha o chocolate em uma tigela resistente ao calor. Ferva o creme de leite e despeje sobre o chocolate, mexendo bem. Leve ao refrigerador até gelar. Em seguida, bata na batedeira ou no míxer para a mistura engrossar mais.

Disponha a mistura de chocolate em copinhos individuais e espalhe os pistaches caramelizados por cima.

Variação: musse de chocolate e laranja. Substitua o chocolate branco por preto, adicione ¼ de colher (chá) de essência de laranja ao creme de chocolate e use nozes no lugar de pistache.

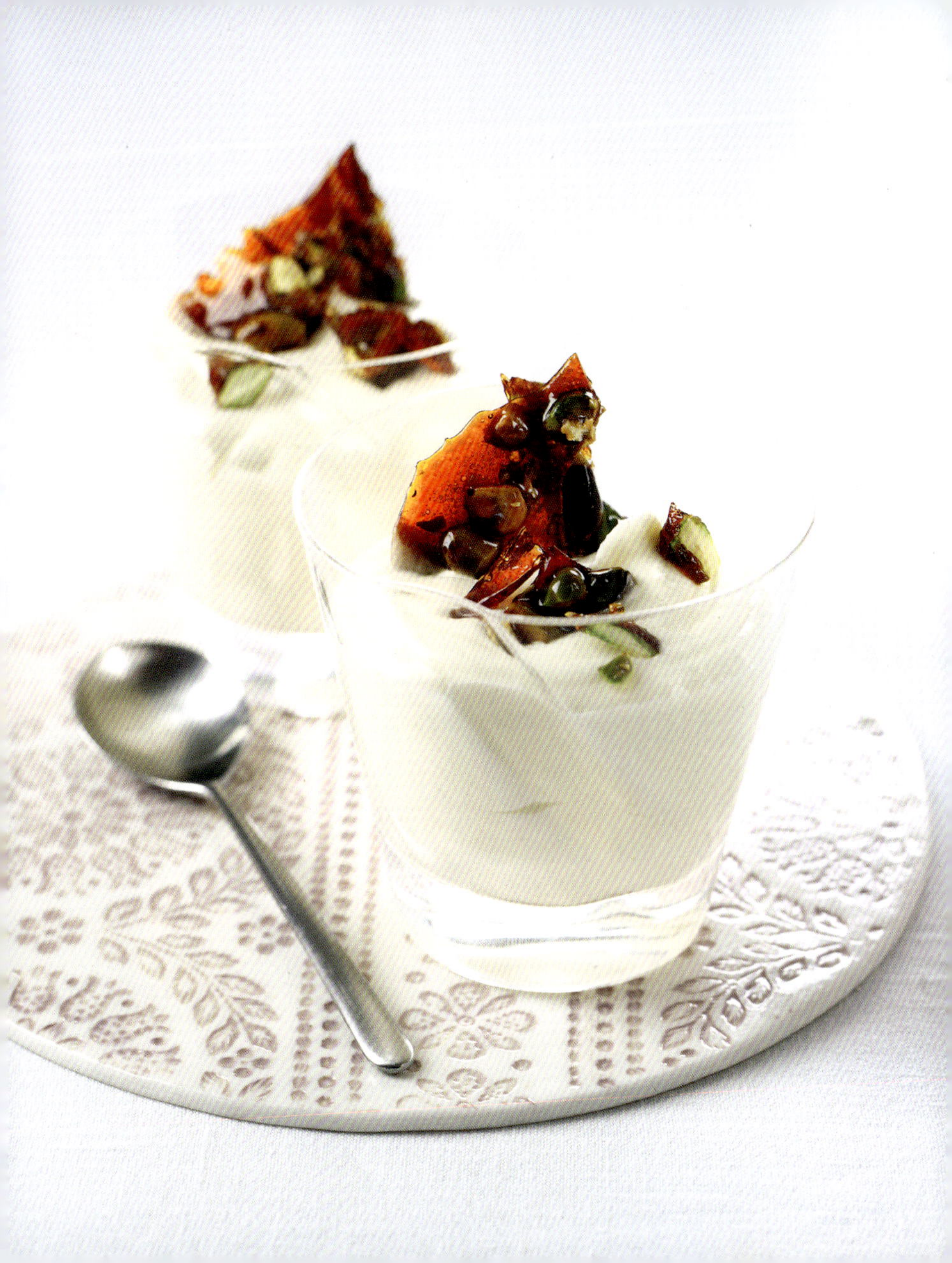

laranja ao cointreau

4 porções
Preparo: **10 minutos**
Cozimento: **12 minutos**

4 **laranjas** grandes e bem doces
50 g de **açúcar mascavo**
3 colheres (sopa) de **Cointreau**
2 colheres (sopa) de **uísque**
suco de 1 **laranja** pequena
1 **fava de baunilha** cortada ao meio no sentido do comprimento
1 **pau de canela**
4 **cravos**
sorvete de gengibre para acompanhar

Remova a casca e a pele branca das laranjas e fatie-as bem fino. Reserve. Guarde o suco que liberarem.

Aqueça 50 ml de água com 2 colheres (sopa) do açúcar, 2 colheres (sopa) do Cointreau, o uísque, o suco de laranja, a fava de baunilha, a canela e os cravos. Mexa até o açúcar se dissolver. Aumente o fogo e deixe ferver por 5 minutos. Espere esfriar, mas mantenha a mistura aquecida.

Esquente uma grelha elétrica ou frigideira antiaderente e grelhe as fatias de laranja por 1 minuto de cada lado. Flambe com o Cointreau restante e desligue o fogo. Coloque em uma travessa, regue com o xarope de laranja e sirva quente com o sorvete de gengibre.

Variação: doce de casca de laranja. Corte 6 laranjas como na receita acima e coloque em uma travessa. Corte em tiras as cascas da laranja e ponha em uma panela pequena com água suficiente para cobri-las. Leve para ferver, desligue o fogo, despreze a água e esfrie em água fria. Cubra de novo com água e ferva novamente por 25 minutos. Dissolva 175 g de açúcar mascavo em 150 ml de água, deixe ferver por alguns minutos e junte 2 colheres (sopa) de suco de limão. Adicione as cascas de laranja e as rodelas de laranja. Espere esfriar um pouco e sirva com sorvete.

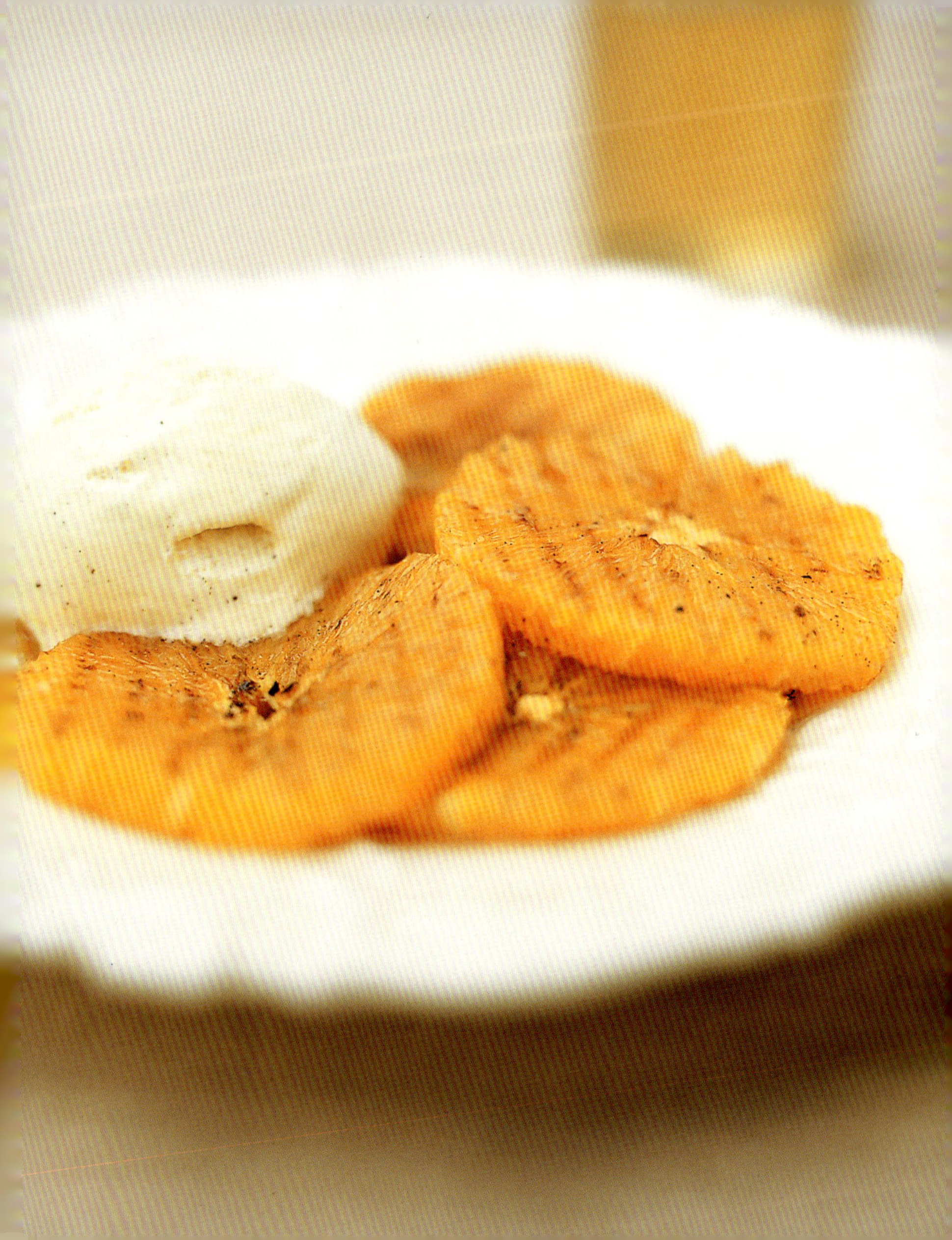

delícia de chocolate

4 porções
Preparo: **8 minutos**

8 **biscoitos de chocolate** esfarelados
25 g de **manteiga** derretida
500 ml de **sorvete de chocolate** levemente amolecido
2 colheres (sopa) de **doce de leite** (opcional)
lascas de **chocolates branco e preto** para decorar

Misture bem a farofa de biscoito com a manteiga derretida. Forre 4 taças de sobremesa com essa mistura, pressionando com os dedos.

Coloque uma bola de sorvete por cima, regue com o doce de leite e decore com as lascas de chocolate. Sirva imediatamente.

Variação: sundae de chocolate com framboesa.
Esta receita leva 20 minimerengues no lugar dos biscoitos e não usa manteiga. Faça camadas com sorvete, farofa de merengue e 200 g de framboesas. Regue com creme de leite e decore com lascas de chocolate.

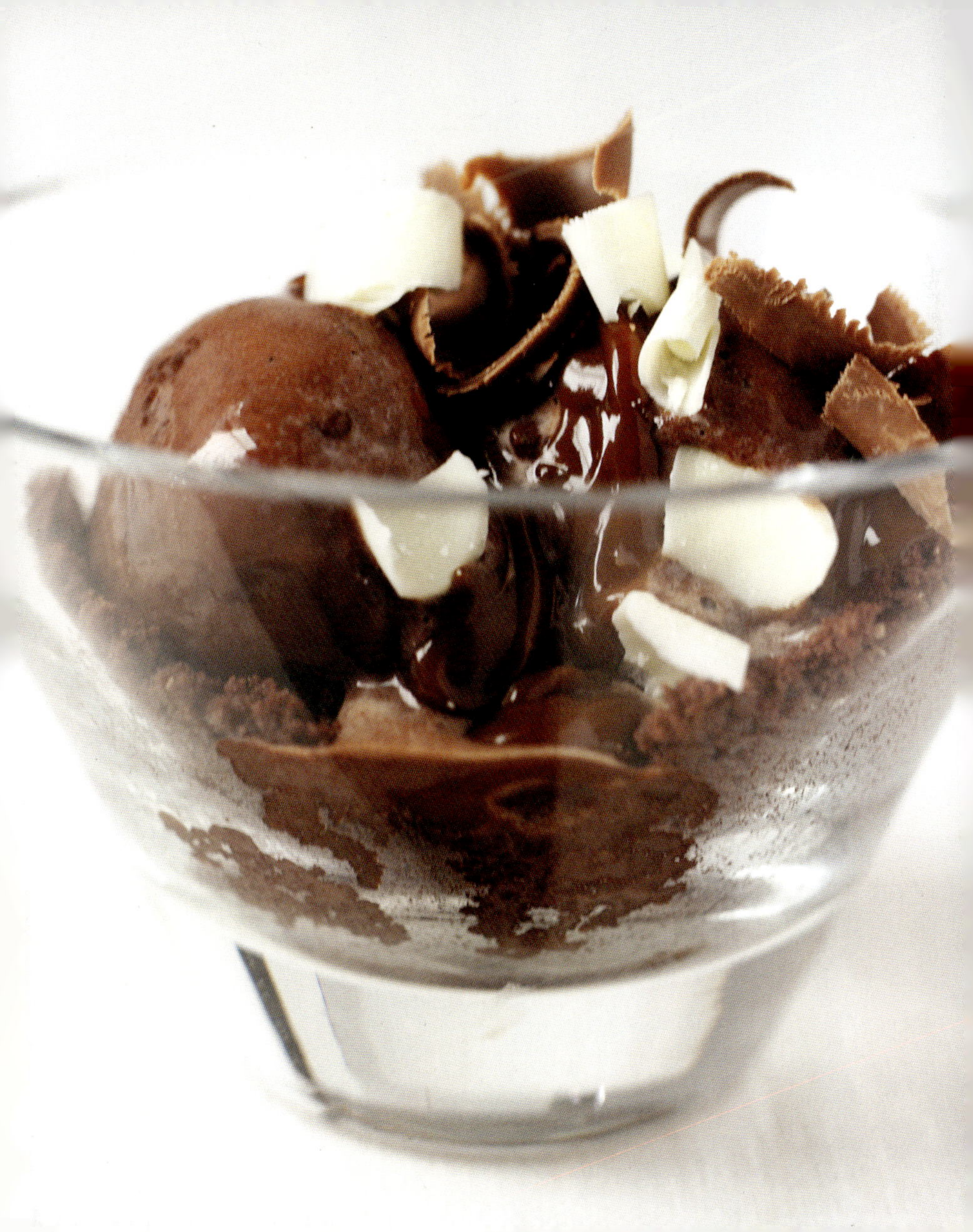

figos ao iogurte com mel

4 porções
Preparo: **5 minutos**
Cozimento: **10 minutos**

8 **figos** maduros
4 colheres (sopa) de **iogurte** natural
2 colheres (sopa) de **mel**

Corte os figos ao meio, coloque numa frigideira antiaderente com a casca para baixo e leve ao fogo baixo por 10 minutos. Tire quando a casca começar a chamuscar.

Disponha os figos em pratinhos individuais e cubra cada um com 1 colher (sopa) de iogurte e ½ colher (sopa) de mel.

Variação: brioches com figo e iogurte. Passe um pouco de manteiga e 50 ml de creme de leite em 4 fatias de brioche e torre em uma grelha. Coloque os figos por cima e sirva.

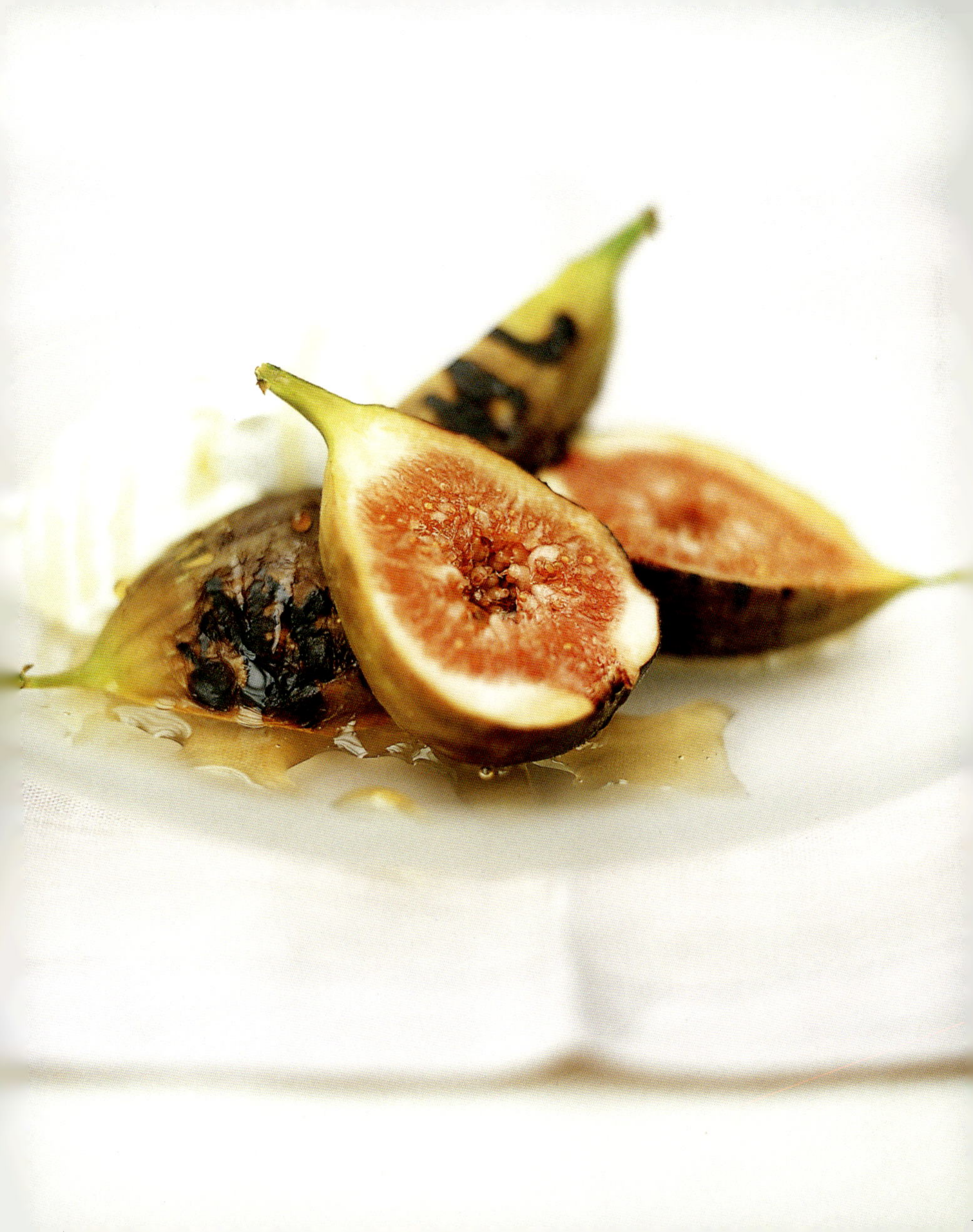

arroz-doce com pecãs e avelãs

4 porções
Preparo: **5 minutos**
Cozimento: **25 minutos**

50 g de **pecãs**
50 g de **avelãs**
50 g de **manteiga**
125 g de **arroz**
600 ml de **leite** quente
5 colheres (chá) de **açúcar mascavo**
1 colher (chá) de **canela em pó**

Torre as avelãs e as pecãs em uma frigideira bem quente por alguns minutos ou até que dourem. Depois, pique-as.

Derreta a manteiga em uma panela média, junte o arroz e cozinhe por 1 minuto, mexendo sempre.

Adicione ao leite 4 colheres (chá) de açúcar mascavo e a canela e mexa. Despeje o leite lentamente na panela do arroz e deixe ferver por 20 minutos em fogo baixo. Acrescente mais leite, se necessário. Disponha o arroz-doce em pequenas tigelinhas.

Salpique com as nozes picadas, polvilhe com o açúcar restante e sirva.

Variação: arroz-doce com damasco. Substitua as pecãs por 100 g de damascos secos picados e as avelãs por 100 g de amêndoas e frutas cristalizadas variadas.

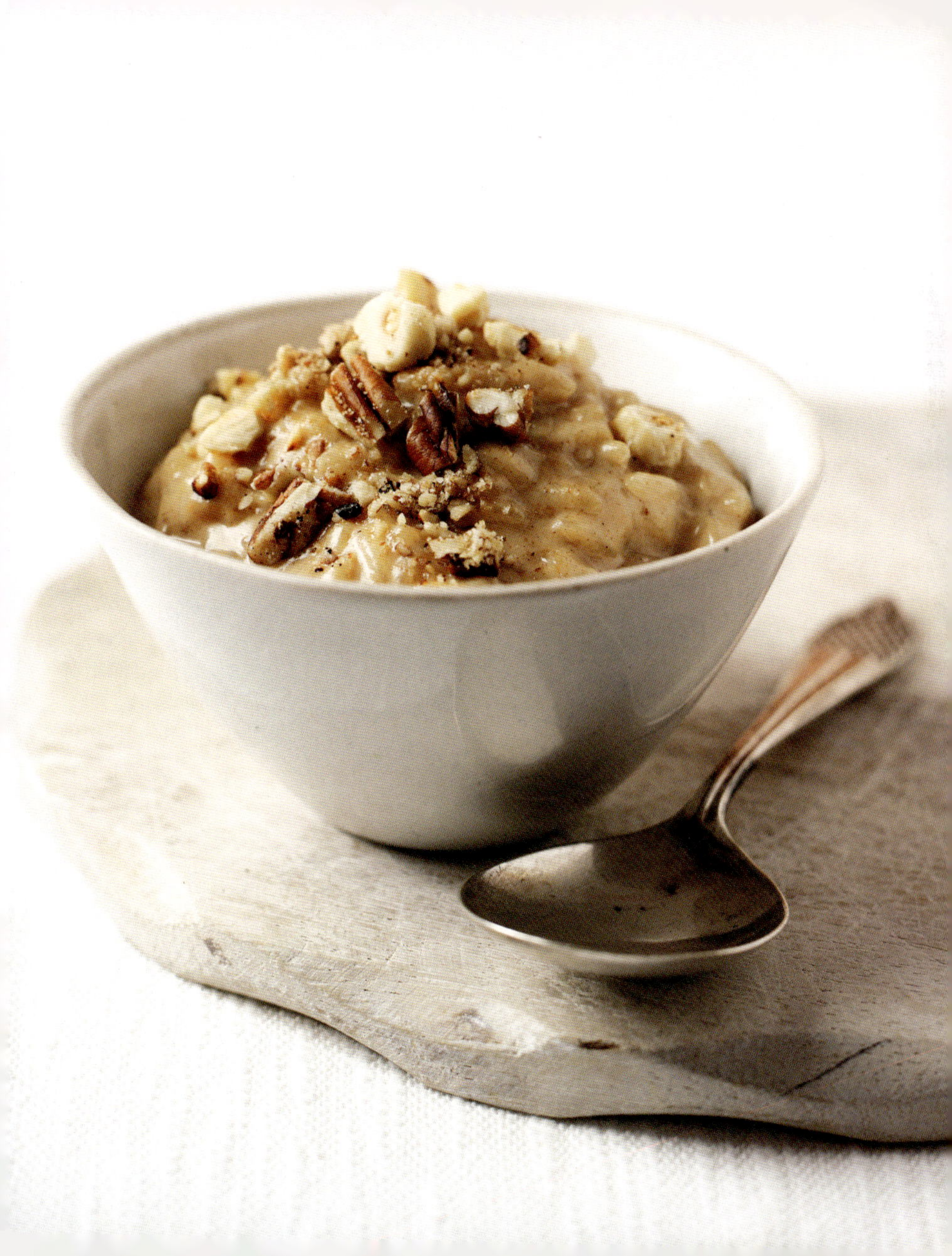

sorbet de tangerina

4-6 porções
Preparo: **25 minutos**, mais o tempo de refrigeração
Cozimento: **20 minutos**

250 g de **açúcar mascavo**
cascas de 2 **tangerinas**, mais um pouco para decorar
300 ml de **suco de tangerina**
Campari para servir (opcional)

Coloque o açúcar com 250 ml de água em uma panela pequena e aqueça em fogo baixo, mexendo até que ele se dissolva.

Junte as cascas de tangerina e aumente o fogo. Deixe ferver por 12 minutos, sem mexer, e reserve.

Quando esfriar, acrescente o suco e mexa bem. Leve à geladeira por 2 horas.

Despeje o xarope gelado de tangerina em uma máquina de fazer sorvete e bata por 10 minutos. Quando o sorvete estiver quase congelando, retire-o e coloque em um recipiente de plástico. Leve ao freezer por mais 1 hora. Como alternativa, ponha a mistura em um recipiente de metal e deixe no freezer por 2 horas. Bata de hora em hora, para eliminar o gelo, até o momento de servir.

Disponha em taças, sirva com algumas colheres de Campari gelado e decore com as cascas de tangerina.

Variação: sorbet de papaia e limão. Dissolva 125 g de açúcar mascavo em 150 ml de água. Deixe ferver por 5 minutos e reserve até esfriar. Pique uma papaia madura e passe no processador com o xarope. Junte as cascas e o suco de 2 limões e proceda como na receita original.

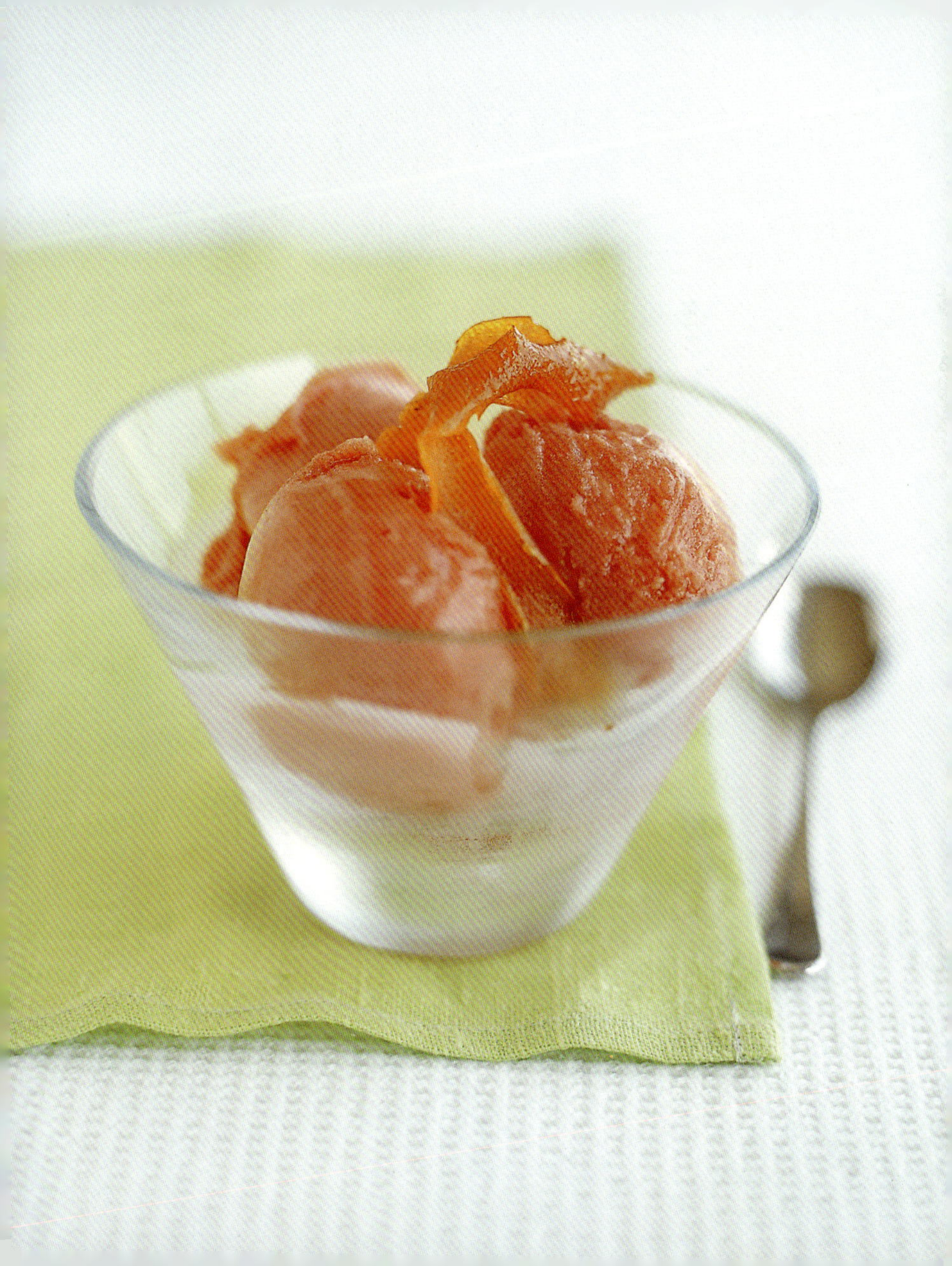

doce de frutas crocante

4 porções
Preparo: **10 minutos**
Cozimento: **25 minutos**

200 g de **farinha de trigo**
uma pitada de **sal**
150 g de **manteiga sem sal**
200 g de **açúcar mascavo**
500 g de **maçãs** descascadas e picadas
125 g de **framboesas**
3 colheres (sopa) de **suco de laranja**
sorvete de **framboesa** para servir

Coloque a farinha, o sal e a manteiga em uma tigela e mexa levemente com a mão até que a mistura se assemelhe a farelos de pão. Junte 150 g do açúcar.

Misture as frutas, o açúcar restante e o suco de laranja, mexa bem e coloque em uma travessa untada de manteiga. Disponha a mistura de farinha por cima e asse em forno preaquecido (200°C) por 25 minutos ou até dourar.

Retire do fogo e sirva quente com o sorvete de framboesa.

Variação: doce de ameixas e peras crocante.
Substitua a maçã e as framboesas por 450 g de ameixas frescas sem casca e cortadas em cubos e 4 peras descascadas e cortadas em cubos.

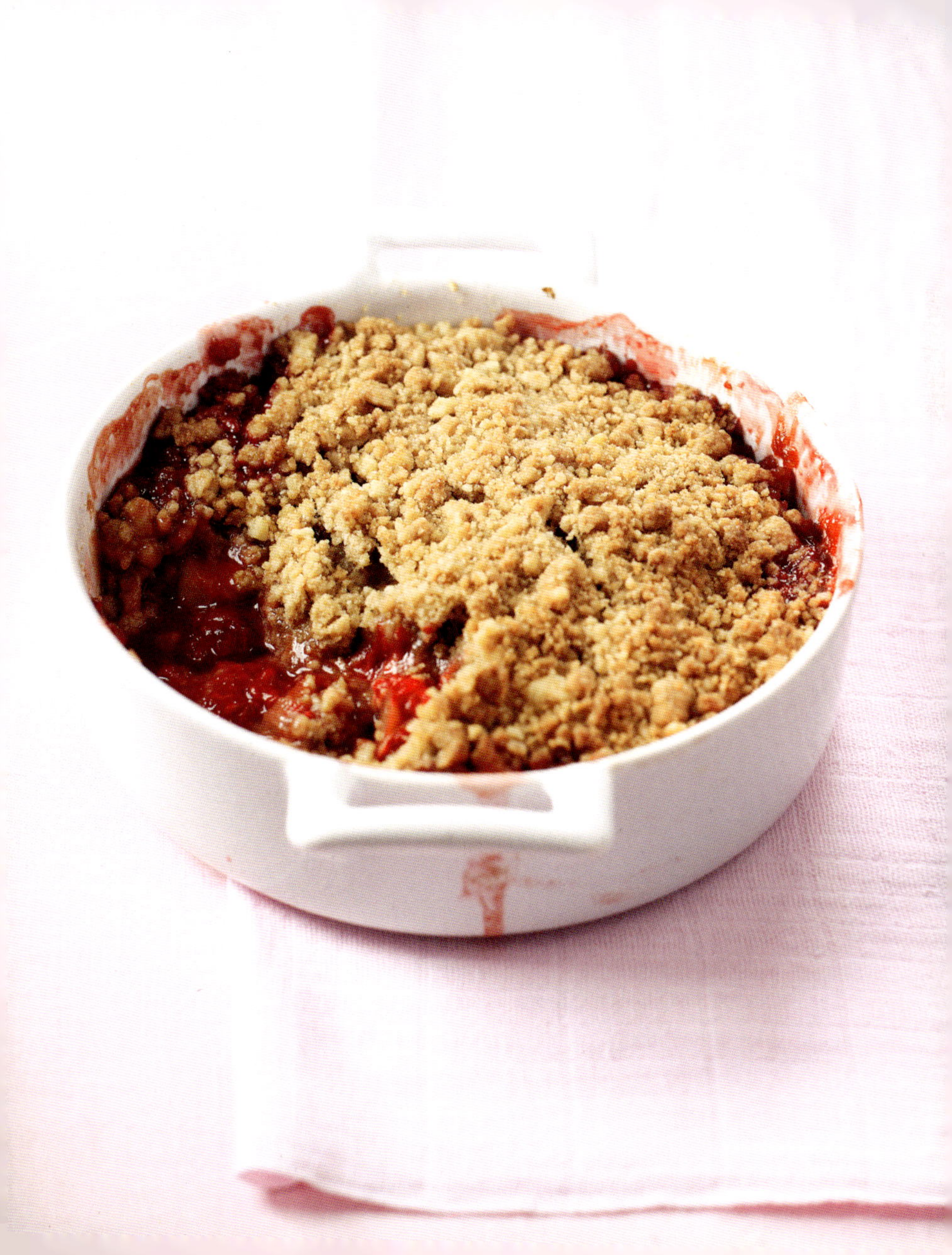

suflê de chocolate com framboesa

4 porções
Preparo: **10 minutos**
Cozimento: **13-18 minutos**

100 g de **chocolate meio amargo**
3 **ovos** separados
50 g de **farinha com fermento**
40 g de **açúcar refinado**
150 g de **framboesas**, mais um pouco para servir
açúcar de confeiteiro para polvilhar

Quebre o chocolate em quadrados e leve para derreter em banho-maria. Espere esfriar um pouco e junte as gemas. Mexa bem e adicione a farinha. Misture bem.

Bata as claras em neve e junte o açúcar. Bata mais um pouco e incorpore as claras à mistura de chocolate.

Coloque as framboesas no fundo de tigelas individuais refratárias e untadas com manteiga. Despeje a massa do suflê e asse em forno preaquecido (190°C) por 12-15 minutos. Polvilhe com açúcar de confeiteiro e sirva com mais framboesas, se desejar.

Variação: suflê de chocolate branco e manga.
Use chocolate branco no lugar do preto e 1 manga em cubinhos em vez da framboesa.

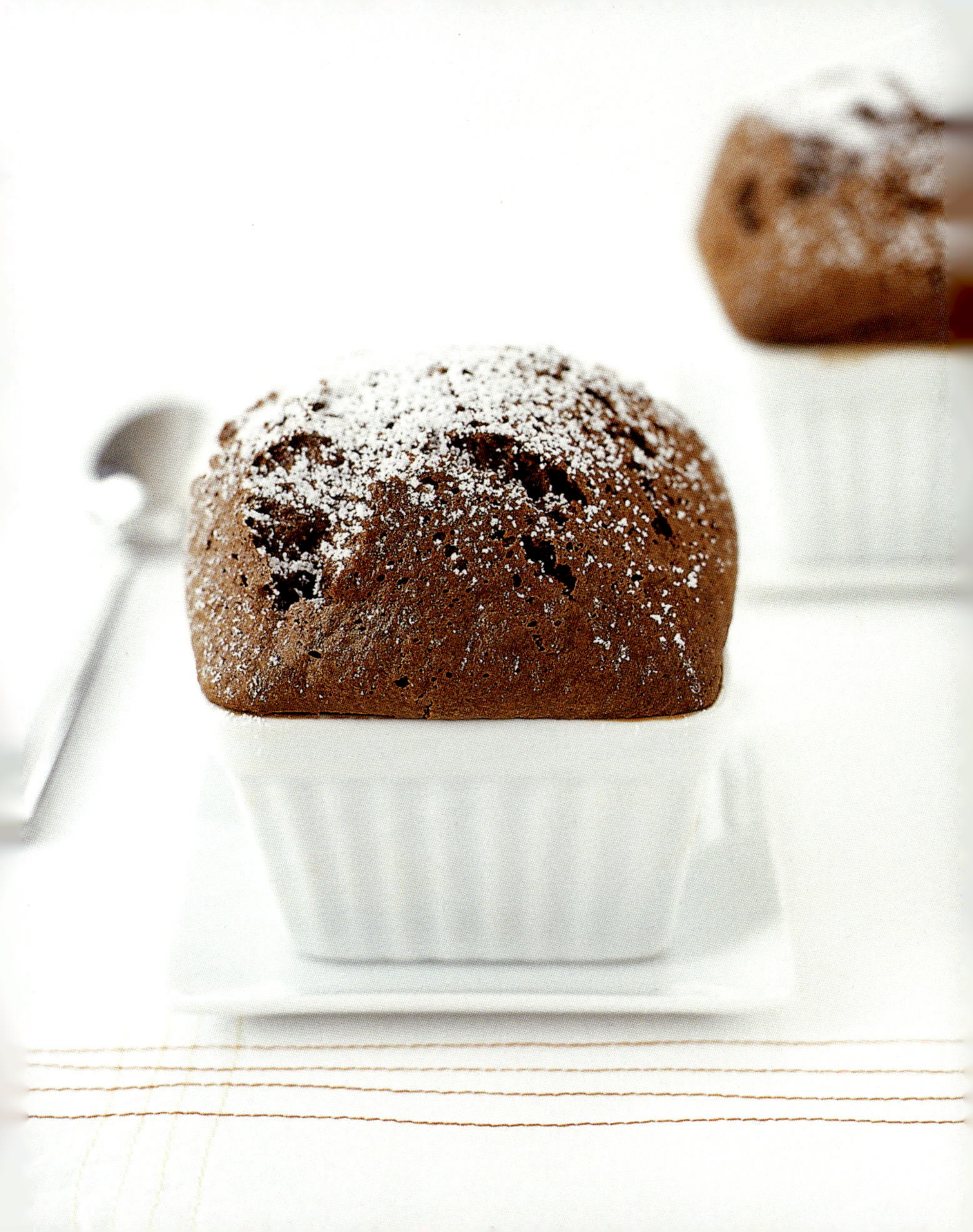

crunch de frutas vermelhas

4-6 porções
Preparo: **10 minutos**
Cozimento: **20 minutos**

- 50 g de **aveia em flocos**
- 15 g de **manteiga** derretida
- ½ colher (chá) de **canela em pó**
- ½ colher (chá) de **gengibre em pó**
- ½ colher (chá) de **cravo em pó**
- 1 colher (sopa) de **mel**
- 2 colheres (sopa) de **uvas-passas**
- 400 g de **frutas vermelhas** variadas
- 50 g de **açúcar de confeiteiro**, mais um pouco para servir
- 2 colheres (sopa) de **creme de cassis**
- ½ colher (chá) de **essência de baunilha**
- 1 colher (sopa) de **castanhas-de-caju picadas**

Misture bem a aveia com a manteiga, os temperos e o mel. Coloque em uma assadeira e doure por 20 minutos (180°C). Deixe esfriar, adicione as uvas-passas e mexa bem.

Coloque as frutas em uma panela com o açúcar de confeiteiro e 1 colher (sopa) de água. Cozinhe em fogo médio para baixo, mexendo às vezes, até que as frutas comecem a amolecer. Retire do fogo e junte o creme de cassis e a essência de baunilha.

Disponha as frutas em pratos, salpique a aveia e as castanhas-de-caju e polvilhe o açúcar de confeiteiro.

Variação: crunch de ameixas. Tire as sementes de 500 g de ameixas frescas de cores variadas e pique-as. Cozinhe-as em 100 ml de suco de maçã. Substitua o creme de cassis por gim. Disponha em pratos e finalize como descrito na receita original.

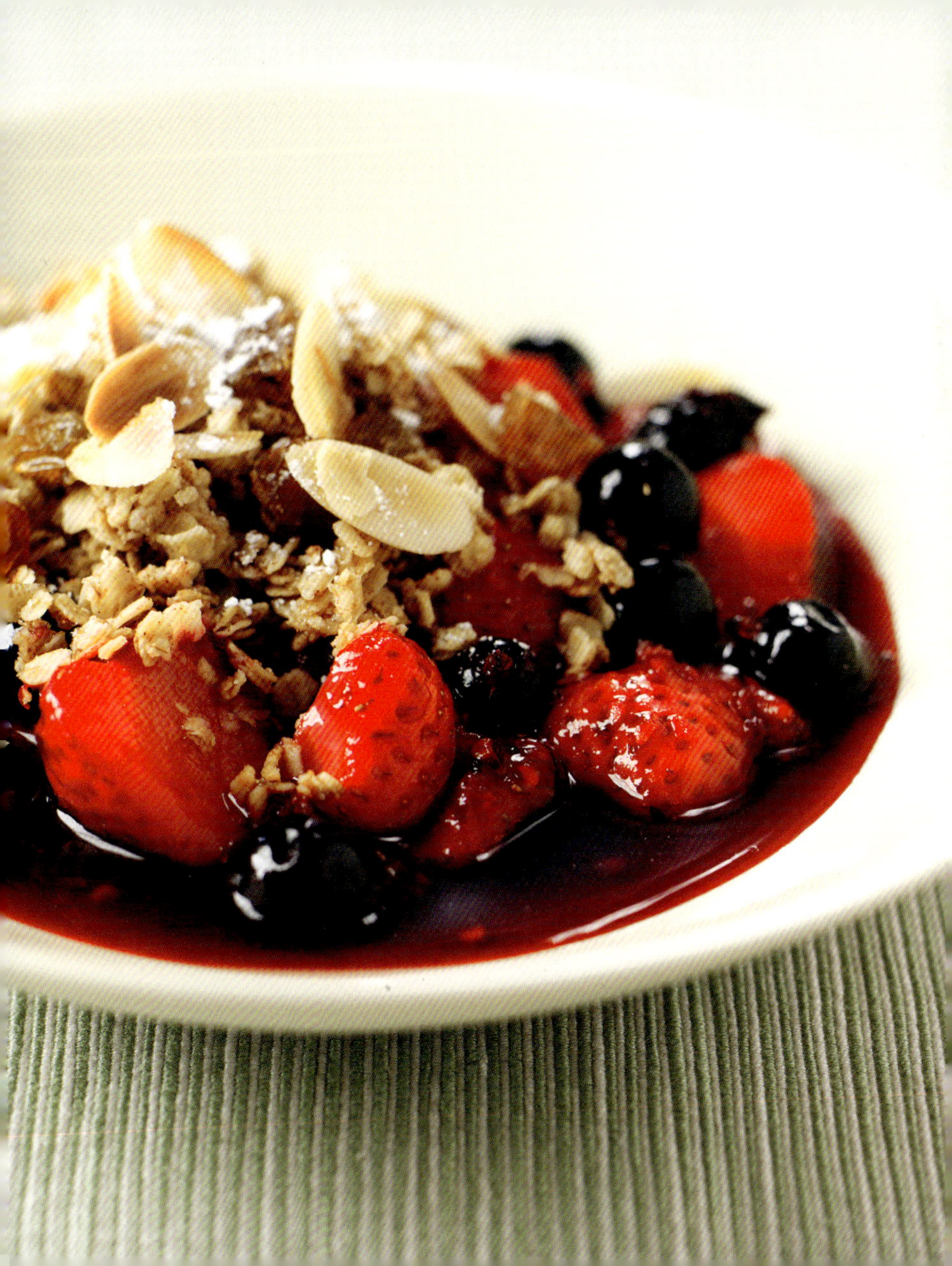

pudim de limão

4 porções
Preparo: **10 minutos**, mais o tempo de infusão
Cozimento: **1 hora**

12 **folhas de louro** amassadas
2 colheres (sopa) de raspas de **limão**
100 ml de **creme leite fresco**
4 **ovos**
1 **gema**
150 g de **açúcar de confeiteiro**
100 ml de **suco de limão**

Leve ao fogo em uma panela pequena as folhas de louro, as raspas de limão e o creme de leite e espere levantar fervura. Desligue e deixe descansar por 2 horas.

Misture os ovos, a gema e o açúcar até obter um creme macio. Junte o suco de limão e mexa. Passe a mistura de creme de leite em uma peneira e adicione os ovos batidos. Mexa bem e retire as folhas de louro, reservando 4 delas para decorar. Divida em 4 potinhos individuais.

Asse em forno preaquecido (120°C) por 50 minutos. Desligue e deixe esfriar antes de servir. Decore com as folhas de louro.

Variação: tortinhas de limão. Misture 1 colher (sopa) de açúcar com 1 ovo, 150 ml de leite morno e uma pitada de sal. Distribua a mistura em 12 potinhos forrados de massa para torta. Asse em forno preaquecido (220°C) por 20-25 minutos e polvilhe com noz-moscada.

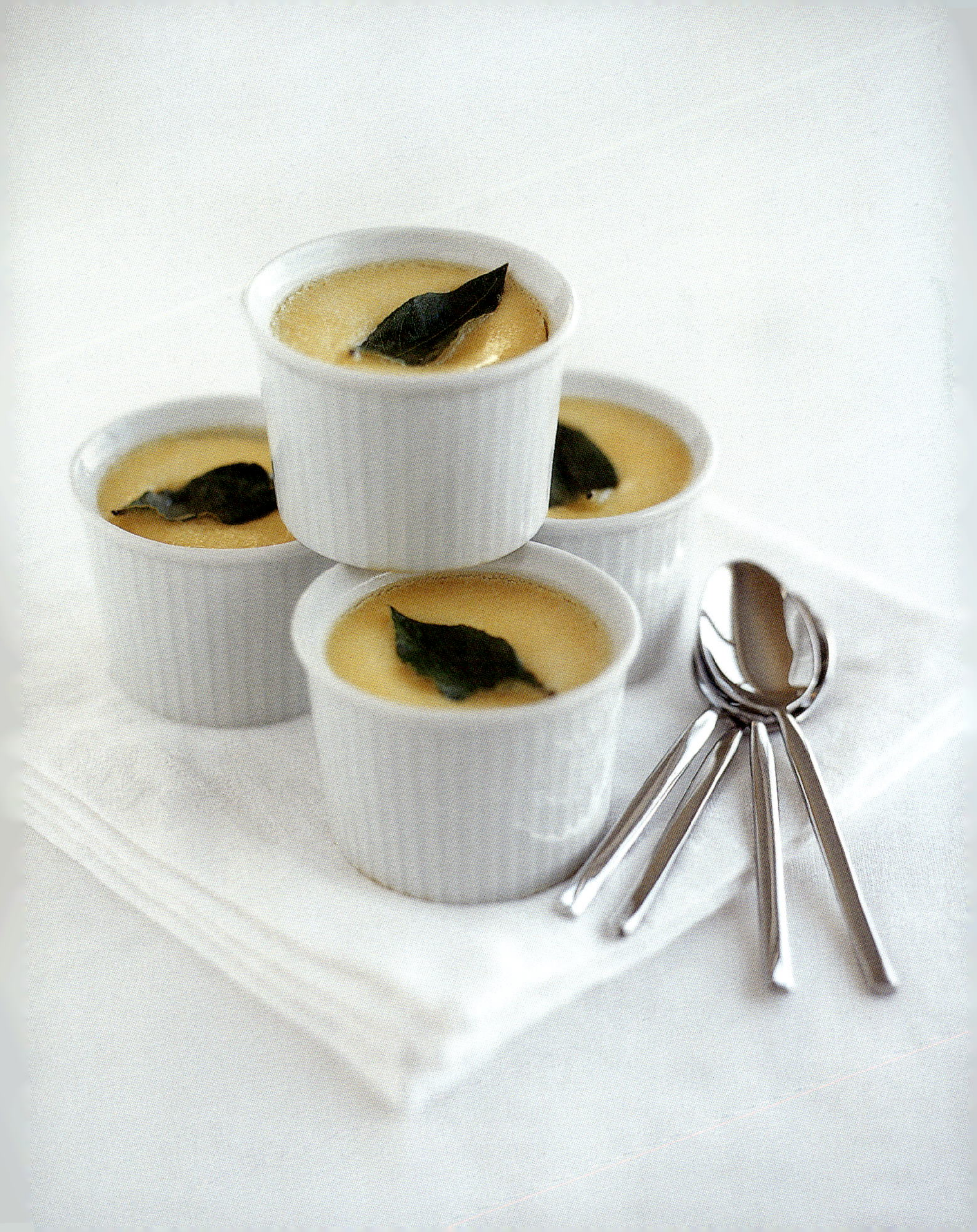

brioches com calda de chocolate

4 porções
Preparo: **5 minutos**
Cozimento: **12 minutos**

100 g de **chocolate amargo**
125 g de **manteiga**
4 colheres (sopa) de **creme de leite fresco**
1 colher (sopa) de **xarope de glicose**
4 fatias grossas de **brioche**
100 g de **açúcar demerara**
4 bolas de **sorvete de baunilha**
2 colheres (sopa) de **amêndoas** em lascas

Coloque o chocolate, 25 g de manteiga, o creme de leite e o xarope em uma panela de fundo grosso e leve ao fogo para derreter e formar a calda. Mexa ocasionalmente.

Derreta a manteiga restante e passe nas fatias de brioche. Polvilhe com o açúcar.

Aqueça uma frigideira antiaderente em fogo baixo e doure as fatias de brioche por 3-4 minutos de cada lado.

Sirva quente com sorvete por cima e bastante calda. Salpique com amêndoas.

Variação: brioches com sorvete. Repita a receita, mas use sorvete de chocolate e chantilly e cubra com chocolate picado.

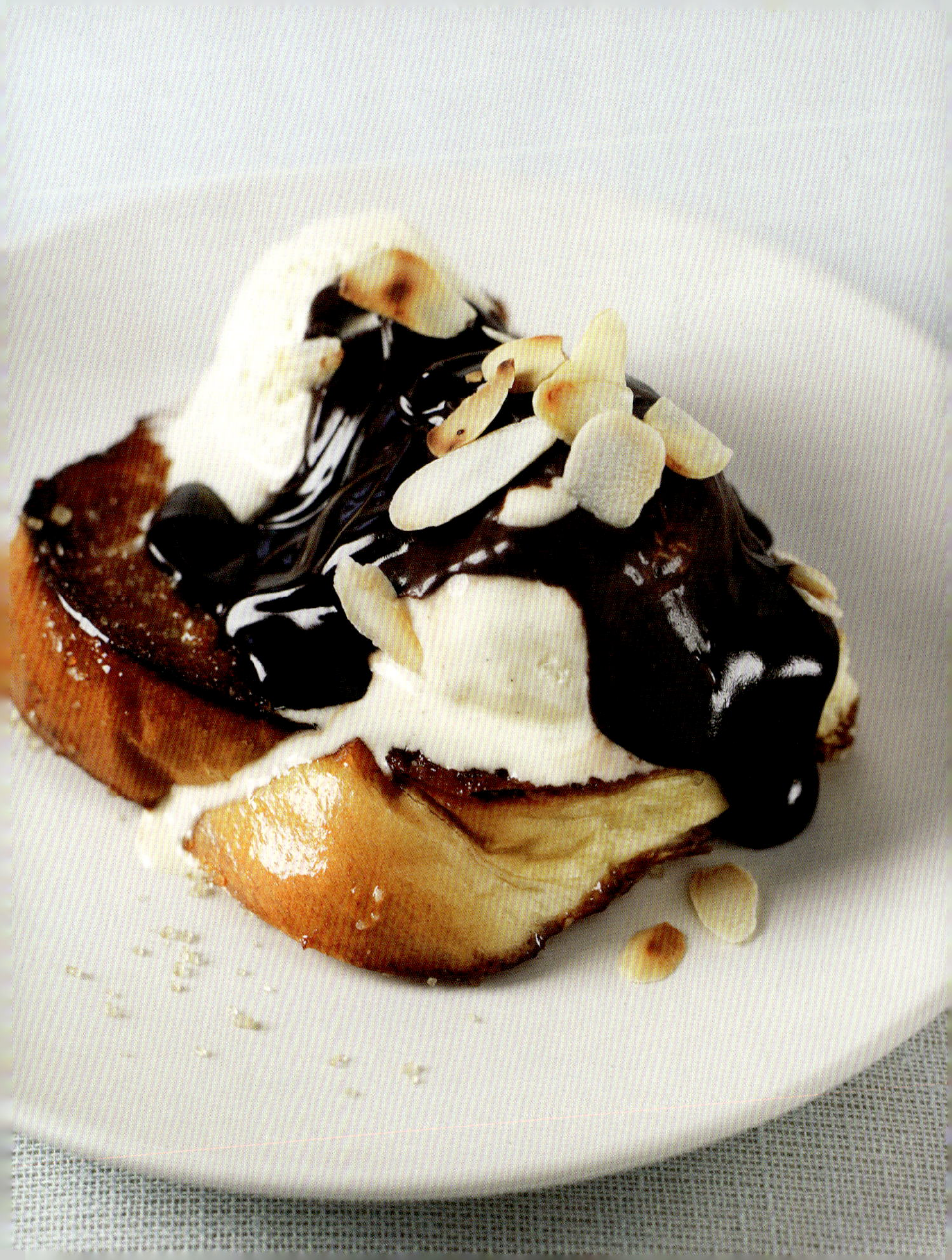

bolinhos de grapefruit

6 porções
Preparo: **15 minutos**
Cozimento: **40 minutos**

1 **grapefruit** sem pele nem membranas cortado em fatias finas
6 colheres (sopa) de **xarope de glicose**
175 g de **manteiga** sem sal
275 g de **açúcar refinado**
2 **ovos**
175 g de **farinha de trigo com fermento**
uma pitada de **sal**
raspas de 1 **limão**
2 colheres (sopa) de **suco de grapefruit**
2-3 colheres (sopa) de **leite**

Coloque as fatias de grapefruit no fundo de 6 forminhas untadas com manteiga. Regue com um pouco de xarope de glicose e reserve.

Bata a manteiga e o açúcar até obter um creme. Junte os ovos, um de cada vez, batendo bem. Acrescente os outros ingredientes e mexa bem.

Despeje a mistura nas forminhas. Disponha-as em uma assadeira com água e asse em banho-maria, no forno preaquecido (180°C), por 40 minutos.

Retire as forminhas do forno e da assadeira e deixe esfriar por 5 minutos. Desenforme e sirva com creme (ver sugestão abaixo).

Acompanhamento: creme inglês. Ferva 450 ml de leite com uma fava de baunilha partida e retire do fogo. Bata 6 gemas e 125 g de açúcar mascavo. Adicione ao leite quente aos poucos, mexendo sempre. Leve a panela de volta ao fogo e mexa vigorosamente até engrossar. Elimine a fava de baunilha e sirva.

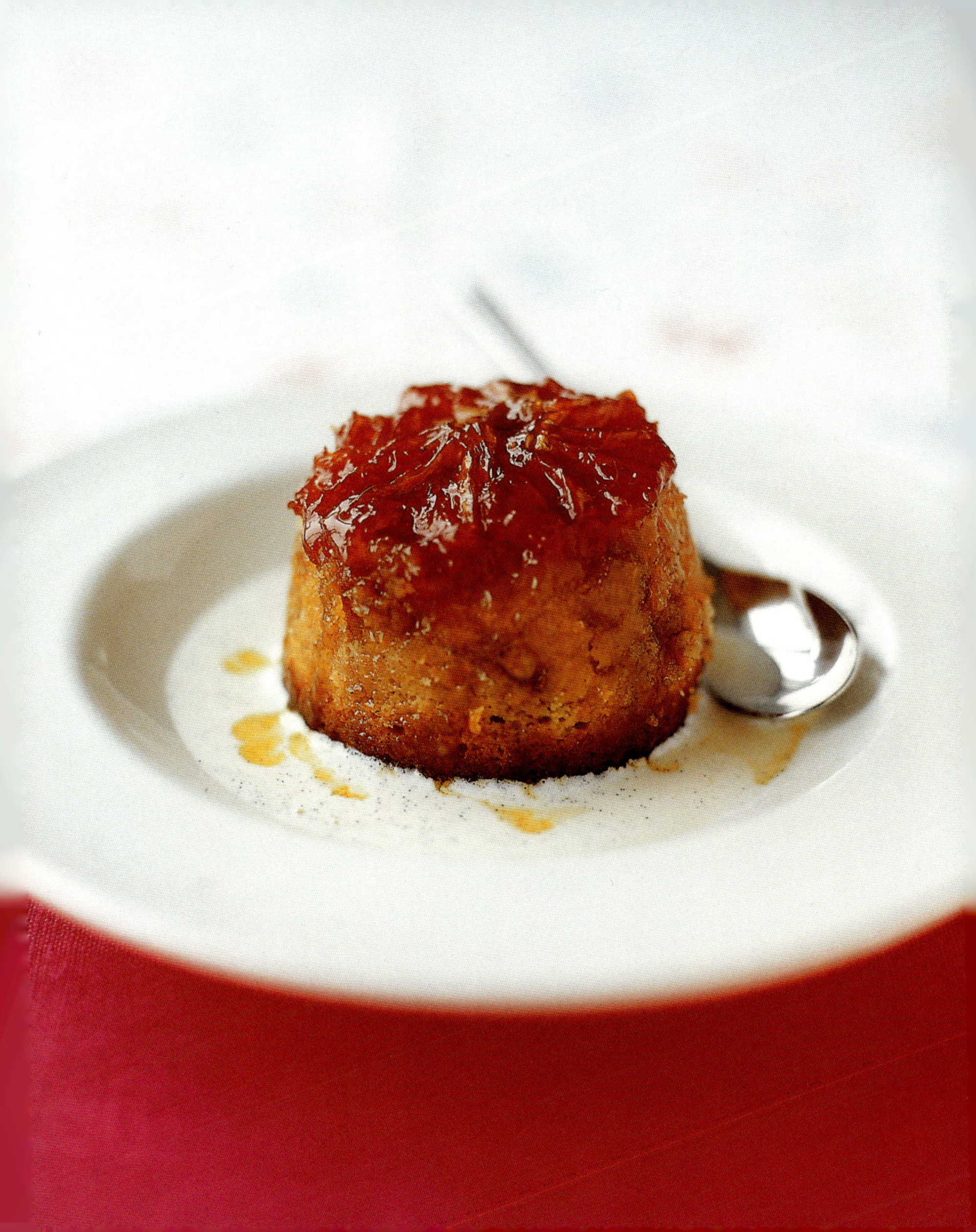

minipavê de frutas vermelhas

4 porções
Preparo: **15 minutos**

400 g de **frutas vermelhas** variadas
3 colheres (sopa) de **licor de cereja**
1 colheres (sopa) de **xarope de glicose**
2 **pães doces** cortados em pedaços
150 ml de **chantilly**

Coloque as frutas, o licor e o xarope em uma tigela e amasse a mistura levemente com um garfo.

Disponha os pedaços de muffin no fundo de uma tigela de vidro, espalhe as frutas por cima e, em seguida, cubra com o chantilly. Decore com frutas.

Variação: minipavê floresta negra. Forre uma tigela com pedaços de bolo de chocolate. Substitua as frutas vermelhas por amoras. Misture gotas de essência de baunilha no chantilly antes de servir.

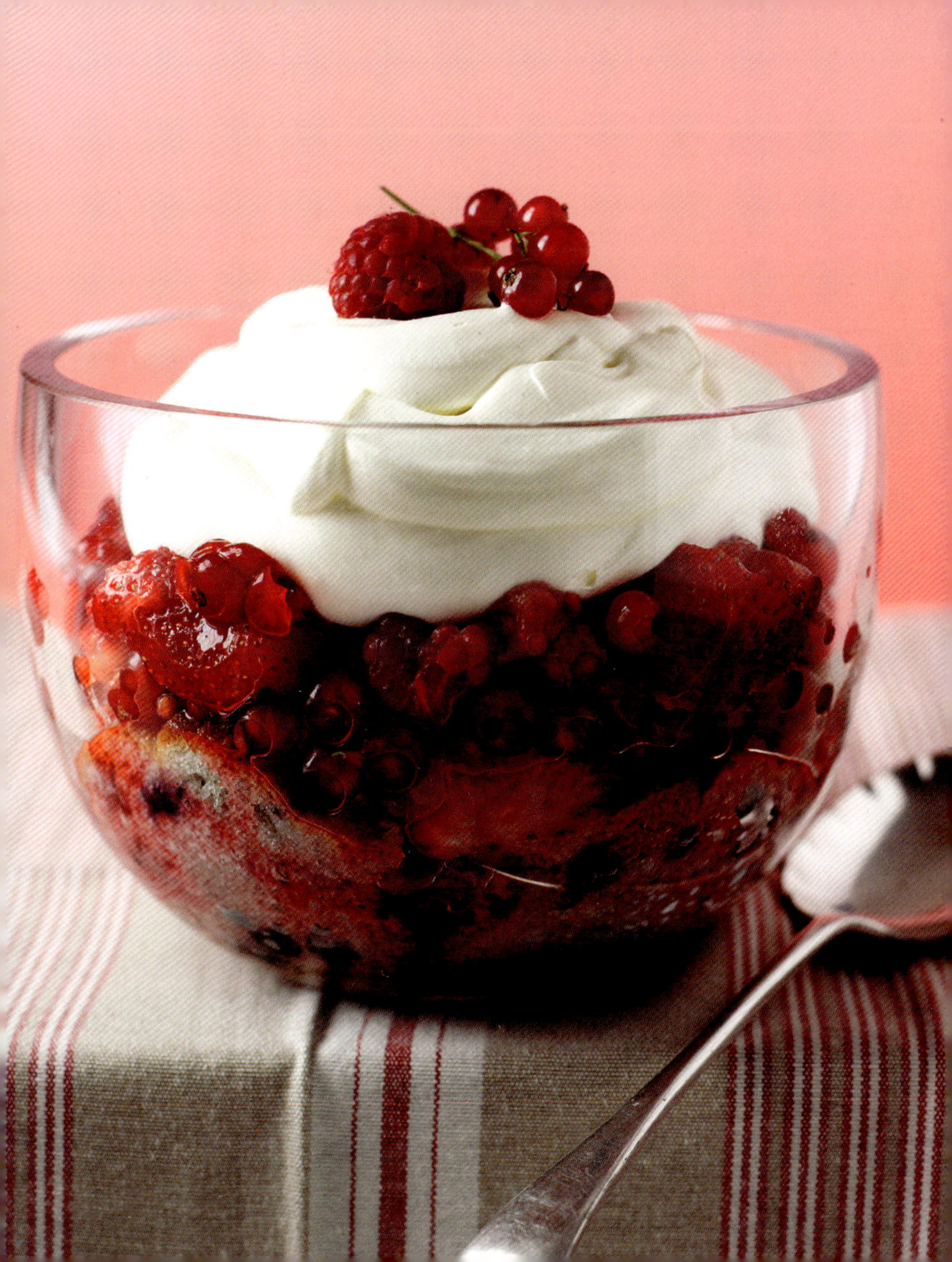

brownies com laranja

16 porções
Preparo: **15-20 minutos**
Cozimento: **30-35 minutos**

250 g de **chocolate amargo**
250 g de **manteiga** sem sal
150 g de **açúcar mascavo**
4 **ovos**
1 colher (chá) de **essência de laranja**
raspas de 1 **laranja**
175 g de **farinha de trigo**
uma pitada de **sal**
1 colher (chá) de **fermento em pó**
75 g de **macadâmias** picadas
150 g de **chocolate ao leite** picado

Coloque o chocolate amargo e a manteiga em uma panela de fundo grosso e leve ao fogo baixo. Mexa bem até que tudo derreta, desligue o fogo, junte o açúcar, mexa novamente e passe para uma tigela.

Adicione ao chocolate os ovos, a essência e as raspas de laranja. Misture bem.

Peneire a farinha, o sal e o fermento na tigela e mexa bem. Junte as macadâmias e o chocolate picado.

Disponha a mistura em uma fôrma untada de 20 x 30 cm. Asse em forno preaquecido (180°C) por 25-30 minutos. Deixe esfriar, corte em pedaços e sirva.

Variação: brownies com gengibre. Substitua a essência e as raspas de laranja por 1 colher (sopa) de gengibre em pó misturado à farinha e troque o chocolate por 50 g de gengibre glaceado.

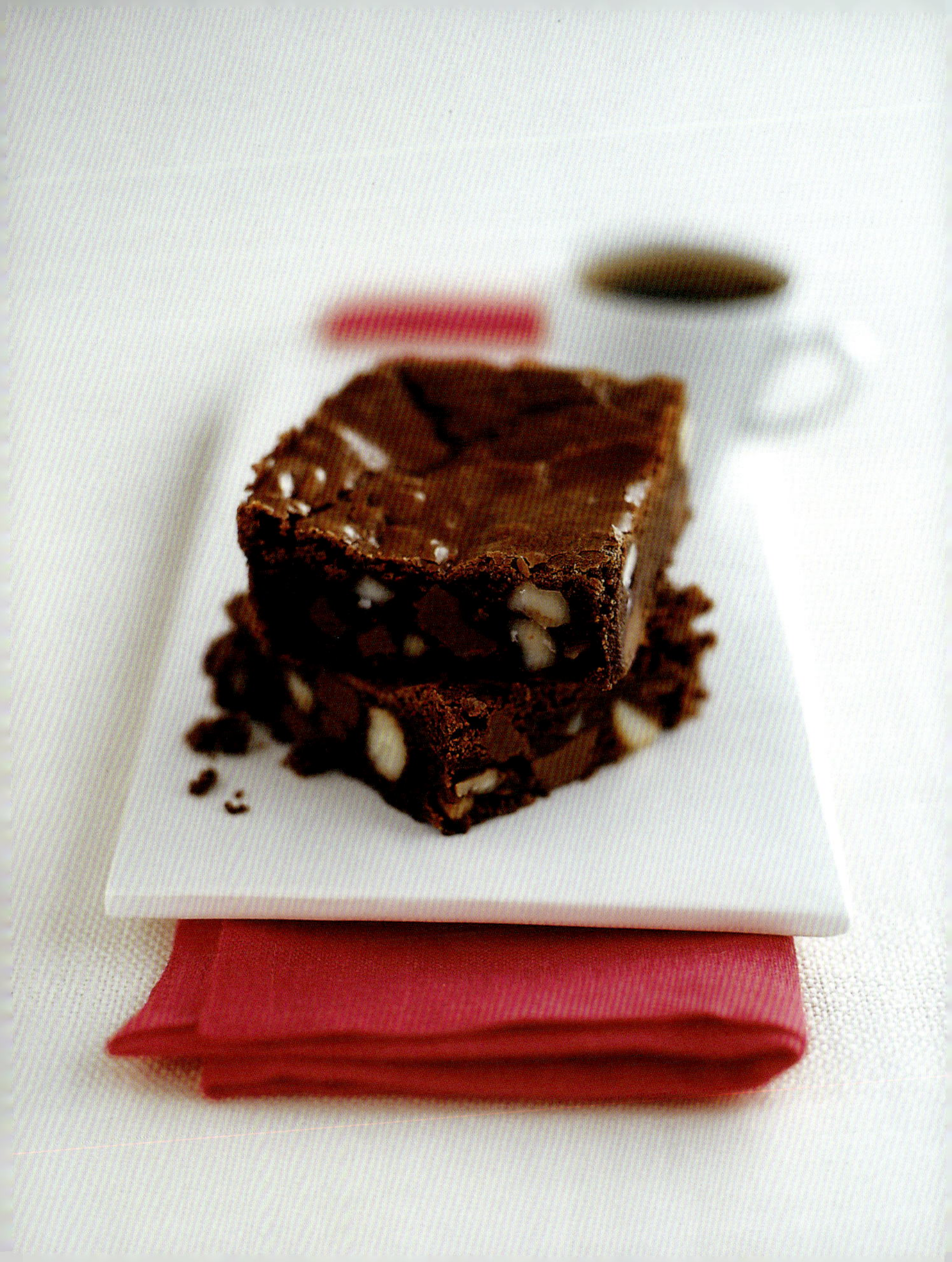

creme de maçã

4 porções
Preparo: **15** minutos
Cozimento: **15-23** minutos

2 sachês de **chá preto**
1 colher (sopa) de **mel**
3 colheres (sopa) de **uvas-passas**
3 **maçãs** sem casca e em cubos
½ colher (chá) de **canela em pó**
25 g de **açúcar mascavo**
25 g de **manteiga** sem sal
150 g de **creme de leite**
açúcar de confeiteiro
biscoitos de gengibre
para servir

Faça o chá em 100 ml de água quente. Junte o mel e as uvas-passas e reserve.

Coloque as maçãs em uma panela com a canela, o açúcar e a manteiga. Mexa bem e adicione o chá. Cozinhe até obter um purê.

Desligue o fogo, acrescente o creme de leite e misture. Distribua em potinhos individuais refratários.

Polvilhe com o açúcar de confeiteiro e ponha sobre uma grelha elétrica, para que o açúcar caramelize. Sirva com biscoitos de gengibre.

Variação: creme de framboesa. Amasse levemente com um garfo 250 g de framboesas com 2 colheres (sopa) de mel. Junte 1 colher (sopa) de água de rosas e 3 colheres (sopa) de amêndoas moídas. Coloque a mistura em potinhos individuais, cubra com chantilly e sirva.

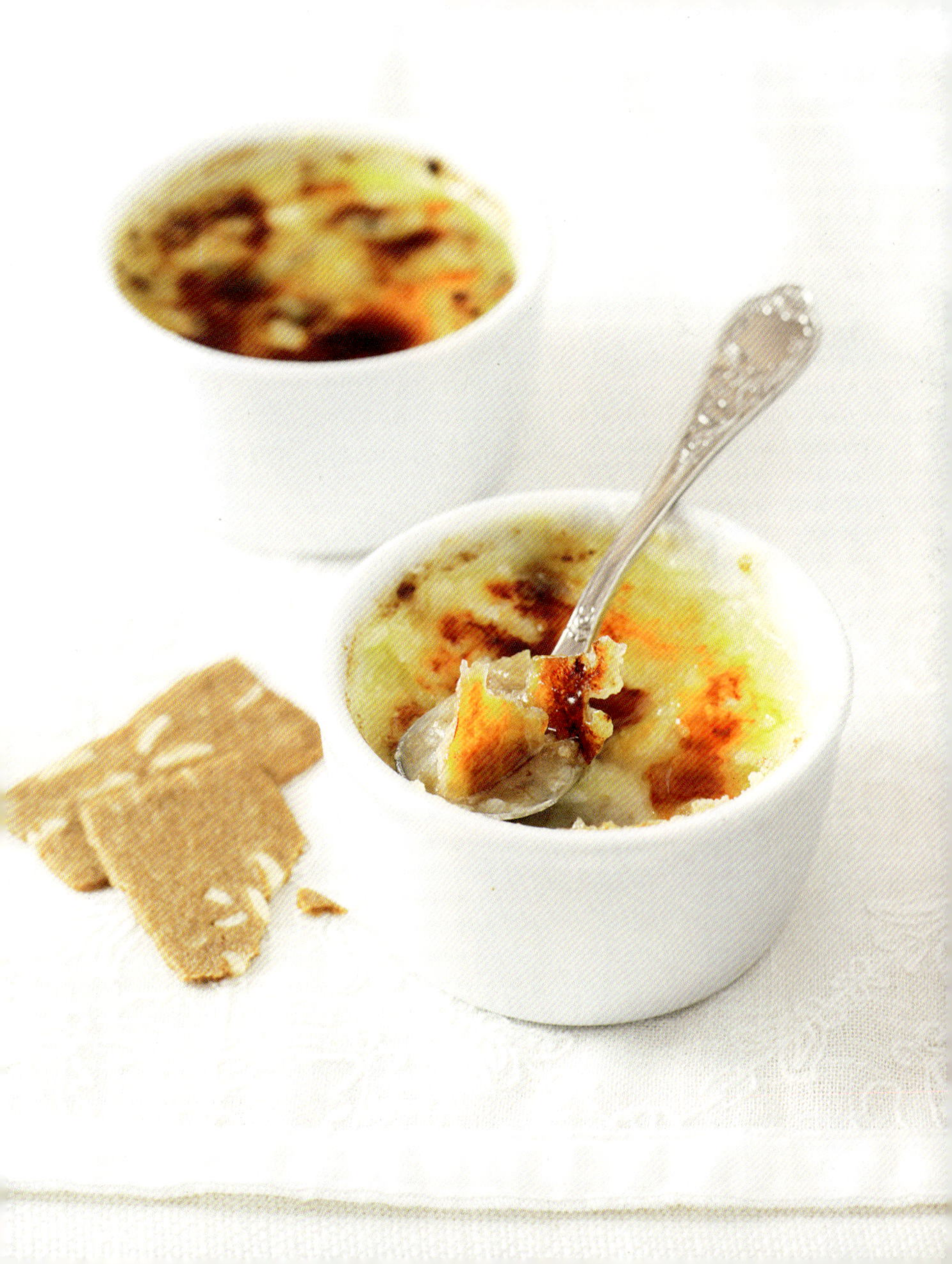

croissant com mascarpone

4 porções
Preparo: **15 minutos**
Cozimento: **2-3 minutos**

75 g de **manteiga** sem sal derretida
4 **croissants** cortados ao meio
4 colheres (sopa) de **açúcar mascavo**
125 ml de **purê de castanha portuguesa** adoçado
125 ml de **mascarpone**
2 colheres (sopa) de **iogurte natural**
1 colher (sopa) de **mel**, mais um pouco para servir

Para servir
marrom-glacê picado (opcional)
grãos de **café** cobertos com chocolate (opcional)

Passe a manteiga em cada metade dos croissants e polvilhe com o açúcar. Reserve.

Bata o purê de castanha com o mascarpone, o iogurte e o mel até obter uma mistura homogênea.

Aqueça uma frigideira antiaderente e doure os croissants por 2-3 minutos.

Coloque os croissants em pratos, distribua o creme por cima e regue com mel. Salpique com marrom-glacê e grãos de café com chocolate, se desejar.

Variação: croissant com creme de chocolate.
Substitua o creme de castanha por cobertura de chocolate. Dispense o mel. Salpique com damascos secos picados antes de servir.

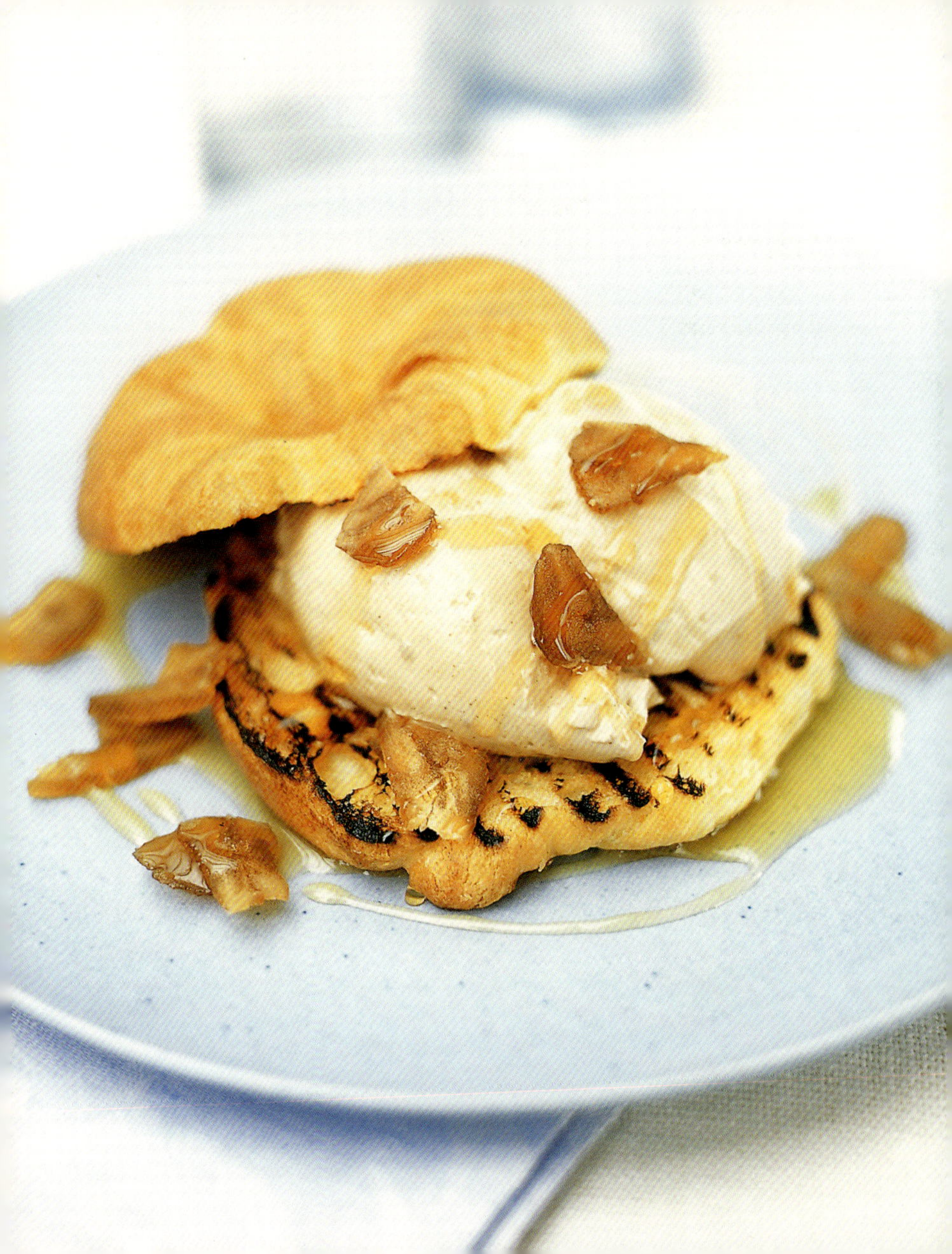

parfait de grapefruit

4 porções
Preparo: **15 minutos**

2 **grapefruits**
5 colheres (sopa) de **açúcar mascavo**
250 ml de **creme de leite**
175 ml de **coalhada seca**
½ colher (chá) de **gengibre em pó**
½ colher (chá) de **canela em pó**
3 colheres (sopa) de **chá de sabugueiro**
brandy para servir (opcional)

Raspe as cascas dos grapefruits. Corte-os em gomos, retirando todas as membranas e partes brancas. Ponha num prato, polvilhe com o açúcar e reserve.

Disponha o creme de leite e a coalhada em uma vasilha e mexa bem.

Adicione o restante dos ingredientes ao creme e misture bem.

Distribua camadas de creme e gomos de grapefruit, intercaladamente, em copos individuais. Sirva com doses de brandy, se desejar.

Variação: parfait de laranja e mirtilo. Use suco de mirtilo no lugar do chá de sabugueiro. Substitua o grapefruit por laranja e dispense o gengibre. Sirva decorado com raspas de chocolate.

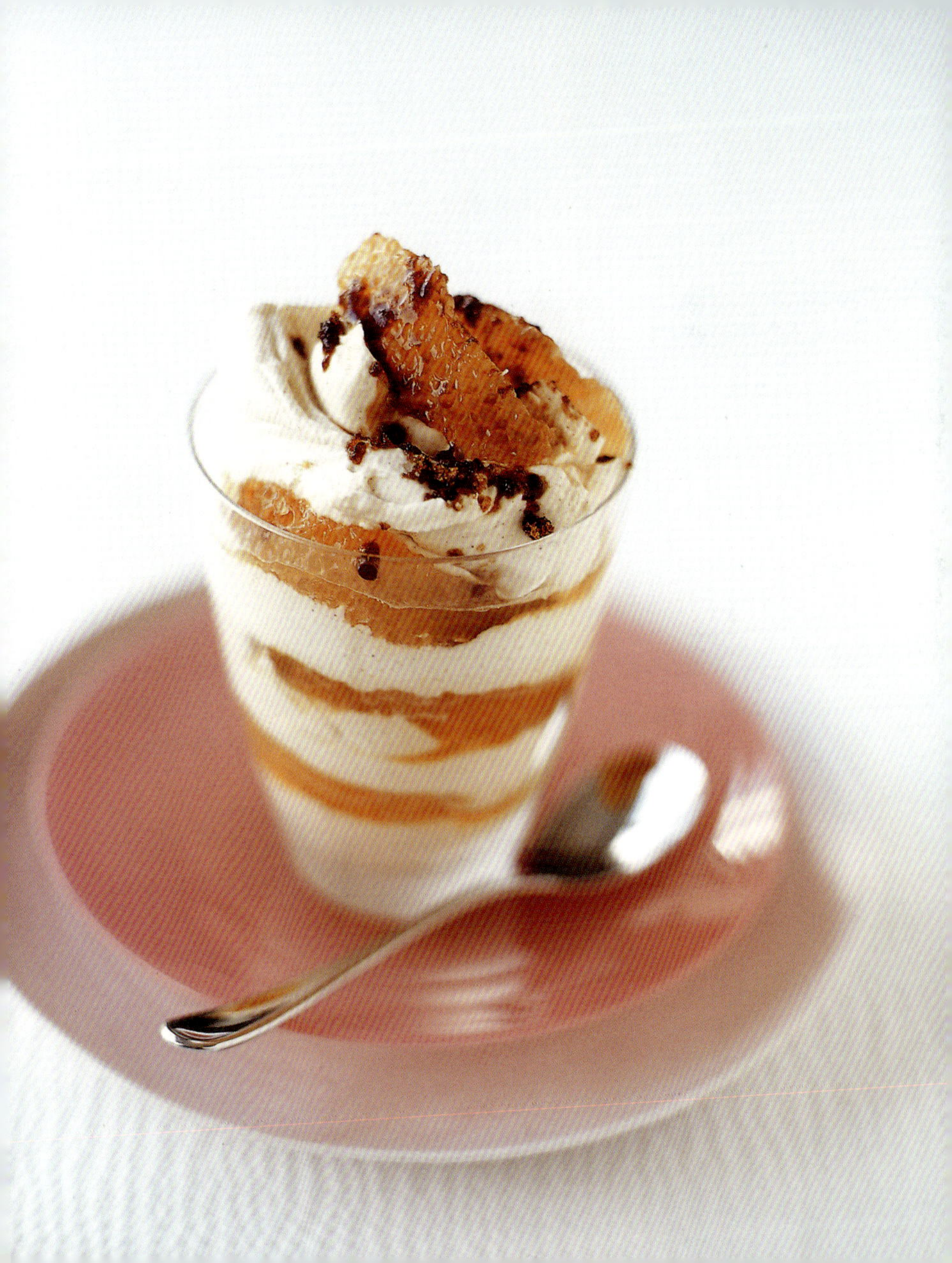

merengue com creme de castanha

4 porções
Preparo: **15 minutos**

250 g de **queijo fresco** ou ricota
1 colher (sopa) de **açúcar de confeiteiro**
100 g de **purê de castanha portuguesa**
100 g de **suspiros** amassados
chocolate amargo em lascas para decorar

Bata o queijo com o açúcar na batedeira. Junte metade do purê de castanha e os suspiros.

Divida o restante do purê de castanha em quatro copinhos individuais. Espalhe a mistura de suspiros por cima e decore com lascas de chocolate.

Variação: panquecas com creme de castanha.

Misture o purê de castanha portuguesa com o queijo fresco. Aqueça 8 panquecas prontas e recheie com a mistura de queijo. Enrole e polvilhe com chocolate em pó e açúcar de confeiteiro.

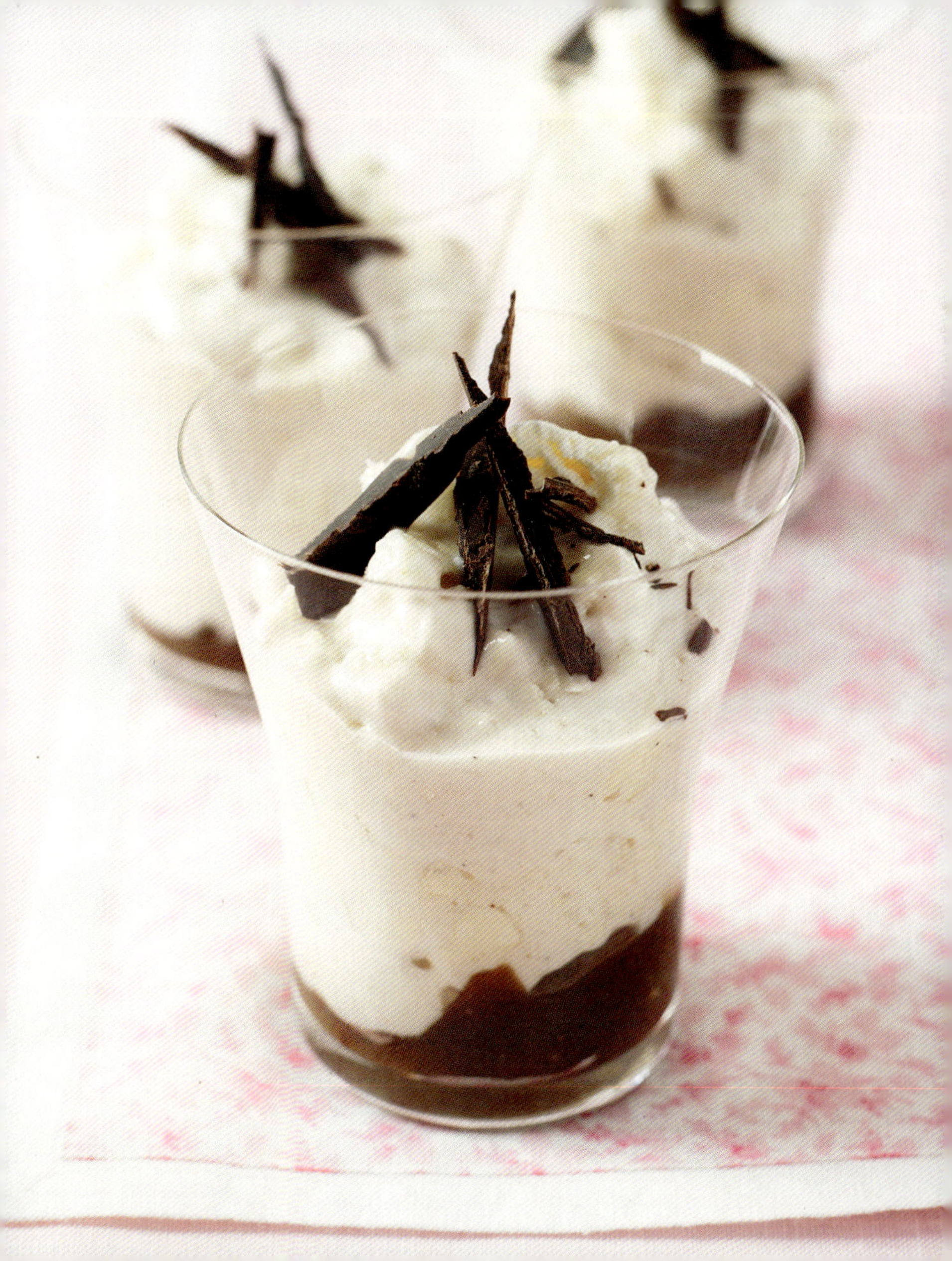

bolo de limão

4 porções
Preparo: **20 minutos**
Cozimento: **22-28 minutos**

5 **ovos**
100 g de **açúcar mascavo**
uma pitada de **sal**
125 g de **farinha de trigo**
1 colher (chá) de **fermento em pó**
raspas de 1 **limão**
1 colher (sopa) de **suco de limão**
100 g de **manteiga** derretida
creme de leite fresco para servir

Calda
250 g de **açúcar de confeiteiro**
125 ml de **suco de limão**
raspas de 1 **limão**
sementes de 1 **fava de baunilha**

Coloque os ovos, o açúcar e o sal em tigela refratária e ponha em banho-maria. Bata com um míxer por 2-3 minutos ou até a mistura aumentar de volume e adquirir a consistência de chantilly. Retire do fogo.

Peneire a farinha e o fermento, junte as raspas e o suco de limão, a manteiga e a mistura de ovos. Bata na batedeira até obter uma massa homogênea. Coloque em uma fôrma pequena untada e asse em forno preaquecido (180°C) por 20-25 minutos.

Ponha todos os ingredientes da calda em uma panela e leve ao fogo baixo, mexendo sempre, até o açúcar se dissolver. Aumente o fogo e deixe ferver por 5-6 minutos. Reserve.

Retire o bolo do forno, deixe descansar por 5 minutos e faça furos na superfície com um garfo. Regue com $2/3$ da calda e espere esfriar.

Corte o bolo em quadrados e sirva com o creme de leite e o restante da calda por cima.

Variação: bolo cítrico com sorvete. Use suco e raspas de laranja no lugar do limão e sirva com sorvete de limão.

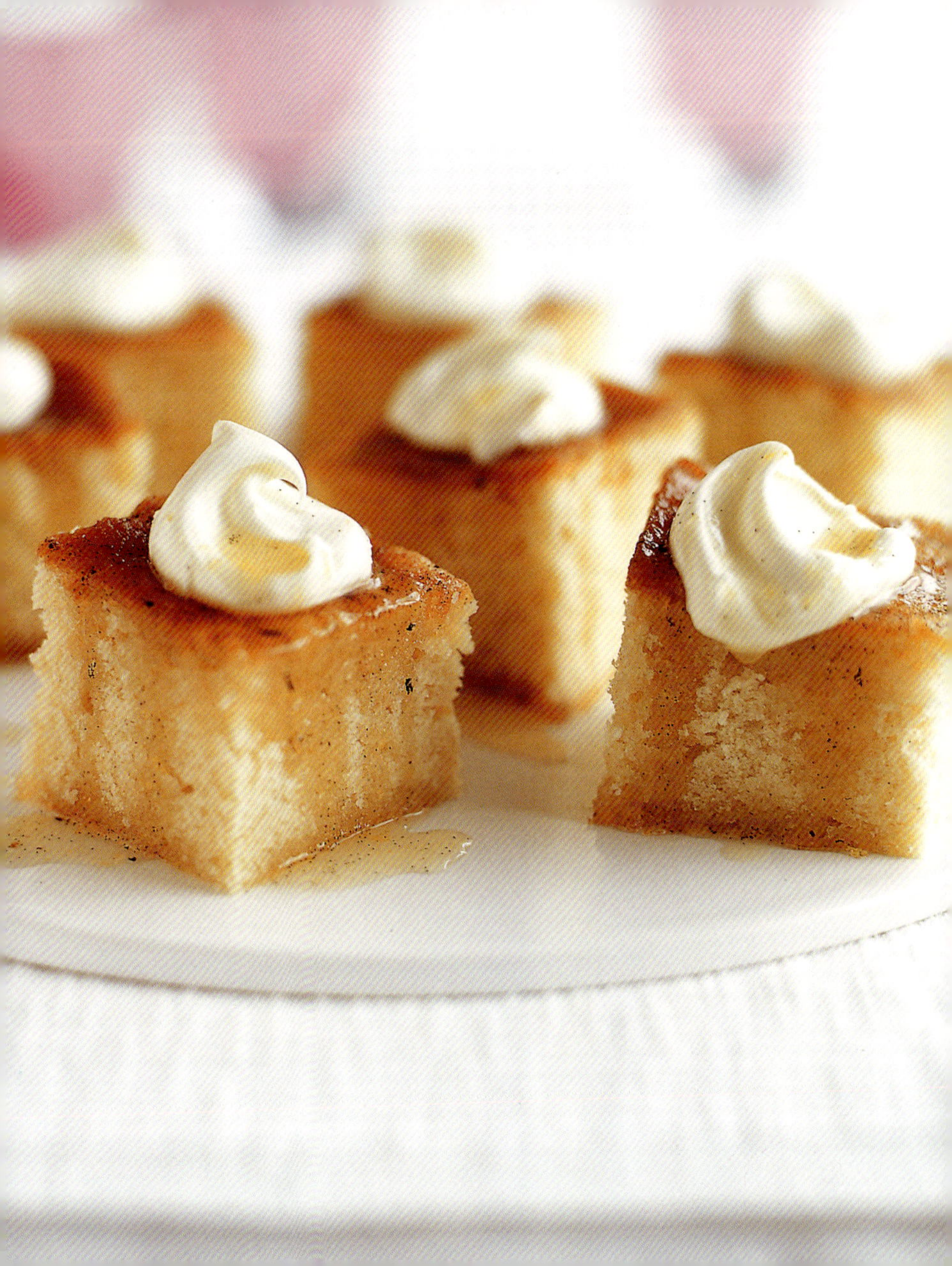

minimerengues de maracujá

4 porções
Preparo: **8 minutos**

6 **maracujás**
300 ml de **coalhada seca**
1 colher (sopa) de **mel**
200 ml de **chantilly**
biscoitos para servir

Misture a polpa e as sementes do maracujá com a coalhada e o mel.

Junte o chantilly. Distribua a mistura em copinhos individuais e sirva com os biscoitos.

Variação: minimerengues de manga. Substitua o maracujá pelo purê de uma manga bem madura junto com as raspas de 1 limão e açúcar a gosto. Não use mel.

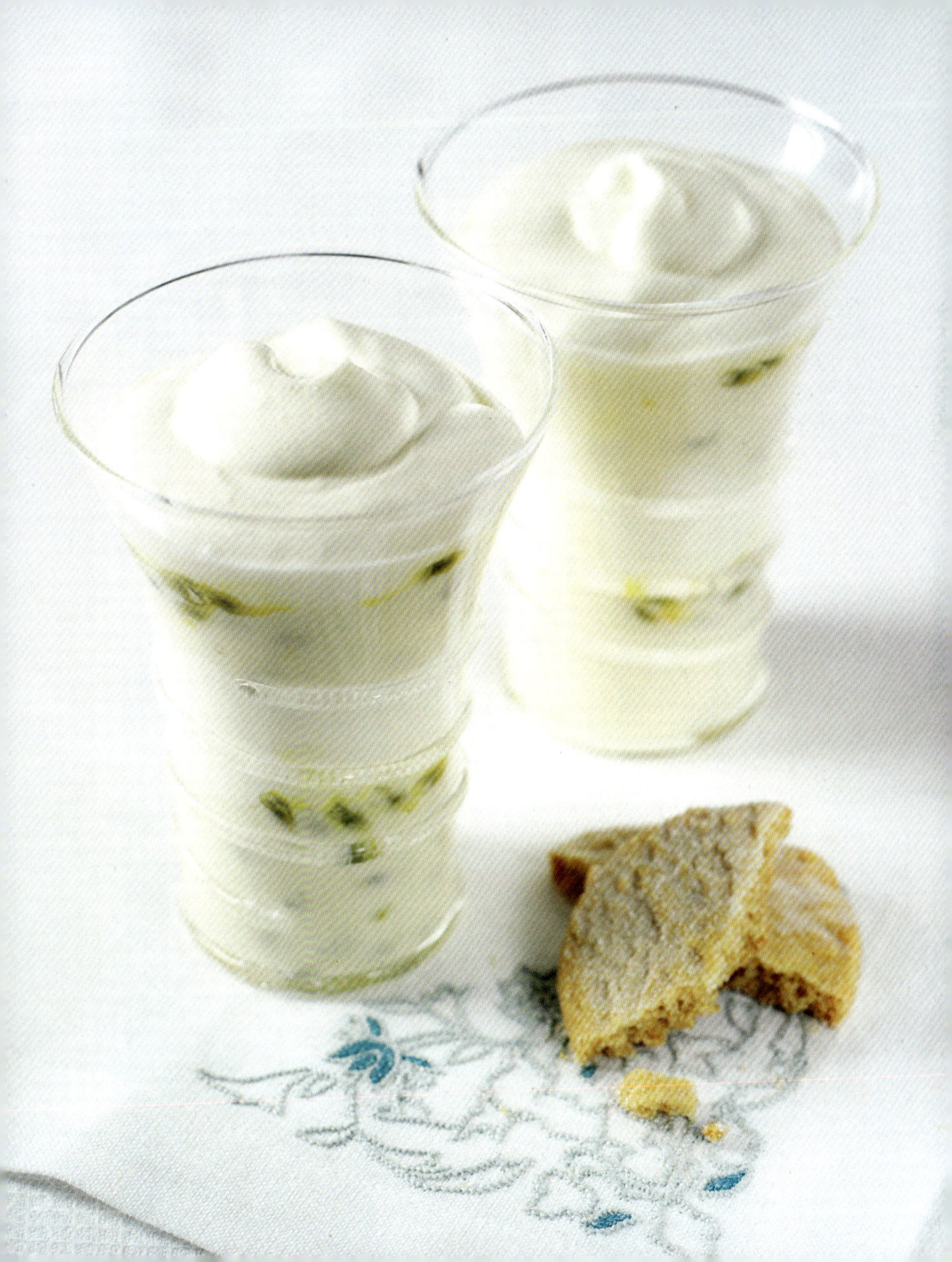

cheesecake de chocolate com menta

4-6 porções
Preparo: **12 minutos**, mais o tempo de refrigeração

200 g de **biscoitos** de chocolate
100 g de **chocolate** mentolado
50 g de **manteiga** derretida
200 g de **cream cheese**
200 g de **mascarpone**
50 g de **açúcar mascavo**
1 colher (sopa) de **licor de menta**
2 gotas de **colorante** comestível verde
50 g de lascas de **chocolate meio amargo**

Coloque os biscoitos e o chocolate em um processador e bata até obter uma farofa. Junte a manteiga, misture bem com as mãos e forre com a massa uma fôrma redonda com as laterais removíveis. Leve ao freezer enquanto prepara o creme.

Ponha na batedeira o cream cheese, o mascarpone, o açúcar, o licor e o colorante e bata até obter uma mistura homogênea. Junte as lascas de chocolate e mexa bem com uma colher. Coloque o creme sobre a massa de biscoito e chocolate e alise a superfície com as costas de uma colher.

Deixe na geladeira por 1 hora antes de servir. Desenforme as laterais e decore com lascas de chocolate.

Variação: cheesecake de gengibre. Para fazer a base, pressione um bolo de gengibre despedaçado no fundo de 4 fôrmas para tortinha. Substitua o licor de menta por licor de gengibre.

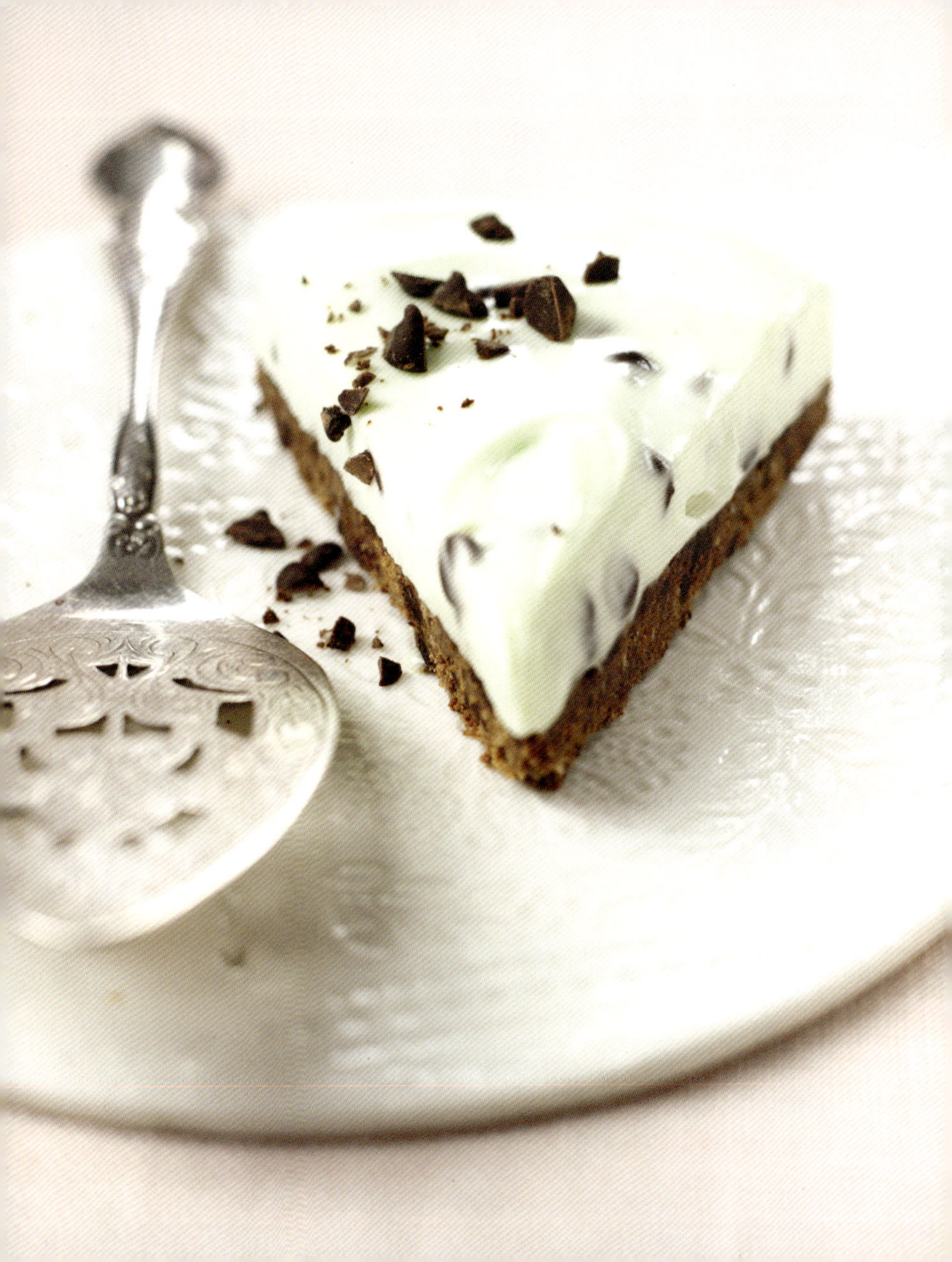

índice

abacate:
Molho de abacate e agrião 126
Salada de laranja e abacate 162
Salada de tomate e abacate 160
abóbora:
Espaguete colorido 172
Espaguete com cenouras 172
Sopa de abóbora e espinafre 134
Sopa de abóbora e coco 134
abobrinha:
Vegetais à oriental 122
acelga:
Badejo à oriental 122
Filés de carne à chinesa 48
agrião:
Molho de abacate e agrião 126
Salada de pato com agrião e pecãs 74
aipo:
Salada de feijão e aipo 138
aïoli:
Lagosta ao molho aïoli 116
alcachofra:
Pizza de alcachofra e gorgonzola 52
Wraps de vegetais com queijo 142
alho:
Cordeiro com alho e ervas 28
Molho de mostarda e alho 152
Pão de alho com queijo parmesão 50
alho-poró:
Omelete de alho-poró e ervilhas 166
alici:
Patê de feijão com alici 96
alimentação saudável 8-9
ameixa:
Crunch de ameixas 208
ameixa seca:
Tabule de frutas 158
amêndoa:
Creme de framboesa 220
Panini de chocolate 186

Truta com amêndoas 92
amendoim:
Espetinhos com molho de amendoim 22
Salada de camarão asiática 58
amora:
Creme crocante de maçã e amora 188
Minipavê de frutas vermelhas 216
arroz 10
Arroz com ervilhas 62
Arroz-doce com damasco 200
Arroz-doce com pecãs e avelãs 200
Arroz selvagem com queijo feta 168
Carne moída com quiabo e arroz 42
Frango assado com recheio de arroz 64
Frango com arroz apimentado 64
Frutos do mar ao leite de coco 118
aspargo:
Aspargos ao molho de estragão 152
Linguine com aspargos 174
Omelete de legumes 164
Refogado de legumes 164
Salmão com aspargos grelhados 124
atum:
Atum com molho verde 98
azeitona:
Costeletas de cordeiro com cuscuz 24
Polenta frita com azeitonas 88
Tabule tradicional 158

bacalhau:
Bacalhau com camarão gratinado 130
bacon:
Pizza de brie e bacon 52
Salada de fígado 16
Salada de fígado de galinha, cogumelos e bacon 16
Salada de salmão com bacon 100
Sopa de feijão-manteiga 14

Vieiras com bacon 100
badejo:
Badejo à oriental 122
Badejo ao molho cítrico 106
Badejo crocante 106
Filé de badejo grelhado 92
batata:
Batatas gratinadas 78
Batatas gratinadas à italiana 170
Batatas gratinadas com cheddar 170
Bisteca de porco com purê de batata 40
Curry de carne 26
Curry de espinafre e batata 154
Linguado com batatas 114
Merluza com batatas à mediterrânea 104
Pizza de brie e bacon 52
Purê de batata com espinafre 40
Salada de quinua com batatas 176
batata-doce:
Batata-doce com cebolas caramelizadas 144
Bolinhos de carne de porco 32
Bolinhos de espinafre com sálvia 146
Bolinhos de espinafre e batata-doce 146
Frango ao mel e ervas 68
berinjela:
Carne de porco oriental com macarrão 42
Salada de feijão com aipo 138
Salada de feijão-verde 138
Wraps de vegetais com queijo 142
Bisteca de porco com purê de batata 40
bolinhos:
Bolinhos de caranguejo e ervas 126
Bolinhos de espinafre com sálvia 146
Bolinhos de espinafre e batata-doce 146
Bolinhos de grapefruit 214

bolo:
Bolinhos de grapefruit 214
Bolo cítrico com sorvete 228
Bolo de limão 228
brownie:
Brownies com gengibre 218
Brownies com laranja 218
brioche:
Brioches com calda de chocolate 212
Brioches com figo e iogurte 198
Brioches com sorvete 212
brócolis:
Tortinhas de brócolis e cogumelos 148
broto de feijão:
Omelete de legumes 164
Refogado de legumes 164
Salada de broto de feijão 22
Burritos de peru 76

camarão:
Bacalhau com camarão gratinado 130
Camarão agridoce 80
Camarões ao limão e curry 112
Espetinhos de camarão e vieira 120
Macarrão com camarão 102
Salada de camarão asiática 58
Salada de salmão com bacon 100
Salada japonesa de camarão 94
Yakisoba de camarão 102
caranguejo:
Bolinhos de caranguejo e ervas 126
carne bovina:
Curry de carne 26
Espetinhos com molho de amendoim 22
Estrogonofe de carne 44
Filés de carne à chinesa 48
Filés de carne com crosta de pimenta 48
Macarrão com carne ao vinho tinto 36
Salada thai 18
Trouxinhas de filé mignon 20
Cavala com creme de leite 114

cebola:
Batata-doce com cebolas caramelizadas 144
Polenta com cebolas caramelizadas 144
cenoura:
Espaguete com cenouras 172
Salada de broto de feijão 22
cereja:
Pato ao molho de cereja 70
Cevada com queijo defumado 168
champanhe:
gelado de framboesa com champanhe 184
cheesecake:
Cheesecake de chocolate com menta 232
Cheesecake de gengibre 232
chocolate:
Brioches com calda de chocolate 212
Cheesecake de chocolate com menta 232
Croissant com creme de chocolate 222
Delícia de chocolate 196
Musse de chocolate branco 192
Musse de chocolate e laranja 192
Panini de chocolate
Suflê de chocolate branco e manga 206
Suflê de chocolate com framboesa 206
Sundae de chocolate com framboesa 196
coco:
Frutos do mar ao leite de coco 118
Pato agridoce 80
Sopa de abóbora e coco 134
Codorna assada 78
cogumelos:
Estrogonofe vegetariano 44
Folhados de peru e cogumelos 86
Lombo de porco com cogumelos 34
Patê de feijão com cogumelos 96
Salada de fígado de galinha, cogumelos e bacon 16
Torta de peru e cogumelos 86

Tortinhas de brócolis e cogumelos 148
Cointreau:
Laranja ao Cointreau 194
cordeiro:
Cordeiro ao alecrim 28
Cordeiro com alho e ervas 28
Cordeiro frito 24
Cordeiro marinado 32
Costeletas de cordeiro com cuscuz 24
Curry de cordeiro 26
Espetinhos de cordeiro com queijo feta 30
couve-flor:
Tortinhas de couve-flor e queijo 148
Creme crocante de maçã e amora 188
Creme crocante de pêssego e mirtilo 188
creme de castanha portuguesa:
Croissant com mascarpone 222
Merengue com creme de castanha 226
Panquecas com creme de castanha 226
Creme de framboesa 220
creme de leite:
Cavala com creme de leite 114
Creme de maçã 220
Creme inglês 214
croissant:
Croissant com creme de chocolate 222
Croissant com mascarpone 222
crunch:
Crunch de ameixas 208
Crunch de frutas vermelhas 208
curry:
Camarões ao limão e curry 112
Curry de carne 26
Curry de cordeiro 26
Curry de espinafre e batata 154
Curry de lentilhas e espinafre 154
Mexilhões ao limão e curry 112
cuscuz:
Costeletas de cordeiro com cuscuz 24

Cuscuz com ervilha 34
Salmão com cuscuz 108

damasco:
Arroz-doce com damasco 200
Grão-de-bico com damascos 150
Delícia de chocolate 196
Doce de ameixas e peras crocante 204
Doce de frutas crocante 204

enroladinho:
Enroladinho de presunto com figo 38
Enroladinho de presunto cru 38
erva-doce:
Sopa de feijão-branco e erva-doce 136
Sopa de limão e erva-doce 136
ervas:
Bolinhos de caranguejo e ervas 126
Cordeiro com alho e ervas 28
Fatuche com grão-de-bico 156
Frango ao mel e ervas 68
Frango ao mel picante 68
Lula com maionese de limão 128
Molho de ervas 166
Salmão com aspargos grelhados 124
ervilha:
Arroz com ervilhas 62
Cuscuz com ervilha 34
Omelete de alho-poró e ervilha 166
ervilha-torta:
Omelete de legumes 164
Refogado de legumes 164
Sopa de frango chinesa 60
Vegetais à oriental 122
espaguete:
Espaguete colorido 172
Espaguete com cenouras 172
espetinho:
Espetinhos com molho de amendoim 22
Espetinhos de camarão e vieira 120

Espetinhos de cordeiro com queijo feta 30
Espetinhos de porco e repolho 30
Espetinhos de queijo de coalho e manga 120
espinafre:
Bolinhos de espinafre com sálvia 146
Bolinhos de espinafre e batata-doce 146
Curry de espinafre e batata 154
Curry de lentilhas e espinafre 154
Espinafre com uva-passa e pinholes 66
Frango ao molho chermoula 82
Purê de batata com espinafre 40
Sopa de abóbora e coco 134
Sopa de abóbora e espinafre 134
estragão:
Molho de estragão e limão 152
Salmão com cuscuz 108
estrogonofe:
Estrogonofe de carne 44
Estrogonofe vegetariano 44

feijão 10
Linguine com feijão e tomate seco 174
Patê de feijão com alici 96
Patê de feijão com cogumelos 96
Salada de feijão-branco 156
Salada de feijão e aipo 138
Salada de feijão-verde 138
Sopa de feijão-branco e erva-doce 136
Sopa de feijão-manteiga 14
Sopa de feijão-rajado e linguiça 14
fígado:
Salada de fígado 16
Salada de fígado de galinha, cogumelos e bacon 16
figos:
Brioches com figo e iogurte 198
Enroladinhos de presunto com figo 38
Figos ao iogurte com mel 198

frango:
Coxas de frango à mediterrânea 56
Coxas de frango ao gengibre 56
Frango ao limão e pimenta 62
Frango à chinesa 72
Frango à milanesa 66
Frango ao mel e ervas 68
Frango ao mel picante 68
Frango ao molho chermoula 82
Frango assado com recheio de arroz 64
Frango basco 88
Frango com arroz apimentado 64
Frango com legumes 60
Frango thai 72
Salada de fígado de galinha, cogumelos e bacon 16
Salada de frango asiática 58
Sopa de frango à chinesa 60
Trouxinhas de frango 20
framboesa:
Creme de framboesa 220
Doce de frutas crocante 204
Gelado de framboesa com champanhe 184
Minipavê de frutas vermelhas 216
Suflê de chocolate com framboesa 206
Sundae de chocolate com framboesa 196
frutos do mar:
Frutos do mar ao leite de coco 118

gelado
Gelado de framboesa com champanhe 184
Gelado de morango 184
geleia de limão:
Pato ao molho de cereja 70
gengibre:
Brownies com gengibre 218
Cheesecake de gengibre 232
Coxas de frango ao gengibre 56
Pato ao molho de laranja e gengibre 70

grapefruit:
  Bolinhos de grapefruit 214
  Molho cítrico 120
  Parfait de grapefruit 224
grão-de-bico:
  Bolinhos de caranguejo e ervas 126
  Fatuche com grão-de-bico 156
  Grão-de-bico com damascos 150

iogurte:
  Brioches com figo e iogurte 198
  Figos ao iogurte com mel 198
  Iogurte de papaia e limão 140
  Lentilhas ao molho de iogurte 150
  Minimerengues de manga 230
  Minimerengues de maracujá 230
  Molho de iogurte 150

lagosta:
  Lagosta ao molho aïoli 116
  Lagosta ao molho de tomate seco 116
laranja:
  Bolo cítrico com sorvete 228
  Brownies com laranja 218
  Doce de casca de laranja 194
  Laranja ao Cointreau 194
  Molho cítrico 106
  Musse de chocolate e laranja 192
  Panquecas com calda de laranja 190
  Parfait de laranja e mirtilo 224
  Salada de laranja e abacate 162
  Salada de laranja e nozes 162
leite:
  creme inglês 214
lentilhas:
  Curry de lentilhas e espinafre 154
  Filé de pescada com lentilhas 104
  Lentilhas ao molho de iogurte 150
limão:
  Bisteca de porco com purê de batata 40
  Bolo de limão 228
  Camarões ao limão e curry 112
  Coxas de frango ao gengibre 56
  Frango ao limão e pimenta 62
  Frutos do mar ao leite de coco 118
  Iogurte de papaia e limão 140
  Maionese de limão 128
  Mexilhões ao limão e curry 112
  Molho de estragão e limão 152
  Pudim de limão 210
  Salada de papaia e limão 140
  Sopa de limão e erva-doce 136
  Sorbet de papaia e limão 202
  Tortinha de limão 210
Linguado com batatas 114
linguine:
  Linguine com aspargos 174
  Linguine com feijão e tomate seco 174
linguiça:
  Penne com linguiça 50
  Sopa de feijão-rajado e linguiça 14
lula:
  Lula ao molho de tomate 128
  Lula com maionese de limão 128

macarrão 10
  Carne de porco oriental com macarrão 42
  Espaguete colorido 172
  Espaguete com cenouras 172
  Linguine com aspargos 174
  Linguine com feijão e tomate seco 174
  Macarrão com camarão 102
  Macarrão com carne de porco 36
  Macarrão com carne de porco e tomate seco 46
  Macarrão com carne de porco e uvas-passas 46
  Pato agridoce com macarrão 80
  Penne com linguiça 50
  Salmão ao molho teriyaki 124
  Yakisoba de camarão 102
maçã:
  Creme crocante de maçã e amora 188
  Creme de maçã 220
maionese:
  Lula com maionese de limão 128
manga:
  Espetinhos de queijo de coalho e manga 120
  Minimerengues de manga 230
  Suflê de chocolate branco e manga 206
manjericão:
  molho italiano 110
maracujá:
  Minimerengues de maracujá 230
massas:
  Carne de porco oriental com macarrão 42
  Espaguete colorido 172
  Espaguete com cenouras 172
  Linguine com aspargos 174
  Linguine com feijão e tomate seco 174
  Macarrão com camarão 102
  Macarrão com carne ao vinho tinto 36
  Macarrão com carne de porco 36
  Macarrão com carne de porco e uvas-passas 46
  Macarrão com carne de porco e tomate seco 46
  Nhoque de semolina 180
  Pato agridoce 80
  Penne com linguiça 50
  Salmão ao molho teriyaki 124
  Yakisoba de camarão 102
mel:
  Figos ao iogurte com mel 198
melancia:
  Salada de queijo com melancia 178
menta:
  Cheesecake de chocolate com menta 232
merengue:
  Merengue com creme de castanha 226
  Minimerengues de manga 230
  Minimerengues de maracujá 230
Merluza com batatas à mediterrânea 104

mexilhão:
　Mexilhões ao leite de coco 118
　Mexilhões ao limão e curry 112
milho:
　Sopa de frango à chinesa 60
　Minipavê de frutas vermelhas 216
　Minipavê floresta negra 216
mirtilo:
　Creme crocante de pêssego e mirtilo 188
　Parfait de laranja e mirtilo 224
missô:
　Molho de missô 122
molhos:
　Molho chermoula 82
　Molho cítrico 120
　Molho de abacate e agrião 126
　Molho de amendoim 22
　Molho de ervas 166
　Molho de estragão e limão 152
　Molho de iogurte 150
　Molho de missô 122
　Molho de mostarda e alho 152
　Molho de mostarda e pimentão 98
　Molho de pimenta vermelha 94
　Molho de tomate apimentado 76
　Molho italiano 110
　Molho verde 98
morango:
　Gelado de morango 184
　Minipavês de frutas vermelhas 216
mostarda:
　Molho de mostarda e alho 152
　Molho de mostarda e pimentão 98
musse:
　Musse de chocolate branco 192
　Musse de chocolate e laranja 192

Nhoque de semolina 10
nozes:
　Arroz-doce com avelãs e pecãs 200
　Creme crocante de maçã e amora 188
　Creme crocante de pêssego e mirtilo 188
　Salada de laranja e nozes 162
　Enroladinhos de presunto com figo 38

Enroladinhos de presunto cru 38
Salada de laranja e nozes 162

omelete:
　Omelete de alho-poró e ervilha 166
　Omelete de legumes 164
orégano:
　Codorna assada 78
　Creme inglês 214
ovos:
　Omelete de alho-poró e ervilha 166
　Omelete de legumes 164
　Panini doce 186
　Pão de alho e parmesão 50
　Pudim de limão 210
　Tortinhas de limão 210

panini:
　Panini de chocolate 186
　Panini doce 186
pão:
　Brioches com calda de chocolate 212
　Brioches com figo e iogurte 198
　Brioches com sorvete 212
　Panini de chocolate 186
　Panini doce 186
　Pão de alho e parmesão 50
　Salada de feijão-branco 156
panqueca:
　Panquecas com calda de laranja 190
　Panquecas com creme de castanha 226
　Panquecas especiais 190
papaia:
　Iogurte de papaia e limão 140
　Salada de papaia e limão 140
　Sorbet de papaia e limão 202
parfait:
　Parfait de grapefruit 224
　Parfait de laranja e mirtilo 224
patê:
　Patê de feijão com alici 96
　Patê de feijão com cogumelos 96

pato:
　Pato agridoce 80
　Pato ao molho de cereja 70
　Pato ao molho de laranja e gengibre 70
　Salada de pato com agrião e pecãs 74
　Salada de pato defumado 74
pavê:
　Minipavês de frutas vermelhas 216
　Minipavê floresta negra 216
pecãs:
　Arroz-doce com pecãs e avelãs 200
　Salada de pato com agrião e pecãs 74
peixe:
　Atum com molho verde 98
　Bacalhau com camarão gratinado 130
　Badejo à oriental 122
　Badejo ao molho cítrico 106
　Badejo crocante 106
　Badejo grelhado 92
　Cavala com creme de leite 114
　Filé de badejo grelhado 92
　Filé de pescada com lentilhas 104
　Linguado com batatas 114
　Merluza com batatas à mediterrânea 104
　Patê de feijão com alici 96
　Pescada ao molho italiano 110
　Pescada com tomate-cereja 110
　Salada de salmão com bacon 100
　Salmão com aspargos grelhados 124
　Salmão com cuscuz 108
　Salmão com quinua 108
　Truta com amêndoas 92
　Truta defumada gratinada 130
Penne com linguiça 50
pepino:
　Queijo de coalho com salada de pepino 160
pera:
　Enroladinhos de presunto cru 38

peru:
　Folhados de peru e cogumelos 86
　Tacos de peru 84
　Tacos de peru com repolho branco 84
　Torta de peru e cogumelos 86
pescada
　Filé de pescada com lentilhas 104
　Pescada ao molho italiano 110
　Pescada com tomate-cereja 110
pêssego:
　Creme crocante de pêssego e mirtilo 188
pimentão:
　Burritos de peru 76
　Estrogonofe vegetariano 44
　Frango à chinesa 72
　Molho de mostarda e pimentão 98
　Wraps de queijo e tomate 142
pinholes:
　Espinafre com uva-passa e pinholes 66
pistache:
　Tabule de frutas 158
pizza:
　Pizza de alcachofra e gorgonzola 52
　Pizza de brie e bacon 52
polenta:
　Polenta com cebolas caramelizadas 144
　Polenta com queijo 180
　Polenta frita com azeitonas 88
porco:
　Bisteca de porco com purê de batata 40
　Bolinhos de carne de porco 32
　Carne de porco oriental com macarrão 42
　Carne moída com quiabo e arroz 42
　Espetinhos de porco e repolho 30
　Lombo de porco com cogumelos 34
　Macarrão com carne de porco 36
　Macarrão com carne de porco e uvas-passas 46
　Macarrão com carne de porco e tomate seco 46
presunto cru:
　Enroladinhos de presunto com figo 38
　Enroladinhos de presunto cru 38
pudim:
　Pudim de limão 210

queijo
　Arroz selvagem com queijo feta 168
　Batata-doce com cebolas caramelizadas 144
　Batatas gratinadas à italiana 170
　Batatas gratinadas com cheddar 170
　Cevada com queijo defumado 168
　Croissant com mascarpone 222
　Enroladinhos de presunto com figo 38
　Enroladinhos de presunto cru 38
　Espetinho de cordeiro com queijo feta 30
　Espetinhos de queijo de coalho e manga 120
　Pão de alho com queijo parmesão 50
　Pizza de alcachofra e gorgonzola 52
　Pizza de brie e bacon 52
　Polenta com cebolas caramelizadas 144
　Polenta com queijo 180
　Purê de batata com espinafre 40
　Queijo de coalho com salada de pepino 160
　Salada de queijo com melancia 178
　Salada de queijo e tomate 178
　Tortinhas de couve-flor e queijo 148
　Wraps de queijo e tomate 142
　Wraps de vegetais com queijo 142
quiabo:
　Carne moída com quiabo e arroz 42

quinua 10
　Salada de quinua 176
　Salada de quinua com batatas 176
　Salmão com quinua 222

rabanete:
　Cavala com creme de leite 114
　Refogado de legumes 164
repolho:
　Espetinhos de porco e repolho 30
　Taco de peru 84
　Taco de peru com repolho branco 84
rúcula:
　Pescada com tomate-cereja 110

salada:
　Queijo de coalho com salada de pepino 160
　Salada de broto de feijão 22
　Salada de camarão asiática 58
　Salada de feijão-branco 156
　Salada de feijão e aipo 138
　Salada de feijão-verde 138
　Salada de fígado 16
　Salada de fígado de galinha, cogumelos e bacon 16
　Salada de frango asiática 58
　Salada de laranja e abacate 162
　Salada de laranja e nozes 162
　Salada de papaia e limão 140
　Salada de queijo com melancia 178
　Salada de queijo e tomate 178
　Salada de quinua 176
　Salada de quinua com batatas 176
　Salada de salmão com bacon 100
　Salada de tofu 18
　Salada de tomate e abacate 160
　Salada japonesa de camarão 94
　Salada thai 18
　Tabule tradicional 158
　Tabule de frutas 158
salmão:
　Salada de salmão com bacon 100
　Salmão ao molho teriyaki 124

Salmão com aspargos grelhados 124
Salmão com cuscuz 108
Salmão com quinua 108
sálvia:
  Bolinhos de espinafre com sálvia 146
  Salmão com quinua 108
sementes de abóbora:
  Tacos de peru 84
sopa:
  Sopa de abóbora e coco 134
  Sopa de abóbora e espinafre 134
  Sopa de feijão-manteiga 14
  Sopa de feijão branco e erva-doce 136
  Sopa de feijão-rajado e linguiça 14
  Sopa de frango à chinesa 60
  Sopa de limão e erva-doce 136
sorvete:
  Bolo cítrico com sorvete 228
  Brioches com sorvete 212
  Delícia de chocolate 196
  Sorbet de tangerina 202
  Sorbet de papaia e limão 202
  Sundae de chocolate com framboesa 206
suflê:
  Suflê de chocolate branco e manga 206
  Suflê de chocolate com framboesa 206

tabule:
  Tabule de frutas 158
  Tabule tradicional 158
Taça de framboesa e champanhe 184
teriyaki:
  Salmão ao molho teriyaki 124
tofu:
  Salada de tofu 18
tomate:
  Lagosta ao molho de tomate seco 116
  Linguine com feijão e tomate seco 174
  Lula ao molho de tomate 128
  Macarrão com carne de porco e tomate seco 46
  Molho de tomate apimentado 76
  Molho italiano 110
  Pescada com tomate-cereja 110
  Salada de queijo e tomate 178
  Salada de tomate e abacate 160
  Tabule tradicional 158
  Wraps de queijo e tomate 142
tomilho:
  Bisteca de porco com purê de batata 40
tortinha:
  Tortinhas de brócolis e cogumelos 148
  Tortinhas de couve-flor e queijo 148
  Tortinhas de limão 210
trouxinha:
  Trouxinhas de filé mignon 20
  Trouxinhas de frango 20
truta:
  Truta com amêndoas 92
  Truta defumada gratinada 130

uva-passa:
  Creme de maçã 220
  Espinafre com uva-passa e pinholes 66

vegetais:
  Frango com legumes 60
  Vegetais à oriental 122
  Wraps de vegetais com queijo 142
vieiras:
  Espetinhos de camarão e vieira 120
  Vieiras com bacon 100
vinho:
  Macarrão com carne ao vinho tinto 36
  Taça de framboesa e champanhe 184

wraps:
  Wraps de queijo e tomate 142
  Wraps de vegetais com queijo 142

Yakisoba de camarão 102

créditos

Diretor executivo: Nicky Hill
Editor: Camilla Davis
Diretor executivo de arte: Penny Stock
Design gráfico: Grade
Fotógrafo: Stephen Conroy
Economista doméstica: Joanna Farrow
Produção gráfica: Liz Hippisley
Produtor: Martin Croshaw

Fotografias: © Octopus Publishing Group / Stephen Conroy.
Outras fotografias: © Octopus Octopus Publishing Group Lta/Gareth Sambridge 29, 39, 49, 101, 123, 153, 187, 191, 195, 199, 223; / Gus Filgate 24, 117, 129, 147; / Lis Parsons 33, 57, 99; /Williem Lingwood 19, 97, 233; / William Reavell 159